习惯学

周士渊 / 著

清华大学出版社
北京

本书封面贴有清华大学出版社防伪标签，无标签者不得销售。
版权所有，侵权必究。侵权举报电话：010-62782989 13701121933

图书在版编目(CIP)数据

习惯学 / 周士渊著. —北京：清华大学出版社，2018
ISBN 978-7-302-46019-0

Ⅰ. ①习… Ⅱ. ①周… Ⅲ. ①习惯性—研究 Ⅳ. ①B842.6

中国版本图书馆 CIP 数据核字(2016)第 316329 号

责任编辑：张立红
封面设计：梁　洁
版式设计：方加青
责任校对：石成琳
责任印制：杨　艳

出版发行：清华大学出版社
　　网　　址：http://www.tup.com.cn，http://www.wqbook.com
　　地　　址：北京清华大学学研大厦 A 座　　邮　编：100084
　　社 总 机：010-62770175　　邮　购：010-62786544
　　投稿与读者服务：010-62776969，c-service@tup.tsinghua.edu.cn
　　质 量 反 馈：010-62772015，zhiliang@tup.tsinghua.edu.cn
印 装 者：三河市铭诚印务有限公司
经　　销：全国新华书店
开　　本：170mm×240mm　　印　张：26.25　　插　页：2　　字　数：352 千字
版　　次：2018 年 3 月第 1 版　　印　次：2018 年 3 月第 1 次印刷
定　　价：98.00 元

产品编号：058667-01

谨以此书
献给我的夫人
刘雅冬，
和世上一切曾
关爱过我、
温暖过我、
抚慰过我
并使我获得了第二次生命的人！

周士渊简介

周士渊，上海宝山人，1970年清华毕业并留校任教；后因严重抑郁症而走上人生绝境，成了在清华园败得几乎最惨的人；曾先后病休四五年，住院二三年，身上开了三刀，几乎九死而无一生；而在此过程中，他不仅得到了无数人的关爱，更发现了"习惯"这盏奇妙的神灯，并身体力行，使古稀之年的他，生命发生了脱胎换骨般的巨变。如今的他，被誉为中国习惯研究第一人，被评为"中国十大金口才"，曾登上中央办公厅、国务院等讲台，曾以《习惯老人的美丽人生》被央视专题报导；曾担任中国老年学会科学养生研究会专家委员会主任；曾著有《人生可以美得如此意外》等畅销书，还一直在清华继续教育学院主讲《自我管理》《教育就是培养良好的习惯》等各种课程，并深受欢迎。

专家述评

周士渊老师潜心二十年所研究的《习惯学》写得真诚、生动、明理、实用。若能从身边做起，从脚下每一个小习惯做起，定会提高你的生活质量，升华你的品德修养，甚至能改变你的命运。衷心祝贺周老师所创立的《习惯学》问世！

95岁清华老教授携90岁老夫人

央视专题节目《泥土之歌》主人翁

初读书稿，我便爱不释手。一是深受震撼，二是深受教育。作者以亲身经历，用百姓语言，娓娓道出了世上最浅近而又最深刻，人人知道而又往往做不到的道理——习惯决定命运，习惯决定事业，习惯决定健康。今天的社会，太需要这样的书了！好书知时节，育人细无声。相信这是一本"映日荷花别样红"的好书，一定会给读者带来许多智慧、感悟和力量！

联合国国际科学与和平周　和平大使

中国卫计委首席健康教育专家

洪昭光

一部内容详实，文笔生动，可操作性很强的开创性巨著——《习惯学》终于问世了，这实在是一件值得庆贺的喜事。我长期从事外交工作，深感在一名彬彬有礼、温文尔雅的卓越外交官身上，就集中了许多优秀习惯。因此人的成功之路，就是由无数块习惯之砖铺就的。

我国资深外交官

前驻外大使

张龙宝

周士渊是位传奇式人物，他的《习惯学》不是用笔写的，而是用他的生命书写的，是活的、有生命的、有血有肉的《习惯学》。这部《习惯学》具有科学性、实用性、可操作性，值得每个人好好学习，认真阅读。

《教育就是培养习惯》等书作者

国家十二五"养成教育"课题组组长

关鸿羽

学界人士都知道，要在自己所从事的学科领域做到有所创新，是件不容易的事，而要创立一门崭新的学科，更是难以想象。我的老同学周士渊做到了。他花了几十年功夫，精诚所至，金石为开，终于创立了一门全新的学科——"习惯学"。这是一门关乎每一个人身心健康、家庭幸福、事业成功的学科，她的正确性、科学性已经和正在被大量的事实所证明。了解周士渊的人都知道，《习惯学》是他用生命写成的。我们当年在清华水利系同时毕业又留校工作的有十几位同学，后来身体和精神状况最差就是他。而现在，他是我们当中身体最好、精力最充沛、最显年轻、性情最豁达、工作效率最高的。目睹了发生在他身上的巨大变化，令我们所有这些老同学赞叹不已、自愧弗如，他本人就是创立、倡导《习惯学》并从中受益的典范。我相信《习惯学》专著的问世，将会对我们全民族素质的提高、增强我们国家的软实力起重要作用!

清华大学教授、法学院党委书记
原校长助理　李树勤

　　周士渊是我的挚友,我们俩同年毕业留校已有近半个世纪。在这几十年里,他跌宕起伏的人生,我是最好的见证人。期间的痛苦煎熬、顽强求索、正道修为、习惯育养,直至成功达成,我是看在眼里,喜在心田!他用心写就的这本《习惯学》,是他整个生命体验的结晶,字里行间透着一种真诚、无私和大爱的情怀,值得我们大家好好读一读。我相信,只要能够细细品味书中所述的道理,在各自的生活中切实进行良好习惯的修成,你一定会发现,原来你的人生也可以变得如此精彩!

清华大学公共管理学院教授　博士生导师
国务院参事
施祖麟

　　"积水成渊,蛟龙生焉",周士渊老师的《习惯学》是他几十年深究探索、连续攻关、认真践行的结果,也是我国文化领域了不起的思想发现。这一成果和发现在说多做少的当下,在大力弘扬传统文化的今天,值得国人全力传承。这部《习惯学》若能从娃娃抓起,哪怕作为中小学的辅助教材,当是我国千百万学子成长的幸事。

中央党校国际战略研究所教授
景桂兰

　　周士渊先生的这部《习惯学》具有强大的理论根基,它不是写出来的,而是他几十年激情实践的结晶。毫无疑问,好习惯成就幸福人生；坏习惯是一生的麻烦！

原中国青少年研究中心副主任
家庭教育首席专家 研究员
孙云晓

都说习惯决定命运，我很同意；但笛卡尔说："方法是至高无上的。"如何建立习惯？方法在哪里？在周老师的书里！

微博电商专家
张 利

一个人的成功，除了天赋，最重要的是习惯；因此好习惯成就好人生。周士渊老师是我的恩师，他研究习惯，养成习惯，享受习惯，传播习惯。他笔耕不辍诲人良多，演讲台上感人心窝。可以预见，周老师这本潜心巨作《习惯学》，必将成为更多读者的人生宝鉴，闪亮世间。

《领导者语言艺术》等书作者
名人演说家协会副主席
李真顺

轻轻合上周老师的《习惯学》，我脑海中不断闪现着两个词，"热爱"与"激情"——对生活的热爱与对生命的激情，它们会让每一位手捧此书的读者心灵受到强烈震撼。衷心祝愿周老师的这部《习惯学》能代代相传。

《幸福的能力》等书作者
首席幸福力导师
王薇华

周士渊老师是我国习惯研究和实践第一人，他几十年如一日，将自己的生命融进了这个伟大的课题，这是我等众多习惯研究者所不逮的。如今他将自己的研究成果进行梳理，构建了他的《习惯学》体系与我们分享；他是无私的，也是令人景仰的；我相信，他之《习惯学》必将造福于我们这世界上千千万万人。

中国关工委专家委员会副主任
全国养成教育总课题组组长
林　格

我恩师倾心多年的力作《习惯学》终于问世了。这可以说是一本既有理论，又有实证，又能实修的人生宝典！他的每本书和每次演讲为何总能让人赞叹，是因为他"说自己所做，做自己所说"。我坚信，我恩师所创立的《习惯学》，对每一个人，每一个企业，乃至对整个国家和民族，都将具有深远意义！

《杰出青少年自我管理手册》等书作者
自我管理与自我教育专家
黄泰山

我从一个中专生到如今能在北大、清华、甚至被邀去哈佛讲学，我从一个农村小伙到如今能帮助数以万计的官员、总裁、甚至不少市长、院士提升了演讲与口才，周老师的习惯学对我影响可以说是最大的！因此我认为，周老师的演讲值得我们每人去听，周老师的《习惯学》值得我们每人去读，如果这样，也许我们中华民族的整体素质也能向前迈进一大步！

中国演讲协会 副秘书长
中华演讲网创始人
易书波

序

李燕杰

周士渊先生是我的好友，也是我的忘年之交、莫逆之交。今天，清华大学出版社资深编辑张立红老师陪他前来，送来了厚厚的一本《习惯学》。我一看书名，就感到很高兴。因为近些年，我已为朋友们写了300多篇序，但在看书名时，从未感到惊奇，而今天，士渊先生竟把习惯视为了一门学问。

回忆我在阅读各种文献时，也曾想过习惯之重要；因为当习惯成自然时，成功也就离你不远了。回顾我所了解的成功者，概莫能外。而我自己实际也有许多好习惯，比如对工作，突出一个"快"字；对朋友，突出一个"真"字；凡朋友所求，总会在第一时间完成。我还有一个爱书的习惯——买书、看书、写书、教书、藏书，迄今为止我已藏书近40000册。由于看书成了习惯，我从书中汲取了古今中外许多智慧，因此我的讲演似乎总能讲出些新意，现在想来，这很大程度也应归功于这"习惯"。

前许多年，中央让我到北美、欧洲讲演，事先集中到中南海毛主席故居202室做准备，我有幸亲眼见过毛泽东浩如烟海的那96000册藏书。在中南海工作的同志告诉我，毛泽东手不释卷，天天看书，即使在出差时，也都会带上几箱书；直到晚年躺在病床上，还一直在看书。记得有这样一副对联，赞毛泽东一生的战争生涯与读

共和国演讲泰斗李燕杰教授

书生活——

"万里风云三尺剑，
一庭花草半床书。"

毛主席的老师黎锦熙先生曾亲口告诉我，毛泽东青年时代曾在日记中写过这样一段话："男子汉要做奇人、交奇友、读奇书、做奇事、创奇迹。"所以他一生创造了极其恢宏的业绩。从毛泽东做奇人、爱读书的习惯中，也印证了士渊先生有关习惯的论述；他将《习惯学》喻为一盏世界上最奇妙的神灯，我觉得并不为过。

前些年，在海内外掀起了研习成功学的热潮，这其中有人虽也讲到过习惯，但谁也没有将其视作一门学问，更没有意识到习惯是世界上一种既神奇又伟大的力量。周士渊先生这本书，不仅介绍了他自己从生命的废墟上重新崛起的传奇经历，还介绍了世界上许多成功人士

"因习而冠"的种种经典案例，因此周士渊的这本《习惯学》一定会给许多追求成功、渴望成功的人以诸多启示。

近年来习近平同志提出，为了国家富强，民族复兴，人民幸福，要在两个一百年实现中国梦。我认为如果我们每人都为实现中国梦而养成自强不息、勤奋学习、努力工作、顽强拼搏等各种好习惯，这不仅有益于自己在事业上的成功，也有益于实现我们伟大的中国梦！为此我愿负责任地向广大读者、特别是向广大青少年读者推荐这本难得的好书。它是成功学、是智慧学，也是人生美学；我先睹为快，一口气读了其中大部分篇章。我为有周士渊这位奇人写出了这样一本奇书而感到十分高兴。我愿向大家证明，习惯是一门学问、是一门尚未被纳入学科体系的极有价值的学问、甚至是一门我们所有人不可或缺的人生大学问。

最后，我要感谢清华大学出版社，感谢他们的远见卓识，并及时出版了这本不可多得的好书，是以为序。

李燕杰
2016.6.29于神州智慧传习馆

自序

——致读者朋友的一封信

尊敬的读者朋友：

你好！

此刻，当你捧起这《习惯学》，心中一定既好奇又疑惑——这"习惯"，怎么也能成为一门"学"呢？

但反过来，请你也不妨想一下，这"习惯"为何就不能成为一门"学"呢？是否它过于简单？是否它涉及面太窄？是否它对我们的命运无关紧要？是否它对我们这世界无足轻重？是否有关它的特性、规律、奥妙我们人类早就对其了然于胸？！

然而，不管怎样，我还是要以一颗极虔诚的心，向你、向我们这世界推出这《习惯学》！因为我深信其对你和对我们这世界的价值！

那我为何对其竟有如此信徒般的虔诚呢？

让我先从以下这一个个最真实的含血带泪的人间惨剧说起。

一

多年前一次，我从上海回京，刚坐上出租便和那司机聊上了。

这一聊，自然就聊到两天前我到上海刚下飞机的事。我说那天我刚坐上出租要系安全带，那上海司机便对我摆摆手颇热情地说："不用，不用，我们这儿不用！"

但我没听他的话，照系不误。为什么？因为我上海表妹夫有一次坐车，就因一次小小的车祸——那车为躲一辆自行车而轻轻往马路牙一磕——竟造成坐在副驾驶位上的我表妹夫脖子以下全身瘫痪！当我表妹闻讯赶到医院，简直是五雷轰顶、天塌地陷！

朋友，一次车祸，一次小小的车祸，竟毁了整整一个家庭，使一个家庭从此陷入了灭顶之灾，这多令人感到痛心疾首啊！

但哪想到，我刚讲完这上海版故事，那北京司机竟给我讲了另一个比以上更惨烈的北京版故事。

他说一天清晨，他妹夫驾着一辆小车在京郊一条大马路上疾驰，副驾驶位坐着的是他妹妹。但就在此时，突然，从路旁钻出一辆满载的大货车；小车躲闪不及，"嘣！"的一声巨响，撞在了那大货车上，他妹妹当即被甩了出去；可哪想到小车撞后又猛地往后一弹，轮子正好从她头上碾过；于是，"嘎！"的一声，便酿成惨剧——他妹妹霎时脑浆飞溅、鲜血迸流、命丧轮下！

朋友，这又是一幕何等鲜血淋漓的人间惨剧啊！

但痛定思痛，你有没有想过，倘若我上海表妹夫和那位北京司机的妹妹当时系着安全带，倘若那位北京司机的妹夫当时的车速并没有那么飞快，那以上车祸会惨烈得让人如此痛心不已吗？

可朋友，以上两则难道只是个例？

不，它们绝不是个例！你看，当年的洛桑、张雨生、牛振华、"含香公主"刘丹，还有去年刚惨遭不幸的我国著名外交家、原驻法大使吴健民……这一个个你曾如此熟悉的名字，他们不都因各种自己或他人的极可怕的驾车陋习、行车陋习而毁掉了他们曾如此鲜活、如此宝贵的生命吗？！

二

朋友，以上有关交通安全的习惯，只是我们人类无数习惯中的一类；那林林总总、无以数计的习惯对我们人类的影响又如何呢？

你看，如今，几乎人人皆知"健康是金"的道理。据世界卫生组织研究，人的健康60%取决于自己、15%取决于遗传、10%取决于社会、8%取决于医疗、7%取决于自然。那"60%取决于自己"的什么呢？——生活方式！那何谓"生活方式"呢？所谓"生活方式"说白了，不就是你我各种各样的生活习惯、健康习惯吗？

你看，如今，那位家长不关心自己孩子的成长和教育。那"教育"是什么？前许多年，我国养成教育泰斗关鸿羽发表专著——《教育就是培养习惯》。没想到这以后，我国当代著名教育家孙云晓也发表专著——《教育就是培养好习惯》；我国新时期养成教育理论实践体系创建者林格也发表专著——《教育就是培养习惯》；而我国现代著名作家、教育家叶圣陶则干脆说——"教育是什么？往简单方面说，只须一句话，就是'培养良好的习惯'！"

你看，如今，哪个企业不希望发展壮大、做强做实？为此管理者们不厌其烦地制定了各种规章、制度、标准、流程等。但所有这一切，不就是为了让人们去养成各种相应的"习惯"吗？而细想起来，如今对我们全社会越来越重视的"创新"，难道不也应成为我们所有企业、甚至我们全民族的一种"习惯"吗？否则这"创新"岂不只是悬在了半空，它怎么能落地、生根、开花、结果呢？！

你看，如今，反四风、反腐败之风已受到全国人民普遍的拥护。而所有这些"风"，不就是普遍存在的各种根深蒂固的"陋习"、即"习惯"吗？据说有一位巨贪的老婆每当客人一走，必会在客人坐过的沙发、茶几旁去仔细搜寻，看客人究竟是否"遗漏"了什么。那这是什么？不就是一种她早已习而成惯的"习惯"吗？而让我们再想一想，在我们五千年的中华文明史上，有多少朝代是亡在了其末代统治者的"荒淫无度""肉林酒池"上；那什么是"荒淫无度""肉林酒池"？不就这些统治者们那种种难以改变的恶习，即"习惯"吗？

朋友，综上所述，"习惯"两字看似简单、看似普通，但其涉及范围之广、涉及程度之深，是不是很出乎你的意料？可以说，它涉及与我们每个人命运息息相关的所有方面，又几乎左右着我们整个人类世界所有最宝贵的东西——诸如生命、健康、国家安危、经济繁荣、民族盛衰等等！

而也许正因为此，我国著名经济学家厉以宁教授撰写了一部名为《超越市场与超越政府》的专著；他认为超越于市场与政府，影响着我们全社会所有侧面的还有第三种调节、第三种力量——那就是"习惯与道德"的力量！他在书中写道："虽然迄今为止，学术界对习惯与道德调节的重视程度还远远不够，但我深信，这种情况以后是一定会改变的！"

而朋友，让我们再仔细想一想，如今，实现伟大的"中国梦"，已成了我们时代的最强音。那实现"中国梦"靠什么？难道不要靠我们全民族素质的根本提升吗？那我们国民素质如今在全球范围内最受世人诟病的是什么？不就是诸如"大声喧哗""乱扔垃圾""随地吐痰""到处加塞""××到此一游"等等吗？！那所有这些是什么？不统统都是"习惯"吗？

三

朋友，笔者之所以要如此虔诚地推出这《习惯学》，不仅仅是因为以上诸多感慨，更在于笔者的亲身感悟。

笔者曾经是清华园一位在几乎所有方面都败至尽头、败得不堪回首的人。我永远难忘四十五年的前一个夏夜，我这个刚从清华毕业又留在清华园的"天之骄子"，竟下决心要离开那个我曾那样眷恋的世界（详见《附录一：一个有关我的真实故事》）。那晚，我曾三次用绳子结束自己，但三次都幸免；后嘴吞沙子、头撞石壁，最后竟将百分之九十八的浓硫酸倒进了自己年方25岁的年轻躯体……

在这以后的十年时间里，我成了清华园有名的重病号，曾先后病休四五年、住院二三年、身上开了三刀、几乎九死而无一生……

然而，万万没有想到，几十年过去了，在无数白衣天使、亲朋好友的关爱、温暖、鼓励下，我这个当年清华园方方面面都败至尽头的人，如今却发生了脱胎换骨般的奇妙变化。就以五年前有一天为例，我竟能以66岁之躯，在一个66米来回的游泳池，一口气、脚不沾底游了60个来回，历时2小时32分，累计3960米！不仅如此，如今的我还成了从清华园走出的颇受欢迎的大众演说家，我居然能慷慨激昂、精神矍铄、满怀激情地站在了中央办公厅、国务院、2008年北京奥组委等相关机构的讲坛上，至今已累计演讲了1442场；而迎接我的，几乎场场都是热烈的掌声、闪光的泪水和不知多少听众由衷的感慨……

朋友，每当此时，你知道我最想告诉你的是什么吗？告诉你吧，除了在我生命最低谷时那无数令我终生难以忘怀的"爱"，还是这"习惯"两字！

因为倘若不是近二十年前有一天，我偶然买到了我们这世上一本奇书；倘若不是我在其中发现了一盏神灯，一盏仿佛能使你要什么、有什么的奇妙神灯；倘若不是我在这盏神灯指引下以 我们清华人"自强不息""行胜于言"的精神，令人难以置信地养成了168种大大小小的习惯；倘若不是由这168种习惯给我人生各方面所带来的完全超乎我想象的奇妙变化（详见《附录二：我所养成的168种习惯》），我要获得今日之一切，我要创立我之《习惯学》，那是绝无可能的！

那我之《习惯学》究竟从何谈起呢？

让我还是从有关这盏神灯的一个又一个令我新奇、疑惑而又惊喜的发现开始吧。因为万万没想到，我的人生有一天仿如当年的哥伦布，竟进入了一个既风光旖旎、又宝藏无限、又令人痴迷、又神奇无比的新大陆……

尊敬的读者朋友，以上，便是当你捧起此书时，我要推心置腹与你谈的一些心里话。我想，我之《习惯学》偏颇之处在所难免，但如果你能理解我如此一颗真心、如此一颗诚心，那你也许就能谅解我的种种偏颇了，你说对吗？

　　向你致以我最崇高的敬意和谢意！

作者 周士渊

2017.12.16于京城雅士斋

目录

第一篇 发现篇

第一章　我的一个又一个意外发现 / 5

1. 一个隐藏着的成功秘密 / 6

2. "广义习惯"的发现 / 8

3. 中华文化皇冠上一颗几乎最璀璨的明珠 / 11

4. 你知道《论语》之开篇语吗？／ 13

5. 你知道《三字经》之开篇语吗？！／ 16

6. 你知道《黄帝内经》之开篇语吗？／ 18

7. 你知道我们中华最远古的座右铭吗？／ 20

8. 一定是你另外一个又一个"意外发现"！／ 23

9. 《习惯学》广阔的开发、应用前景 / 25

第二章　"习惯'五动'定律" / 28
　　　　——我的又一个重要发现

1. 何谓"动"？／ 30

2. 第一"动"——"起动" / 32

3. 第二"动"——"百动" / 34

4. 第三"动"——"自动" / 36

5. 第四"动"——"恒动" / 38

6. "成了习惯，就一定坚持！" / 40

7. 常识告诉我们："成了习惯，就一定坚持！" / 42

8. 实践告诉我们："成了习惯，一定坚持！" / 44

9. 小狗也告诉我们："成了习惯，就一定坚持！" / 46

10. 第五"动"——"乐动" / 48

第三章 威力无穷的"习惯配方" / 52
——我的另一个重要发现

1. 何谓"习惯配方"？ / 54

2. 知必行、行必恒、恒必达——行动力、持久力、执行力 / 55

3. 李开复提升演讲能力和人际关系的绝招 / 57

4. 我如何战胜了反复发作的肛漏？ / 59

5. 我如何征服了几十年迁延难愈的顽疾？ / 62

6. 有关"习惯配方"的补充说明 / 64

第四章 "习惯"与"命运" / 69
——习惯决定命运

1. 关于"习惯决定命运"的充分理论依据 / 72

2. 谁是美国历史上智慧和财富的象征？/ 74

3. 本杰明·富兰克林著名的十三种美德 / 76

4. 康熙大帝的辉煌之谜 / 78

5. 对148名杰出青少年和115名死刑犯的追溯 / 80

6. 千万不要输在习惯培养的起跑线上 / 82

7. 我的最新教育理念——"发现教育" / 84

8. 一段值得全天下父母反复吟诵的经典箴言 / 86

第五章 "习惯"与"事业" / 89
——习惯决定事业

1. 是"习惯"在决定着我们的"事业"吗？/ 91

2. 台湾首富靠什么掘到了第一桶金？/ 92

3. 首富女儿零距离对父亲的解读 / 94

4. 白手起家富豪们的12个"富有习惯" / 97

5. 在清华园生命化为了一片废墟的我 / 99

6. 如今的我，一切仿佛都在梦中 / 100

7. 我能成为所谓"中国十大金口才"之谜 / 103

8. 我能与张明敏同台演出之谜 / 105

第六章 "习惯"与"健康" / 112
——习惯决定健康

1. "习惯决定健康"强有力的理论依据 / 114

2. 对癌症，我很自信！/ 116

3. 一个极典型的反面教材 / 118

4. 你相信吗，114岁高龄居然能鹤发童颜？/ 120

5. 世界级寿仙的普通一天 / 122

6. 我在健康上不可思议的今昔巨变 / 125

7. 我在健康路上的两大根本性转折 / 126

8. 我的健康理念——"三分治、七分养、十分护" / 128

9. 如今的我,一身健康名牌 / 131

第七章 "习惯"与"人际关系" / 133
——习惯决定人际关系

1. 《第一夫人大闹白宫:奥巴马连任就离婚》 / 134

2. 一件使我颇为惊愕的往事 / 135

3. 人际冲突的背后,关键是"习惯"两字 / 137

4. 习惯决定人际关系 / 140

5. 卡耐基20个提升人际关系的经典妙方 / 142

6. "当要争论时,立即'咬住你的舌头'" / 144

7. "行有不得,反求诸己" / 147

8. "你想钓鱼,就要问问:'鱼想吃什么?'" / 149

9. "男人来自火星,女人来自金星" / 151

第八章 "习惯"与"学习" / 154
——习惯决定学习

1. 知识也要熟练到成为习惯 / 155

2. 有关"习惯决定学习"的充分理由 / 157

3. 大幅提升学习成绩的"七大'学习习惯'" / 160

4. 好学不倦 / 161

5. 管好时间 / 163

6. 专心致志 / 165

7. 备错题本 / 168

8. 巧于记忆 / 170

9. 思维导图 / 172

10. 认真第一、聪明第二 / 174

第九章 "习惯"与"形象、气质" / 177
——习惯决定形象、气质

1. 一个"穿黑貂皮大衣"的女人 / 179

2. 对于"形象、气质",我有发言权吗? / 180

3. 习惯决定你的形象、气质 / 182

4. 北京奥运会给我心中留下的一大遗憾 / 184

5. 这遗憾的根源究竟何在? / 186

6. 我似乎也有一丁点"逆生长"? / 188

7. 一种独特的养颜、养生妙方——"冰火浴" / 190

8. 全天下最美、最廉价的化妆品 / 192

9. 为"烦恼青春痘"助你一臂之力 / 195

10. 神奇的土豆美容养颜术 / 197

11. 为身材挺拔助你一臂之力 / 200

12. 为拥有一头秀发助你一臂之力 / 203

13. 为减肥健美我也助你一臂之力 / 204

第十章 "习惯"与"心态" / 207
——习惯决定心态

1. 为何决定我们心态的依然是习惯? / 210

2. 一个世上几乎最有说服力的"心态"案例 / 211

3. "习惯决定心态"我之见证 / 213

4. 既要抓"物质建设",又要抓"精神建设" / 214

5. 七句调整心态的金句 / 216

6. 《哈佛大学推荐的20个快乐习惯》 / 218

7. 如何介绍自己的姓名? / 221

8. 如何变自卑为自信？/ 223

9. 如何征服忧虑？/ 225

10. 如何征服烦恼？/ 227

11. 从今天起，我要拥有阳光心态 / 229

第十一章 把目光聚焦在"习惯"两字上 / 235

1. 一盏世界上最奇妙的神灯 / 236
2. 把目光聚焦在"习惯"两字上 / 238
3. 培养习惯之"三难" / 240

第十二章 "培养习惯的四步魔法" / 243
——第一步：必要性

1. 培养好习惯和克服坏习惯 / 244
2. 与你的人生理想、人生大目标挂钩 / 246
3. 与你的人生难题挂钩 / 248
4. 我古稀之年究竟如何攻克了"哑巴英语" / 250

第十三章 "培养习惯的四步魔法" / 253
——第二步：可行性

1. 天天吃十个小枣的"可行性"分析 / 254
2. 天天吃三个核桃的可行性分析 / 256

3. 清晨四点起床写作的可行性分析 / 257

第十四章 "培养习惯的四步魔法" / 260
——第三步：策略性

1. 策略性之"易" / 261

2. "三定"——定时、定点、定量 / 263

3. 弹性和灵活性 / 266

4. 策略性之"少" / 268

5. "少"妙用在政府和企业管理 / 270

6. "少"妙用在个人的自我管理 / 272

7. 策略性之"小" / 274

8. 好习惯加法 / 276

9. 坏习惯减法 / 278

10. 迈小步，不停步 / 280

第十五章 "培养习惯的'四步魔法'" / 284
——第四步：操作性

1. 我的秘密武器——"一分钟傻瓜日记" / 286

2. 我某一天典型的"一分钟傻瓜日记" / 289

3. "真传一句话，假传万卷书" / 291

4. 一种世界上最简捷的习惯培养妙方 / 293

5. "习惯闹钟"之妙用 / 295

6. 我现在就付诸行动！ / 298

一个有关我的真实故事 / 304

《我所养成的168种习惯》 / 314

亲友、弟子发自肺腑的由衷见证 / 356

我的深深谢意 / 379

您是这样的人 / 382

《习惯学》与人工智能时代的人类自信 / 385

知之卷

风之谷

第一篇
发现篇

袁姐篇
第一篇

第一章
我的一个又一个意外发现

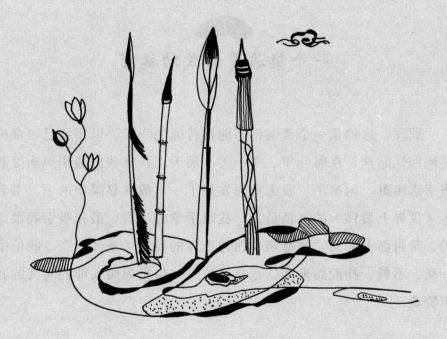

尊敬的读者朋友，你一定不会想到，我之《习惯学》，竟发端于20世纪90年代中我们清华园极普通的一天；但万没有想到，正是这极普通的一天，我仿佛像当年的哥伦布，进入了一个既风光旖旎，又宝藏无限，又人迹罕至，又无比神奇的新大陆，并开始了我一个又一个的意外发现之旅。我时常想，如果真有上天，那上天对我是不是一定特别眷顾？否则，为何偏偏让我进入了如此一个神奇新大陆呢？

那这是如何普通的一天，竟带我进入了一个如此神奇的新大陆呢？你一定十二分的好奇。

1 一个隐藏着的成功秘密

朋友，这确是一个普通得不能再普通的一天，以至我已很难确切地回忆起这是在哪一年、哪一天。那天，我在我们清华照澜院新华书店闲逛。闲逛中，我无意间发现了一本放在显眼处的书，书名为《世界上最伟大的推销员》。我顺手拿起一看，最先吸引我眼球的，是封面上那句"风靡当今西方世界的商业《圣经》"。我信手一翻，不料，扑面而来的，竟是一位又一位世界级大师们对其的齐声赞颂——

"所有关于营销的书籍我几乎都读遍了。我认为奥格·曼狄诺的《世界上最伟大的推销员》一书堪称集大成者。遵循书中原则行事的人，不可能遭遇失败；无视这些原则的人，也不可能成就大事业。"

——全美成功者协会主席

保罗J·迈耶

"我深深地被《世界上最伟大的推销员》所感动。它无疑是我读过的最伟大的书籍,每一个人,包括你我,都不可错过此书。"

——肯德基人寿保险公司董事长
罗伯特B·亨斯利

"在我看来,奥格·曼狄诺的《世界上最伟大的推销员》势必成为经典之作。多年来,我曾出版过数以百计的各种书籍,但只有奥格·曼狄诺的这本书真正触及我的内心深处。我以出版此书为荣。"

——出版家
弗雷德里克V·费尔

……

朋友,看到一位又一位大师们对该书如此热情洋溢、发自肺腑的顶礼膜拜,我自然就毫不犹豫地当即把书买回了家。

但哪知我回家迫不及待地打开一读,竟被其中一句话一深深吸引住了——

《习惯学》最初之启蒙

"在十卷羊皮卷的第一卷里,隐藏着一个秘密;能够领悟这个秘密的智者,历史上寥寥无几。"

朋友,这可是本风靡世界、风靡全球的超级畅销书啊!据介绍,有一家企业,这本书刚上市,就买了三万册赠送给每一位员工;更多的人,则是把这本书作为最好的礼物,赠送给自己的亲朋好友。而正因为此,当我看到以上这句话,自然就激起了我内心巨大的好奇、甚至"野心"。试想,既然这第一卷羊皮卷里隐藏着如此一个重要"秘密",而能领悟这个"秘密"的智者又"历史上寥寥无几",那万一这"秘密"

被我发现了、领悟了,我岂不就成了"历史上寥寥无几的智者"?!

于是,带着如此巨大的好奇和"野心",我下决心即使掘地三尺、掘地三丈,我也要找到这"秘密"、破解这"秘密"!

但哪想到当我在第一卷羊皮卷里掘地三尺、掘地三丈后,所得到的结果,却使我大感意外!

原来这"秘密"、这只有"历史上寥寥无几的智者"才能领悟的成功"秘密",竟是——

习惯!

朋友,你此刻听了也一定大跌眼镜、大感意外吧?

是的,对于此结果,当初的我,大感意外。因为对于我们绝大部分人而言,"习惯"两字不就像白开水一样,熟悉得不能再熟悉、普通得不能再普通了,自小听了耳朵几乎都磨出了老茧;而要将其看成是只有"历史上寥寥无几"的智者才能领悟的成功秘密,你我当然就难以接受。

但哪想到就在此时,又一本与"习惯"相关的全球超级畅销书闯入了我的眼帘,使我对"习惯"两字开始了刮目相看。

2 "广义习惯"的发现

那这又一本与"习惯"相关的全球超级畅销书究竟是什么呢?——《高效能人士的七个习惯》。

朋友,关于这本书在西方世界的地位,从《百度·百科》对该书作者史蒂芬·柯维的介绍,我们就十分清楚了——

"史蒂芬·柯维是影响人类思想的新智慧学家，美国学界的'思想巨匠'；其入选'影响美国历史进程的25位人物'，被《时代周刊》评为'人类潜能的导师'，是美国总统倚重的顾问；2002年，福布斯将《高效能人士的七个习惯》评为有史以来最具影响力的十大管理类书籍之一；《首席执行官》杂志的调查结果将《高效能人士的七个习惯》评为20世纪两大最具影响力的经济类书籍之一……"

有史以来最具影响力的十大
管理类书藉之一

朋友，从以上介绍，你清楚了这本全球超级畅销书的价值和地位了吧。那这本书中所推介的"高效能人士"、甚至是"成功人士"的七个习惯究竟是什么呢？是——

"积极主动、掌握重点、利人利己、设身处地、明确目标、集思广益、综合平衡！"

朋友，看到这"七个习惯"，不知你有何观感？但当时的我，感到不胜惊诧。

为什么？

因为在我们看来"积极主动"是一种"态度"；那"态度"怎么就成了"习惯"呢？

同样，"掌握重点""利人利己""设身处地"等在我们眼里，是一种"方法""原则""思维方式"等，那"方法""原则""思维方式"怎么也成了"习惯"呢？

朋友，这个问题在相当一段时间困扰了我，但终于一天，一切仿佛都变得豁然开朗起来了。

原来我发现，这症结是出在东西方对"习惯"两字理解的巨大差异上。在我们眼里什么是"习惯"呢？——习惯就是"早晨起床要刷牙洗脸""不要随地吐痰""不要乱扔垃圾"之类；也就是说，各种看得见、摸得着的具体的动作成了习惯才称"习惯"；而人家眼中对"习惯"的理解显然要比我们宽得多、广义多。

换言之，我们理解的"习惯"是"狭义"的；而人家理解的"习惯"是"广义"的。

朋友，有了以上想法后，突然有一天我问自己："那'习惯'两字就其本义而言，应是'狭义'的还是'广义'的呢？"我发现应是"广义"的！为什么？因为就其本义而言，所谓"习惯"，不就是"习而成惯"之意吗？那既然各种具体的动作可以"习而成惯"，那各种态度、方法、原则、思维方式为何就不能"习而成惯"呢？推而广之，那各种素养、规范、纪律、戒律、传统、生活方式、道德品质、精神状态、社会风气、国民素质等为何就不能"习而成惯"呢？……

朋友，如果你也能认同我以上观点——把"习惯"的含义从"狭义习惯"拓展为"广义习惯"，那你就会发现，我们人生、世界几乎处处都是习惯，它主宰着我们人生、世界的几乎所有方面；甚至你会发现，我们十八大以来最受全国百姓称道的反"四风"、反"腐败之风"其核心抓的也是"习惯"；为什么？因为所有这些所谓的"风"，不就是普通存在于我们许多官员身上的各种根深蒂固的"陋习"、即"习惯"吗？……

以上，便是我的又一个意外发现——"广义习惯"的发现。朋友，有了我这一意外发现，此刻你对"习惯"两字是不是也要刮目相看了？

那说到此，我们对"习惯"、也就是我们如今认识到的"广义习惯"该下一个怎样的定义呢？以我之浅见，不妨这样来定义，以供大家一起来集思广益——

"习惯是人们后天生活中所逐步养成的各种模式化、自动化的动作、行为、态度、方法、生活方式、道德品质、精神状态、社会风气等。"

中华文化皇冠上一颗几乎最璀璨的明珠

朋友，关于"习惯"两字当我有了以上两个意外发现后，没想到这在之后，我又有了另外一个意外的、也许是更重要的发现。

那这是怎样一个更重要的意外发现呢？

事情的起因是这样。多少年前有一天，我脑海里突然又冒出了一个有关"习惯"的问题。

这问题是——

如果我们把"习惯是只有历史上寥寥无几的智者才能领悟的成功秘密"，看成是西方世界高度重视"习惯"的一句典型的、代表性的话，那"习惯"在我们中华五千年传统文化中究竟是何地位？它是被我们老祖宗高度重视的、还是被可有可无地打入冷宫的？

朋友，这个问题不问不知道，一问把我自己都差一点吓倒。为什么？因为这一下你岂不要去研究我们中华如此博大、如此精深、如此丰富、如此浩瀚的五千年文化，那我怎么能做到呢？

而此时，以上所述《高效能人士的七个习惯》中的一个习惯——"掌握重点"启迪了我，我想我不妨从宏观的角度去寻找我们中华传统文化的重点，甚至是重中之重。

而为了寻找这重点和重中之重，我给我们中华传统文化设计了一个形象的比喻并大胆进行设问——倘若我们林林总总、浩瀚无比的中华文化之上有一皇冠，那这顶皇冠究竟是什么？

朋友，经过很长一段时间反复思考，我认为我们林林总总、浩瀚无比的中华文化之上的那一顶皇冠，应该是我们中华文化中那些最具代表性的经典——《论语》《孟子》《道德经》《易经》《三字经》《弟子规》《黄帝内经》等。

朋友，你能接受我这一结论吗？我估计你虽不会立即认同，但起码不会坚决反对。

而有了这第一个结论，我又步步紧追。因为我发现每一部经典的开篇语，往往是这部经典的中心和主旨。倘若我们把每一部经典的开篇语都喻为是这部经典的一颗明珠，那如此一来，我们中华文化那顶由各种经典所组成的皇冠上，岂不就镶嵌上了一颗又一颗耀眼的明珠。

于是为了寻找这重中之重，我又大胆提问——那在这一顶皇冠的众多耀眼的明珠中，哪一颗明珠最耀眼、最璀璨、最夺目呢？退一步说，哪一颗明珠"几乎"最耀眼、最璀璨、最夺目呢？

朋友，为了探究我们中华文化的重中之重，我斗胆作了以上两个比喻和设问。万没想到有一天，我意外地发现，我们中华五千年传统文化皇冠上那一颗几乎最璀璨的明珠竟也是——

"习惯"！

朋友，此刻你一定难以接受了，甚至要抗议似的惊呼起来——"这怎么可能呢？'习惯'再重要，也不可能重要到这种地步啊！"

是的，朋友，如果是多少年前，听到这结论，我也会惊呼起来；但此刻，当我写下以上这段文字时，我内心却十分平静。而由于这涉及的，是有关我们整个中华传统文化的一个极重大的理论问题，因此在以下的一小节、一小节中，我想邀你与我一起，作平心静气、实事求是、甚至是推心置腹的探讨和交流，我相信你能接受。

好，朋友，如果你能接受，那此刻让我和你一起穿越时空，翻开我们中华文化那一部又一部几乎最具有代表性的经典，去一一查寻它们的开篇语，并细细品味这些开篇语究竟在向我们后人在告诫着什么、宣示着什么、强调着什么？

你知道《论语》之开篇语吗？

朋友，在我们中华五千年传统文化中，孔子的《论语》是不是一部几乎最具代表性的经典？那《论语》开篇之第一句是什么呢？是——

"学而时习之，不亦说乎？"

你一定知道，这开篇语后面的"说"，念作"悦"，也就是"愉悦"之意；因此这句话我们可以翻译为——

"学了任何东西后，如果能时时去'习'、不断去'习'，那我们的人生不就会变得很愉悦吗？"

朋友，《论语》是我们中华文化几乎最有代表性的经典，那我们不禁要问——"究竟是这句话太重要放在第一句，还是不小心碰巧放在第一句呢？"

经过反复求索、反复实践，我的结论是因为太重要！因为我发现

每张脸上都呈一个"甜"字

这开篇语里起码有三个极重要的强调——

第一是强调"学习"。朋友,你看这句话中有没有"学""习"两个字?显然有!那"学习"对一个国家、一个民族重要不重要?是不是再重要不过了?因此你看,我们中华民族对"学习"是什么态度?是不是近乎崇拜地将其置于我们中华最有代表性的经典《论语》之首来加以强调的?!

那这开篇语第二是在强调什么呢?你看,这里是不是把"学"和"习"两个字分开的?那为何要分开呢?原来孔子在这里把"学习"看成是两个方面——一是"学",一是"习";而他这里是在强调其中一个既重要又很容易被忽视的方面,这个方面显然是"习"!

而对此无数事实都可以证明这一点。比如我如今每次演讲,几乎都会送大家一个颇受欢迎的见面礼——"西瓜甜不甜?"这是什么意思呢?这可以说是一种迄今为止世界上最妙的照相术。你照相时问对方"西瓜甜不甜?",当对方回答"甜——"时你立即照,我保证这样照出的相,一定远超什么"A""钱""茄子"之类。朋友,这份极好的见礼物,我此刻不妨也送给你;望你现在就放下此书,立即去试,看看其效果究竟如何?

朋友,你试过后,是不是觉得我这份见面礼确实极妙?但没想如此珍贵的一份见面礼,当我演讲半小时后,再试着让全体学员举起手机为我的演讲留影时,在纷纷起立的身影中,我却听不到任何人在问我——"西瓜甜不甜?"朋友,如此一种绝妙的方法,我教了才半小时,大家"学"了才半小时,但一切却荡然无存了,这是一种多么天大的遗憾啊!那这遗憾的背后是何原因呢?不就是我们往往"学而不'习'"所造成的结果吗?

那我们《论语》之开篇语第三是在强调什么呢?

朋友,说到此我不由得又想起了多少年前我学驾驶时"轧死了三个警察"的真实经历。

记得那一次,我在教练场经过一十字路口,教练对我发令"左转弯"!哪知我刚转到左边道上,教练就劈头盖脸冲着我大骂——"你没长眼睛啊,你刚才轧死一个警察,知不知道?!"我还没回过神来,那骂声又跟着来了:"你没看刚才十字路口中间画了个圈,那是什么?那是岗亭!岗亭里是谁?是警察!有警察你怎么还敢大模大样轧过去?!"

后面这一骂,把我给骂醒了,原来是这样!可我心想:"常言不说'不知道不为过吗?'"

但第一次我确是不知道,可第二次、第三次我该知道了吧。但没想到第二次、第三次我又接连轧死了二个警察。到了第三次,那教练几乎怒不可遏了:"你轧死三个警察了,知道不知道?!"……

朋友,以上"轧死了三个警察"的故事对我而言印象真是太深了、太深了!那这故事告诉我们什么?给我们什么重要的启示呢?

这故事告诉我们,通常我把《论语》开篇语中的"习"理解为"行动""实践""温习""复习"是远远不够的。因为在这故事中我学了、接受了第一次那教训后，我"温习"了没有？"复习"了没有？我"温习"了、"复习"了；但"温习""复习"了，我为何还会接二连三地一个个去"轧死"那些警察呢？可见一样重要的东西我们"学"了以后，必须"温习""复习"到成了"习惯"，我们才会一定这样做、保证这样做、肯定这样做！我们才能"不亦说（悦）乎"。否则像我一样"学"了以后还去一个个轧死警察，那岂不成了"不亦怨乎""不亦恨乎"，你说对吗？

因此朋友，通过我以上故事和分析，我坚信，《论语》之开篇语最核心是在强调"习惯"两字！这里的"习"既是动词"温习""复习"之意，更是名词"习惯"之意；既是手段，更是目的——即通过"温习""复习"最后要变成"习惯"！

朋友，这你一定没想到吧，我们中华传统文化中几乎最有代表性的《论语》其开篇语竟是在强调"习惯"！这对你、对我是不是都是个意外的发现？

5
你知道《三字经》之开篇语吗？！

朋友，我们《论语》之开篇语在强调"习惯"，但你一定难以想到，我们中华传统文化中另一部家喻户晓、妇孺皆知的经典《三字经》，其开篇语也在强调"习惯"，这一定又出乎你的意外吧

那《三字经》开篇第一句是什么呢？

是——

"人之初，性本善；性相近，习相远。"

你看，这开篇语之后半句，不又出现了一个"习"字吗？那这"性相近，习相远"作何解释呢？

让我们先来看这"性"应如何译？

我估计你最有可能的回答是——"性格"。但我要告诉你："错了！"为什么？因为如果你将其译为"性格"，那"性相近，习相远"这六个字就说不清了！

但如果你听我一解释，你也许会有一种醍醐灌顶之感。

记得当时我就好奇这"性"的解释，于是我把这六个字作如下排列——

性相近
习相远

排好后，我盯着那"性"字，脑海里自然出现了一连串与"性"相关的词组——"性格""性别""性命""性能""性质""个性""天性"。

朋友，没想到当我最后脑海中蹦出这"天性"两字时，猛地，我眼前仿佛有一种豁然开朗之感——为什么？因为如果把上面这"性"解释为"天性"；那下面正对着的"习"，岂不就可解释为"习性"了吗？！

"天性"当然是指人先天的、母亲生出来以前就有的个性特征；那"习性"呢？

"习性"显然是指人后天的、母亲生出来以后由于家庭、环境、教育等不同，逐步形成的不同"习气""习性"等个性特征，即"习惯"！

朋友，现在你一定也有了一种豁然开朗之感了吧？原来，我们总在说"性格决定命运""性格决定命运"，实际决定我们命运的性格无非由两部分组成：一部分是先天的"天性"；一部分是后天的"习性"。而在这两部分中，真正差别巨大的是你我、当然也是你如今也许最关心的你孩子后天的"习"，即"习相远"！既然如此，那你我要完善自己的"性格"、修炼自己的"性格"，要使自己和自己的孩子一生幸福、成功、健康、快乐，我们当然就应把重心放在这后天的"习惯"上！

朋友，这你一定也大感意外吧，原来我们家喻户晓、妇孺皆知的《三字经》其开篇第一句居然也在强调"习惯"？

你知道《黄帝内经》之开篇语吗？

朋友，此刻，你是不是已越来越意识到"习惯"两字在我们中华传统文化中的极高地位了吧？那让我来考一考你——你知道我们中华民族古代最伟大的医学经典、养生经典《黄帝内经》其开篇讲的是什么吗？

告诉你吧，一翻开《黄帝内经》这部巨著，其开篇第一段介绍的，是黄帝和我们中华传说中最富声望的养生专家岐伯的一段精彩对话。

黄帝问岐伯：为何"上古之人"身体那么好，一个个能"度百岁乃去"，而"今时之人"身体那么糟，一个个"近半百而衰"呢？

岐伯回答说：那是因为上古之人"食饮有节、起居有常、不妄作劳"等，即古时候的人饮食很有节制、起居很有规律、劳逸结合得很好，才"度百岁乃去"；而今时之人呢？是因为"以酒为浆、以妄为常、醉以入房"，即如今的人把酒作为琼浆、视荒唐的生活为常规、醉醺醺夫妻行房，才一个个"近半百而衰"。

朋友，如果你仔细品味以上这开篇语，你说，其核心是在强调什么？不也在"习惯"这两字？！试问，什么是"饮食很有节制、起居很有规律、劳逸结合得很好"？那分明不是各种好的健康习惯吗？你健康习惯好，你当然健康；你健康，你当然就长寿，当然就能"度百岁乃去"。这也正如我国卫计委首席健康教育专家洪昭光教授所言："二十岁养成好习惯，四十岁指标都正常，六十岁以前没有病，八十岁以前不衰老，轻轻松松一百岁，快快乐乐一辈子！"

那什么是"把酒作为琼浆、视荒唐的生活为常规、醉醺醺夫妻行房"呢？那分明不是各种坏的健康习惯吗？你健康习惯坏，你当然不健康；你不健康，你当然就短寿，当然就会"近半百而衰"！

而说到此，我很想与你谈谈我最近看了《中国皇帝全传》一书后的一点感触。因为我没想到书中记载的从秦始皇到溥仪的262位帝王，他们的平均寿命竟如此之短！

那他们的平均寿命是多少呢？

我为此亲自对这262皇帝的寿命认真进行了列表统计，统计结果，他们的平均寿命竟只有40.54岁，也就是说，仅四十岁左右。

朋友，享受着全中国乃至全世界种种最顶级的养生、医疗条件的封建帝王们，他们的平均寿命仅四十岁左右，这你一定也没想到吧！

那这究竟是何原因呢？对此你只要读一下以下这段极为典型的记载，你自己也能得出最清楚的结论——

"公元273年，司马炎下了一道令人瞠目结舌的诏书：'禁天下嫁娶'，举国上下所有女子，包括订婚待嫁的，都必须参加选美。结果司马炎的后宫一下子就有了美女5000多人。他还觉得不满足，又把东吴昏君孙皓（被其所灭的东吴最后一位帝王）后宫的几千美人都接受了，结果后宫美人过万，实在惊人。美女太多，司马炎挑不过来，干脆每天坐着羊拉的车，在宫中四处游荡，羊车停在哪里，就拉上几个美人宠幸。后宫美人众多，为了争得皇帝的宠幸，纷纷在门口插上竹枝，洒上盐巴，吸引拉车的羊能停在自己门前……"

朋友，看到以上文字，你有何感触？我们《黄帝内经》在其一开篇所强调的中心点是不是完全没有错？——影响我们健康和长寿的最关键因素是你我的各种生活习惯、健康习惯；即你究竟是"食饮有节、起居有常、不妄作劳"还是"以酒为浆、以妄为常、醉以入房"等等，对此，我们百姓是这样，即便是贵为天子的皇帝，也概莫能外！

这你一定又没想到吧——原来《黄帝内经》这部我们中华历史上最伟大的医学经典、养生经典其一开篇也在强调"习惯"！

而清楚了这一点，对你我当然会大有益处。因为据《健康时报》登载的《最超值的理财莫若健康管理》一文报道，美国著名经济学家保罗·皮尔泽在其《财富第五波》一书中，将健康产业视为继IT产业之后的"全球财富第五波"。那为何健康产业会呈现如此态势呢？因为据权威统计，即便在我国，2016年富裕人群的服务总需求中，健康管理类的需求高达43%。朋友，富裕人群总需求中的43%竟是健康，这你一定没想到吧？！因此我坚信，我们的《习惯学》，尤其是我其后将谈到的一个又一个习惯与健康的真实案例，一定会对你也许最为关注的健康有所启迪！

你知道我们中华最远古的座右铭吗？

朋友，《论语》《三字经》《黄帝内经》在其开篇不约而同地强调"习惯"，这你以往一定没想到吧？

但你知道吗，我们中华最远古的座右铭居然也在强调"习惯"，这你一定又没有想到。

这座右铭出于"四书五经"之首的《大学》——

"汤之盘铭曰：'苟日新，日日新，又日新。'"

以上这句话翻译成白话是——"商汤王（商朝第一个国君））在他盥洗用的铜盘上，刻上了座右铭，用以自我警惕。这句座右铭是：'一样东西如果有一天新了，就应保持每天都新，新了还要更新。'"

那为何商汤王要将如此一句话作为自己的座右铭呢？

容我来细细分析。

你看，在日常生活中，我们是不是经常会学到或悟到各种最新的东西——比如我们的最新照相术 "西瓜甜不甜"——那我们所学到的、悟到的这类最新方法、最新妙术，最怕的是什么呢？

最怕的是不是像一阵风似地，新了几天就不新了？

那我们怎样才能做到新了以后还能保持这"日日新"呢？

以我之见，如果你能将你所学、所悟的新东西化为"习惯"，那你岂不就一定能做、一定能坚持、一定能"日日新"吗？否则，没成"习惯"，你怎么能"日日新"呢？

因此我认为，商汤王这里的"日日新"，其本质一定是在强调"习惯"两字。

而如果我们将这"日日新"理解为在强调"习惯"，那对于这之后的"又日新"，我们就能解释通了、解释圆了。

为什么？

因为如若商汤王之"日日新"确实是在强调"习惯"，那"习惯"可是把双刃剑，它既可以是一种进步，又可以是一种保守。因此以我之见，所谓"又日新"是指我们在"日日新"的同时，千万不能使这种"日日新"渐渐演变为一种守旧，而应去不断探索究竟有没有比这更好、更妙、更智慧的办法，这也就是现如今我们全社会越来越重视的"创新"！

朋友，如果我以上解析没有什么大错的话，那你看，这"又日新"三字用得多智慧啊！试想，如今"创新"已成了全中国、全世界的热词，哪想到这"创新"竟是我们中华老祖宗商汤王早在三千多年前就率先提出来了！而你一定清楚，我们中华到商朝才有文字、才有甲骨文，那我说这商朝第一个国君的座右铭是"我们中华最远古"的座右铭，是不是也不应该有什么大错？

那有了以上解析后，商汤王这句座右铭完整的应如何解释呢？

我认为应这样——

当我们创新了一样东西后，应通过习惯使其持久和发扬；而在此期间，我们并不甘心，还应探索是否有更好、更妙的方法；而一旦发现了，我们又将其转化为习惯而持久、巩固……

朋友，如此一来，我们岂等于找到了一种极有价值的发展模式？——"创新，习惯；习惯，创新；再创新，再习惯；再习惯，再创新……"而按着以上模式循环往复、螺旋式上升，那我们的各项事业岂不会像电脑的软件一样，始终在不断升级、不断更新、不断换代？那我们的人生、我们的世界岂不也会变得越变越美丽、越变越奇妙、越来越让我们迷恋？！

朋友，以上便是我对商汤王"苟日新，日日新，又日新"这句座右铭的完整理解，如果你也能认可，那你一定没想到吧，我们中华最远古的座右铭居然也在强调"习惯"。这也就是说，我为"习惯是我们中华文化皇冠上一颗几乎最耀眼的明珠"的发现又找到了一个强有力的佐证。

那为了这一发现我为何要拿出如此多强有力佐证呢？

因为这一发现一定是一个重大理论问题。而如果我之发现是肯定的、确凿的，那我们的《习惯学》就有了其应有的高度、深度和厚重度，这无论对我们每个人、还是对全社会都将具有重大的意义。而有鉴于此,在本章行将结束之际,请允许我再拿出一连串证据,来佐证和夯实我的以上发现!

而这一连串证据,一定是你另外一个又一个的"意外发现"。

一定是你另外一个又一个"意外发现"!

朋友,你知道另一部经典《大学》吧?《大学》之一开篇希望我们应把"修身、齐家、治国、平天下"作为自己的人生使命;而其中又将"修身"视为核心,如若连自己的"身"都没"修"好,连自己都没管好,那谈何"齐家"、谈何"治国"、谈何"平天下"呢?!

朋友,如果以上我没有理解错的话,那请你想想,对于如此重要的"修身"难道能离开"习惯"两字吗?我敢说,离开了"习惯",所谓"修身"、所谓"自我管理",就只是一句空话而已!

这你一定又很感"意外"吧,原来《大学》开篇之"修身",其本质也在强调"习惯"!

朋友,你知道我们中华的另一部经典《道德经》吧?

那《道德经》之通篇所讲的"道",究竟是指什么呢?

你看,所谓"道",不就是"道路""规律"之意吗?那"道路"是怎么形成的呢?鲁迅先生说:"世上本没有路,走的人多了也便成了路。"试想,所有习惯的养成岂不也极为类似?——人生本无习惯,但出生后重复多了,岂不就渐渐形成了各种各样的习惯?!

这你一定又感"意外"吧,原来《道德经》通篇所讲的"道",从某种意义讲,也在强调"习惯",尤其对于我们这世间最重要的"人"。

最后,让我们再来看另一部你一定熟知的经典《弟子规》,看看其通篇所讲的"规"究竟是指什么？

以下就是这其中一条条"规"——

父母呼，应勿缓；父母命，行勿懒。
父母教，须敬听；父母责，须顺承。
晨必盥，兼漱口；便溺回，辄净手。
冠必正，纽必结；袜与履，俱紧切。
心有疑，随札记；就人问，求确义。
房室清，墙壁净；几案洁，笔砚正。
……

朋友，细细研读和品味以上这一条条"规"，从我们广义习惯的眼光看，不全是"习惯"、不都是"习惯"、不统统都是各种各样名副其实的"习惯"吗？

这你一定又大感"意外"吧，原来《弟子规》所讲的"规"无一例外，全都是"习惯"！换言之——《弟子规》不仅其一开篇、而且其通篇都在强调"习惯"两字！

朋友，此刻，你是不是已从内心信服了我的第三个发现？——我们中华居然有如此多部最有代表性的经典，或在其开篇、或用其全文来强调我们的"习惯"两字，这在世界文化史上恐怕也极为罕见吧！

因此我们说——

习惯是我们中华五千年传统文化皇冠上一颗几乎最耀眼的明珠！

是不是一点都不过分、一点都没过头？！

那我的这个发现说明了什么呢？

这当然说明了"习惯"两字在我们中华五千年传统文化中的崇高地位！这种崇高地位我们当然没有必要像北京、上海，北大、清华，张艺谋、陈凯歌那样，总想分出个谁高谁低、谁上谁下、谁优谁劣，但"习惯"对一个民族、对一个社会乃至对我们每个人的极端重要性，我相信这一定是毋庸置疑的；"习惯"是我们中华五千年传统文化几乎最有代表性、最有民族特质的核心价值观之一，这也一定是毋庸置疑的，你说对吗？

《习惯学》广阔的开发、应用前景

朋友，从我以上一个又一个的意外发现，你是不是一次又一次地感受到了"习惯"两字的极端重要性和我们创立《习惯学》之必要性？

而根据我的研究，我认为《习惯学》作为一门崭新学科，将有极其广阔的开发应用前景。

首先你看，我们《习惯学》研究的对象是组成我们人类社会的最基本单元——人；而且是研究人最基本的属性之一——"习惯"！试想，在我们这世界上什么最重要？最重要不就是我们这些对健康、成功、快乐、幸福有着强烈渴望的、大写的"人"吗？因此我坚信，我们在《习惯学》领域的每一个突破，都将对我们人类世界产生影响，并将造福于千千万万人！

请你再看，我们的《习惯学》是不是还有着以下四大显著特性？——一是它可以应用在全中国、甚至是全世界所有人身上，因为全世界没有一个人能离得开习惯；二是它可以应用在我们人生几乎所有最重要的侧面，因为我们人生没那一个重要侧面能离得开习惯；三是如果我们真能去认真践行，我们人生的几乎所有方面都可以发生匪夷所思的巨变（对此我在本书将以大量事实证明）；四是它为我们找到的培养习惯的方法又简捷到了完全超乎你想象的地步（我也将在本书详细谈及）！朋友，从以上四大特性，你是不是进一步感受到了我们《习惯学》的价值所在？

此外，深入研究《习惯学》，我们是不是还可以开辟出一个又一个《习惯学》的新分支，以大大拓宽其研究应用范畴？——《健康习惯学》《教育习惯学》《管理习惯学》《消费习惯学》《犯罪习惯学》《家风、民风、党风习惯学》……由此足见其开发应用前景是不是将无可估量？

而为了让我们的《习惯学》对你本人能有更多的助益，我的以下切身感受还想进一步与你分享。

在本章我们谈及了广义习惯和狭义习惯，也就是说我们《习惯学》所说的习惯是广义的，而非狭义的；由此我们是否又可以引申出"显性习惯"——"行为性习惯"和"隐性习惯"——"思维性习惯"的概念，以使我们《习惯学》的内涵引向你我身心的更深层次？

此外，我们还可以引入"大习惯""小习惯"的概念。比如"爱国""诚信""敬业""友善"是我们的核心价值观，但如何去落实，往往显得有些空泛；但有了这大、小习惯的概念，这问题就迎刃而解了。如"诚信"，先将其看成是一个人生重要的"大习惯"，有了这"大习惯"再将其细化为"守时""借东西要还""不轻易承诺"等一系列相应"小习惯"，那这"大习惯"岂不就很容易落地生根、在我们所有人身上得到落实？

再则，引入"阶段性习惯"的概念，还可以使我们的《习惯学》在我们主战场大显神威。因为日常工作中我们常要把一个目标或难题分解为若干"措施"去实施，这过程往往需要数月或数年；但要坚持这数月数年对我们许多人来说却是件难事。而如今有了"阶段性习惯"就好办了——你不妨先将这些"措施"看作是自己在某一时期的"阶段性习惯"去培养;而成了习惯,你必定能轻而易举地坚持(这在以后的文中你将清楚地看到),那你的那些目标和难题怎么能达不成和征服不了呢?

而朋友,关于我们的《习惯学》,我最后还要为你引入一个概念——"软性习惯"!因为这概念起码对我自己就十分受用。说实在话,我是个对学习有着浓厚兴趣的人,因此我很想把定时收看《百家讲坛》《世纪大讲堂》《环球视线》《朗读者》等栏目作为自己的习惯。但问题是如果这些栏目每期必看,显然与自己的日常生活、工作会发生冲突。那怎么办呢?当我引入了"软性习惯"的概念后,这个难题自然又被我迎刃而解了。因为我们为何一说到习惯,就非要刚性到必须"一天不断""一期不拉"的程度呢?我们完全可以将其"软性"化!朋友,如此一来,一切是不是就变得很有人情味了?——你的生活既是丰富多彩、极有规律的,又是不被任何东西所捆绑、羁绊的,还天天充满了乐趣和期待,试想,这样的人生将多么富有诗意啊!

第二章
"习惯'五动'定律"
—— 我的又一个重要发现

朋友，以上我给你介绍了我的一个又一个"意外"发现和我们《习惯学》极其广阔的开发应用前景，其中心点，当然还是"习惯"两字的极端重要性。这种重要性，如今在我心中，仿佛说什么都不过分！

而经过我的深入研究，习惯的极端重要性还和"习惯"两字固有的特性密切相关。

那习惯有哪些固有特性呢？

根据我的研究、尤其根据我所亲身养成的168种大大小小的习惯，其显著特性之一，就是我有关习惯的又一个重要发现——

"习惯'五动'定律"。

朋友，一说到"定律"两字，你也许立刻会想："定律"两字可不是一般人随便能用的。

如果你真是这样，那我要说，且让我试试。

那究竟何谓"定律"呢？

《新华词典》对其定义如下——

"科学上指为实践所证明，反映客观事物在一定条件下发展变化规律的论断。"

百度百科对其有以下表述——

"定律的特点，是可证，而且已经被不断证明。"

而我发现，我之"习惯'五动'定律"似乎也符合以上定义，是可以不断被证明的。

下面，请允许我来细述。我相信你听完后，很可能会心悦诚服；不仅如此，对如何培养习惯，你也很可能会有诸多启迪。

那我之"习惯'五动'定律"究竟是哪"五动"呢？

这"五动"分别是——

起动

百动

自动

恒动

乐动

何谓"动"？

朋友，谈到我们的"习惯'五动'定律"，那你也许会问，何谓"动"呢？

这"动"，当然就是"行动"之意！朋友，这可是我们中华五千年文化中的一个关键词啊！——

你看，我前面已分析过的《论语》之开篇语"学而时习之"，其本质不就是在强调任何好的东西你"学"了以后，还必须要去不断去"做"、不断去"行动"，甚至要去足够地"做"、足够地"行动"吗？可见我们中华民族的至圣先师孔子是何等地强调"行动"这一关键词啊！

你再看，我国明代几乎最著名的思想家、文学家、哲学家和军事家王阳明最核心、最有影响的哲学思想是什么？是"知行合一"！那这"知行合一"在强调什么？其核心所强调的不也是"行动"这一关键词吗！

你再看，我国现代几乎最为人称道的教育家陶行知最经典的轶事

刻在每个清华学子心中的行胜于言

是什么？——是他将自己的姓名从"陶知行"改为了"陶行知"。那他为何要将这"知行"特地改为"行知"、以至我国目前的"行知中学"到处都有呢？其核心所强调的不也是"行动"这一关键词吗？！

你再看，从我国改革、开放的总设计师邓小平所说——"世界上的事情都是干出来的；不干，半点马克思主义都没有！"，到我们的总书记习近平所言——"行动最有说服力""空谈误国，实干兴邦""我们应该让二十国集团成为行动队，而不是清谈馆"，这其中核心所强调的不也是"行动"这一关键词吗？

你再看我们钟灵毓秀、人才辈出的清华之核心精神。

据有关专家研究，我们清华精神的核心体现在两个方面，一是我们清华的校训——"自强不息，厚德载物"；二是我们清华的校风——"行胜于言"。

那这"行胜于言"在强调什么呢？

显然也在强调"行动"这一关键词！

那这"自强不息，厚德载物"在强调什么呢？

所谓"自强不息，厚德载物"是来自《易经》——"天行健，君子以自强不息；地势坤，君子以厚德载物"；

那何谓"天行健，君子以自强不息；地势坤，君子以厚德载物"呢？用我们现在的白话说就是，作为一个君子，你的行为就应像天体一样运行不息而极有规律；你的心胸就应像大地一样，无所不容而极为宽厚。

那这里的"你的行为就应像天体一样运行不息而极有规律"是在强调什么？其核心不也在强调"行动"这一关键词吗？……

朋友，当我如此不厌其烦地引经据典，你此刻对"行动"这一关键词的极端重要性是不是理解得太清楚、太清楚了？因为道理再简单不过——"构想再好，一毛钱能买上一打；而只有那些勇于付诸行动的人，才是无价的"！

而朋友，当你知晓了"行动"对你我的人生竟如此重要，你再来听我讲"习惯'五动'定律"，你就会全神贯注、兴致勃勃了。因为你一定难以想象，"习惯"两字对我们人生如此重要的"行动"一词竟是如此关键，它会使你的"行动力"变得极强、极强！

如果你不信，请你先来看我们这"五动"中的第一动——

"起动"！

第一"动"——"起动"

所谓"起动"，就是你要培养任何好习惯、征服任何坏习惯，首先必须开始"行动"；你不"行动"、不"起动"，总在脑子里兜圈子，那谈何习惯培养呢？

那在这个问题上我们许多人的通病是什么呢？

通病是"明日复明日，明日何其多"，也就是一拖再拖，就不见"起动"；而这一拖再拖的结果，自然"黄花菜都凉了"，再好、再重要、再有意义的好习惯，都会被你拖得无影无踪；这也十分类似我们不少人听报告——"听着感动，听完冲动，回去一动不动"！

朋友，回忆你的一生，在习惯培养上你属于这"明日复明日，明日何其多"一族吗？如果属于，我希望你从今天开始一定要立刻改，否则再好的习惯将与你无缘；习惯的价值再巨大、再神奇也将与你擦肩而过。

那我们如何才能"起动"、才能跳出这怪圈呢？你也许会问。

对此，我将在《践行篇》与你详谈。不过在此可以给你先透露一点。

实际你借助一个"小"字，就极易"起动"。因为"惰性"仿佛是我们人类的一种天性，而现在有了这"小"字，这种"惰性"就很容易被克服了。

比如你身材颇为丰腴，很希望自己变得婀娜多姿。而要变得婀娜多姿自然需要"管住嘴"和"迈开腿"，可你又恰恰从没有运动的习惯，那怎么办？

而有了以上这"小"字，事情就会变得简单了。比如运动，按减肥专家的要求，或许你必须天天跑多少公里、多少时间，这你当然始终下不了决心去"起动"。但现在你借助于这"小"——先不要跑，先去散步；散步先五分钟、十分钟，这你当然就很容易"起动"了；而"万事开头难"，你现在用这方法很巧妙地开了头，以后再循序渐进，顺势而为，那这天天运动的习惯岂不就很容易养成？而由此你的身材岂不就会一天比一天令你心仪？而告诉你吧，我的许多习惯就是用这种妙法一点点开始养成的。

朋友，以上就是我们"习惯'五动'定律"中的第一"动"——"起动"。你说，这是不是一条铁一样的规律？你不"起动"，总在做白日梦、总没有这第一次,那何谈习惯、何来习惯呢?你说对吗?

第二"动"——"百动"

朋友,我们的第一"动"是"起动",那"五动"中的第二"动"是什么呢?是"百动"。

这可是我们"习惯'五动'定律"中最为关键的一"动",也是决定我们习惯培养成败的一"动"!

那何谓"百动"呢?

这"百动"是指要培养一个习惯,光"起动"是远远不够的。"起动"后还要不断地"动"、足够地"动",要"动"到量变发生了质变,这习惯才能养成。这和水烧到一百度才能开的道理是完全一样的,因此我将这第二"动"称之为"百动"。

那在现实生活中,我们究竟是如何做的呢?

我们"起动"了以后,往往像烧开水似的,也在烧、也在"动";但问题是烧到三十度了,怎么还不开?四十度了,怎么还不开?五十度了,怎么还不开?于是就没有耐心了,甚至怀疑这水究竟能不能烧开了,便撤火了。

但这火一撤,你想,烧了半天,岂不就白烧了,前功尽弃了?

可是对于你,这习惯是一定要的。于是我们又重新烧,烧到60度、70度、80度、90度……可烧烧又没有耐心了,又怀疑究竟能不能烧开了,又放弃了。试想,为了养成各种习惯,我们在家里、在学校、在企业、在全社会像搞运动似地一次次烧过多少回这样的"夹生水",这对我们这世间最宝贵的人力资源是一种多么巨大的浪费啊!

朋友，这不正是我国著名教育家孙云晓所说的《令人遗憾的前50℃现象》吗？

"德育成了一壶烧不开的水。水的沸点是100℃，可我们的德育往往在50℃左右就停了下来。例如当孩子开始做好事了，或者开始守纪律了，人们就以为德育的目的已经达到了，教育已经成功了。事实上，这绝不是德育的最终目的，而只能算是前50℃的教育。它不应该成为教育的终点，而应该被视为一个重要的教育契机。抓住孩子偶然出现的道德行为，将其反复训练成道德行为习惯，才是德育的真正目标，是德育的后50℃。很明显，我们的德育在后50℃上下的功夫不足。"

朋友，看了以上《令人遗憾的前50℃现象》，你有何感触？是不是这样的"前50℃现象"在你身边也比比皆是？

因此我们说，要培养任何习惯，我们"起动"后，还必须不断"动"，足够"动"，直至"动"到了"百动"，这习惯才能养成，这是不是也是一条铁的规律，你说对吗？

而有了这"百动"，再辅以著名教育家曼恩的一句名言，以后你对培养习惯就会信心满满，就会稳操胜券了——

"习惯仿佛像一根缆绳，我们每天给它缠上新的一股，要不了多久，它就会变得牢不可破！"

而以上，就是我们"'五动'定律"中的第二"动"——"百动"。

第三"动"——"自动"

朋友,有了"起动""百动"后,我们"习惯'五动'定律"中的第三动,是"自动"。

关于"自动",这可是我们几乎所有官员、老板、老师和家长们所渴望的。试想,谁不希望自己的百姓、员工、学生、孩子能"自动"地去守法、去工作、去读书、去学习啊!也就是说不用你去督促,他就能自动把自己管理得极优秀、极卓越、极让人满意,这是一种何等令人憧憬的理想状态啊!

也许正因为此,被誉为"二十世纪全球最杰出经理人"的杰克·韦尔奇曾说出了如下名言——

"让员工学会自我管理,是管理的最高境界。"

也正因为此,有本名为《自动自发》的书,居然曾以数以百万计的销量畅销全中国!

朋友,"自我管理""自动自发"如此重要,但请你仔细想一下,如果离开了"习惯",能有效"自我管理"吗?能真正"自动自发"吗?一定不能!真正的"自我管理"、真正的"自动自发"一定是当你所希望的行为、态度、方法、技能等经由"起动""百动"化成了习惯后的必然结果,舍此绝无它途!

为什么?

因为"习惯、习惯,就是'习而成惯'"之意,即任何东西一旦经过足够的、如水烧至百度般的"习",它就必定会"习而成惯"!你看——

如果你"懒"惯了,你是不是一定会保持这"懒",而且这

"懒"是"自动"的？

如果你"勤"惯了，你是不是一定会保持这"勤"，而且这"勤"是"自动"的？

如果你"贪"惯了、"廉"惯了、"马虎"惯了、"认真"惯了……你是不是一定会保持这"贪"、这"廉"、这"马虎"、这"认真"，而且它们都一定是"自动"的？

……

朋友，当我们谈到这里，你脑海里是否会像我一样猛地一闪？——这"习惯"之"惯"的性状，与我们"牛顿第一定律"中所说的"惯性"何其相似乃尔啊？！

那"牛顿第一定律"讲的是什么呢？

讲的是自然界中的物体如果不受到外力，它有一种"保持自己运动状态不变"的特性——如果是静止，它就始终会保持静止；如果是匀速，它就始终会保持匀速。

那细看我们各种各样的"习惯"，其性状与"牛顿第一定律"中所描述得不完全一样吗？

那既然自然界所有物体都有"惯性"，而我们人类世界的所有事物也都有着"惯性"，那我们为何就不能大胆地将"习惯"也纳入其间，看成是牛顿"惯性定律"在我们人类世界、在我们社会科学的延伸和拓展呢？

朋友，我以上推论是不是太过大胆了？但请你仔细想想，我之推论是不是确还有几分道理？因为这自然界中的"惯性"和我们人类世界的"惯性"是不是太相像、太相像了，相像到了简直犹如一对双胞胎姐妹花！

朋友，以上便是我们"五动"之第三"动"——"自动"，即当我们经由"起动""百动""习而成惯"后，我们的一切就会依着这种"惯性"极有规律地"自动"！

第四"动"——"恒动"

朋友,讲完了第三动"自动"后,我们就要迎来"习惯'五动'定律"中对你我、对我们这个世界也许最有价值的一"动"了——"恒动"!

那何谓"恒动"呢?

所谓"恒动"就是当各种最重要的技能、方法、态度、品质等经由"起动""百动"成了习惯后,你在"自动"的同时,一定会稳定地、可持续地、不屈不挠地、像永动机似地永"动"了;也就是说,一旦你养成了某种好的习惯,你仿佛就自然而然拥有了顽强的毅力和坚韧不拔的精神!

朋友,这可是我们人类一种钻石般最稀缺、最渴望、最难能可贵的品质啊!对此,你只要听一则留传了两千多年的有关苏格拉底和柏拉图的最经典故事,你就能知道这"恒动"那钻石般稀缺的价值了——

那是开学第一天,苏格拉底对学生们说:"今天,我们只学一样东西,就是把胳膊尽量往前抬,然后再尽量往后甩。"他示范了一下,结果,所有学生都笑了。"老师,这还用学吗?"一个学生打趣道。

"当然,"苏格拉底很严肃地回答道,"你不要觉得这是件很简单的事,其实它很困难的。"听到这话,学生们笑得更厉害了。但苏格拉底一点也不生气,他宣布说:"这堂课我就教大家好好学这个动作。学会以后,从今天开始,每天你们都要把它做100遍。"

10天之后,苏格拉底问:"谁还在坚持做那个甩手动作?"大约80%的学生举起了手。

一个月后，苏格拉底又问："谁还在坚持做那个甩手动作？"大约50%的学生举起了手。

一年后，苏格拉底又问道："那个最简单的甩手动作，有谁在坚持做？"这一次，只有一位学生举起了手。他，就是后来成为古希腊另一位大哲学家、大思想家的柏拉图。而正是这柏拉图后来又培养出了他最得意的门生亚里士多德！

朋友，听完以上故事，再对照一下你自己，你此刻一定更清楚了这"恒动"的价值了吧？

而也许正因为此，古今中外的大师们无不对这"恒"字敬畏到了简直要顶礼膜拜的程度！

请听我国古代伟大的思想家、政治家荀子所言——

"锲而不舍，金石可镂！"

请听写下了一部部巨著的列夫·托尔斯泰所言——

"能赢得普遍尊敬的人，并不是由于他显赫的地位，而是始终如一的言行和他那不屈不挠的精神！"

请听全球当年首富、石油大王洛克菲勒所言——

"在所有品质中，再也没有什么比坚韧对于成功更关键的了，坚韧几乎战无不胜！"

请听当年欧洲几乎最重要的思想家歌德所言——

"在世界上有两条路可以抵达成功的彼岸和成就伟大的事业,那就是力量和坚韧。力量不属于大多数人,它只是少数人的专利。然而即便是最不起眼的小人物也能拥有坚韧的品质。坚韧从来不负所望,它沉默的力量将随着时间的推移而一点点壮大,直到所向披靡、无以抵挡!"

……

朋友,从以上这些如雷贯耳的大师们发自肺腑的铿锵之声,我们不感受到了"恒"对我们人生、对我们人类的极端重要性吗?

那"恒"对我们这世界如此重要,请问,迄今为止世界上有哪位大师攻克了这道难题,已找到了一种能使我们必定"恒"、肯定"恒"、一定"恒",而且还简单易行、行之有效的妙方呢?

搜遍你整个视野,恐怕还没有吧?

"成了习惯,就一定坚持!"

朋友,搜遍你整个视野,这个对我们人类有如此重大价值的难题至今未能找到其应有的答案,这是不是一个天大的遗憾?

但笔者却要斗胆地告诉你,这道难题很可能被我破解了,因此我很希望能得到来自你的鼓励和支持。

那这是真的吗?!你听了一定难以相信。

朋友,这是真的!为什么?因为通过我这近二十年的顽强探索,尤其通过我所亲自养成的168种大大小小的习惯,我敢说,我真的攻克了这道难题,因为我发现了我们这人世间一条既简单、又朴素的真理——

任何东西成了习惯，就一定"恒"、一定坚持！

简言之——

"成了习惯，就一定坚持！"

那是这样吗？你听了一定既感到兴奋，又感到疑惑。兴奋的如果这是真的，那你从此岂不终于找到了凡事一定能坚韧不拔、持之以恒的成功之道；疑惑的是，这究竟能经得起推敲吗？能经得起各种理论和实践最严格的检验吗？

朋友，由于我的这一发现对我们人生、社会的价值过于重要，因此为谨慎起见，请你与我一起，从理论、常识、实践等所有侧面，对其作严格审查。

让我们先从理论上开始。

不过，在开始审查前有一个逻辑问题希望你能与我一起达成共识。这个逻辑问题是——

我们说："成了习惯，就一定坚持！"但并不是说任何"坚持"，一定来自习惯。

那这是什么意思呢？

对此容我一举例，你就全清楚了。比如我们说"人一定要吃饭"，但这不能反过来说："凡是吃饭的就一定是人"，因为显然的一个事实是，老鼠、猴子等也要吃饭，但它们却不是人；又比如说"你要考上清华、北大，你读书一定要认真"，但决不能说"你读书认真，就一定能考上清华、北大"，你说对吗？

朋友，如果你也能认同我以上观点，那让我们先一起从理论上来审查，为何"成了习惯，就一定坚持！"

我的理论依据之一，是我以上对于"习惯""惯性""牛顿'惯性定律'"的探讨。从这探讨看,"习惯"两字的本义,就是"习而成惯"之意。那所谓"惯",不就是顺着原来的状态,一定会如此、必定会如此、肯定会如此吗?那这不是典型的"坚持"又是什么?

我的理论依据之二,是孔子的一句名言——"少成若天性,习惯成自然"。这里的"少成",显然是指我们"少"年时所养"成"的各种习惯;"若天性",显然是指就如一个人的"天性"那样。那所谓"天性"是指什么呢?当然是指我们人先天"饿了要吃,渴了要喝,困了要睡"等各种极稳定的、极难改变的、在一定条件下一定会重复出现的特性,那这不是"坚持"又是什么呢?

我的理论依据之三,是我们中华民谚所说的"三岁看大""七岁看老"。这是说,一个孩子到了三岁、七岁,当他一些做人做事的基本习惯养成后,不管这些习惯是好、是坏,通常就难以改变,一直会伴随他长大、成人、终老;看,这不是典型的"坚持"又是什么?

朋友,从以上三个理论依据,我们是不是可以肯定地说:"成了习惯,就一定坚持!"

常识告诉我们:"成了习惯,就一定坚持!"

朋友,理论告诉我们:"成了习惯,就一定坚持!"那常识不也早就告诉了我们这一点吗?对此,可以说无论是坏习惯还是好习惯,概莫如此,绝无例外!

让我们先来看吃、喝、嫖、赌、抽、贪等各种坏习惯;你看,当以上这种种成了习惯后,多顽固、多难改啊!所谓的"恶习难改"、所谓的"江山易改,本性难移"、所谓的"千百万人的习惯势力是最可怕的力量"不就是指这个意思吗？因此我们完全可以说这样一句话——

"坏的东西一旦成了习惯，一个人做坏事也一定'恒'、一定'坚持'、一定会有'极强的毅力'！"

据说广东某市一个原公安局局长，是个五毒俱全、平时酗酒成性的贪官。他被判了死刑，临上刑场居然还感叹："我这个人什么酒都喝过了，可惜路易十三还没喝过，看来今后再也喝不到了！"听，死到临头，还念念不忘那从没喝过的"路易十三"，可见他嗜酒之"恒"、之"坚持"、之"毅力"是何等顽强啊！

而实际所有贪官之"贪"都是如此。你看，那个受贿了3亿之巨、一想到"斗地主"就立即要他的经销商乘飞机前去作陪的我们新中国"第一贪"——黑龙江龙煤集团物资供应分公司的副总经理于铁义，他出事后自己交代说："我一天不进钱，心里就难受！"看，这"贪"一旦成了一个人的恶习，其之"恒"、之"坚持"、之"毅力"，将变得何等顽强、何等匪夷所思啊！

你再看，那个银行派出十多名工作人员、运去5台点钞机、紧张点了14个小时、其中一台居然被烧毁的、家藏赃款竟有2亿之巨的魏鹏远——国家能源局煤炭司原副司长，他之贪婪不几乎完全一样吗？22前年的1995年，他第一次踩了红线，收受了500元现金；没想到从此他就陷了进去，一次又一次地踩这红线，变成了"来者不拒"、变成了"麻木不仁"、变成了"心安理得"、变成了"替人办事的潜规则"，以至他自己在狱中也不解地追问自己："为什么自己一次又一次受贪欲支配而不能自制？为什么？为什么？！"

朋友，你说这是为什么？这不很简单？这是"习惯"的巨大力量，这是"习惯"的巨大惯量！难怪《圣经》里有一句箴言——"不叫我们遇见试探，救我们脱离凶恶"（指上帝）。我觉得此箴言说得真是千真万确！因此，我们不该踩的红线，千万不要轻易去踩；不该逾越的界限，千万不要轻易去逾越，否则对我们人生的凶险是不是太大了、太大了！

朋友，从以上几个案例，你一定清楚了坏的东西一旦成了习惯，你就一定会"坚持"！那反过来，好的东西一旦成了习惯，是不是也一定会"坚持"呢？

常识告诉我们，也一定"坚持"！

对此，我只要随便给你举出几例，你就会清楚了。假如你是个年过半百的人，请问——

你天天刷牙坚持了多少年？

是不是已坚持了50多年？

你天天洗脸、天天用筷子吃饭、天天用中文说话、天天见人热情打招呼坚持了多少年？

是不是也已坚持了50多年？

朋友，如此多的事，你一件件居然都能日复一日、月复一月、年复一年地坚持，而且都能坚持长达半个世纪之久，可见你的毅力是何等顽强啊！

那你如此顽强的毅力、如此惊人的"坚持"究竟源于何处呢？

不全源于你自小养成的一个又一个好习惯吗？

……

因此朋友，我说"常识告诉我们：'成了习惯，就一定坚持！'"，是不是一点都没说错？

实践告诉我们："成了习惯，一定坚持！"

朋友，"成了习惯，一定坚持！"，这尤其说来自理论、常识，还不如说来自实践。我们不常说"实践是检验真理的唯一标准"吗？而我这几十年来所亲身养成的168种大大小小的习惯，每一种都用铁一样的事实告诉了我——"成了习惯，就一定坚持！"

不信请看——

此刻是清晨五点二十八分，而我早已起床，正在进一步修改我的《习惯学》。那我今晨是几点起床的？是清晨四点；那我昨晚是几点上床的？是昨晚九点半左右；那我这早起写作的习惯是何时开始的呢？是从2000年11月8日清晨开始的！朋友，请你计算一下我这习惯已坚持了多少年？不已坚持了有近十七年之久吗？

请你再看，我从1999年10月22起，每次演讲必会认真准备一份书面提纲；回家后我必会认真记下那场演讲的优缺点；而到今天为止，我这样的书面提纲从未间断过一次，已有1442份整整齐齐地存放在我家书柜里！朋友，请你计算一下我这习惯坚持了多少年？不已坚持了有十八年之久吗？

请你再看，我从1980年4月14日那天起，开始习练我们中华养生的某一瑰宝，而且至今不辍；朋友，请你计算一下从1980年到如今，我这习惯已坚持了多少年？不已坚持了长达37年之久吗？

……

朋友，从我以上实践，你不看到了一种再真实不过、再典型不过的"坚持"吗？那这"坚持"源于何处？不全源于普通得不能再普通、寻常得不能再寻常的"习惯"两字吗？因此我敢说，世界上最可怕的力量是习惯，但世界上最神奇、最伟大的力量也是习惯！因为一个很显然的事实是，坏的东西一旦成了习惯，由于习惯的这种"坚持"性，你就会在一条可怕的道路上越走越远；而相反，好的东西一旦成了习惯，由于习惯的这种"坚持"性，你就会在一条优异、卓越的道路上越走越顺畅、越走越辉煌，你说对吗？

朋友，综上所述，我说"成了习惯，就一定坚持！"，是不是一点都没说错？它不仅能经得起常识、理论的检验，更能经得起我那168种习惯和我们人类无其数习惯的最严格检验！

而在这里请允许我最后再告诉你，"成了习惯，就一定坚持！"，这真理不仅能经得起我们人类的检验，而且还能经得起我家小狗、世界上所有小狗、甚至世界上所有动物的检验，这你一定难以置信吧？！

如果你不信，那请你静听以下一个最真实的故事吧。

小狗也告诉我们："成了习惯，就一定坚持！"

朋友，请你相信，这故事是绝对真实的。

你一定不知，我家养有两只极可爱的小银狐，一只叫毛毛，一只叫欢欢；它俩每个都裹着一身雪白的长绒毛，那眼睛又圆又大，像是一对乌溜溜的黑玛瑙，简直人见人爱。而我这真实故事的主人翁，便是我家小毛毛。

记得有一次，我们正围坐在我家餐桌旁与朋友聊天，我家小毛毛突然一个劲地往桌面上蹿，一副急不可耐的样子，而且没完没了，没完没了；当时我们谁也不知是怎么回事，看着这小东西，心里既纳闷又好奇。

此时，它生怕我们不明其意，就突然转身往我家关着的门后"嘭！"地一撞；撞完后，回到餐桌边，又心急火燎地一个劲往上蹿。

幸亏我爱人猛地醒悟了过来——它一定是要拉稀，实在憋不住了！于是她忙起身，为它开门。

门刚打开，我家小毛毛就夺门而出，飞奔至一空地，"叭！"的一声，将其后端那憋着的脏东西全都喷了出来。

朋友，这件事对我印象太深了、太深了。

那深在何处呢？你也许好奇。

对此，我只要问你一个问题，你就全清楚了——

你说，这小东西急成了这样、憋成了这样，那拉在家里不就完了吗，为何非要出去拉不可呢？

这一问，答案是不是再清楚不过？原来，一旦成了习惯，不仅我们人类一定"坚持"，而且世界上所有小动物也一定"坚持"！试想，那一天如果我们家毛毛敢于在家里拉，它内心将是什么感觉？一定是："那可要犯大错误的"！因此不到迫不得已，它是无论如何也不敢去踩这条红线的，你说对吗？那这是什么？这不是再典型不过的"恒""坚持"和可歌可泣的"毅力"吗？

朋友，以上便是我们"习惯'五动'定律"之第四"动"——"恒动"。而为此我不厌其烦地耽误了你如此多宝贵的时间，你现在感到值得吗？是不是太值得了？！因为起码一点，一旦你清楚了"成了习惯，就一定坚持！"这一朴素真理，你就仿佛能坚持任何你要坚持的东西，取得任何你要取得的成果，这对于你、对于你的孩子、对于你所有亲朋好友将有多么重要的价值啊！

成了习惯，小毛毛也一定毅力超群

而谈到此，我不由得又想起了我们中华民族伟大的孔子。我前面详细分析了《论语》之开篇语"学而时习之，不亦说乎"，发现这其中之"习"，最根本的是在强调"习惯"；进一步我发现《三字经》开篇语中之"性相近，习相远"中的"习"，其最根本的也是在强调"习惯"。那你知道这"性相近，习相远"最初源于何处吗？告诉你吧，也源于孔子，来自《论语》中的"子曰：'性相近也，习相远也'"由此足见我们伟大的孔子对"习惯"两字是何等重视啊！

那为何孔子对"习惯"两字如此重视呢？对此你只要再看一下《中庸》中孔子的一段名言，就再清楚不过了——"子曰：'人一能之，己百之；人十能之，己千之。果能此道矣，虽愚必明，虽柔必强！'"

那以上这段话翻译成白话是什么意思呢？是——

"如果别人下一分功夫，我就下一百分功夫；如果别人下十分功夫，我就下一千分功夫。如果真的能走在这样的'道'上，那你虽然天性愚笨，最后必定表现为聪明；你虽然天性柔弱，最后必定表现强大！"

朋友，你听，孔子的这段话说得是何等铿锵有力啊！那他这里是在强调什么？分明不还在强调"习惯"吗？因为一个人只有在"习惯"上下大功夫，才能做到"人一能之，己百之；人十能之，己千之"，否则，你怎么能做到如此顽强、如此坚韧、如此不屈不挠、如此百折不回呢？！

那这不是我们这里所说的"恒动"又是什么呢？！

第五"动"——"乐动"

朋友，当我们经由以上"起动""百动""自动""恒动"这四

"动"后，一个白云悠悠、硕果累累的金秋就要水到渠成般地呈现在你眼前了。

这就是我们"习惯'五动'定律"中的最后一"动"——

"乐动"！

是啊，此时的你怎么会不"乐"呢？一定是乐不可言、乐此不疲、其乐无穷！

为什么？

因为你看，其一，你现在变得如此富有毅力，一件事只要你觉得重要、觉得有价值，你就会坚持不懈、百折不回地去达成；不仅如此，这种坚持不懈、百折不回仿佛已在你身上扎下了根，已变成了你的一种固有特质。试想，当你一旦拥有了如此一种极优秀、极难能可贵的特质，那你的内心怎么能不快乐呢？

其二，如今，种种在旁人看来难以想象、难以企及的事——比如我如今古稀之年，居然还能十年如一日地天天清晨四点起床写作，天天双盘腿打坐，天天练"冰火浴"（桑拿后跳入一个四五米长的冷水池，游两个来回后又去桑拿，因为我家所在小区会馆有此全套设施）——而这一切对我而言，已变得轻而易举、得心应手、乐此不疲，不如此，我反而会感到不舒服、不自在、内心不安。试想，我天天从早到晚做的每一件事都是这样，让我感到身心愉悦，那我的内心怎么会感到不快乐、不舒畅呢？！

其三，当一件有价值的事你日复一日、月复一月、年复一年地坚持；而坚持的结果，你自然在不断成长、不断进步、不断超越、不断突破，于是一种对人生极有意义的心理效应就产生了——兴趣！朋友，我们千万不要小看这"兴趣"两字，这可是我们人生最好的导师啊！因为任何事一旦有了"兴趣"，那你更大的成长、更大的进步就仿佛已成必然。试想，当许多原本虽有价值但又枯燥无味的事，现在已成了你的兴趣，你变得兴致勃勃、兴味盎然，那你的内心怎么能不快乐呢？

其四，当你经由这如此不屈不挠的坚持，多少事你终于从量变而发生质变了——原本日日困扰您的难题终于被你攻克了；原本死死束缚你的瓶颈终于被你突破了；原本时时折磨你的慢性病终于被你征服了；原本高高耸立的山峰终于被你踩在脚下了；不仅如此，原本深深埋藏在你身上的潜能终于火山爆发般喷涌而出了……试想，当你真的实现了如此种种匪夷所思的自我突破、自我超越、自我实现，那你的内心怎么能不感到其乐陶陶、其乐融融呢？！

而告诉你吧，朋友，当你经由如此不可思议的人生旅程，最后你会惊喜地发现，你所崇尚的"习惯"已不再是两个简简单单、普普通通的字，而是一条道——一条你此生应走的康庄大道。而走在这条康庄大道上，对于你而言，到处阳光灿烂，到处鸟语花香，到处鲜花盛开，到处美酒飘香，你仿佛就走在了充满希望的田野上……

那这又是什么呢？

是"幸福"。是我们每个人的人生真正的、不折不扣的"幸福"！

为什么？

因为哈佛大学如今最热门的幸福课给幸福所下的定义便是如此——所谓幸福，就是"快乐与意义的结合"！

你想，你以上状态不正是不折不扣的"快乐与意义的结合"吗？——你每天所有的"动"由于早已成了习惯，都是其乐无穷的；而在这其乐无穷的坚持不懈中，那些你所渴望的、有意义的突破和超越又总在源源不断、接踵而至，那这样的人生岂不就是真正最快乐的幸福人生吗？

而也许真因为此，哈佛《幸福课》中有以下一段充满了睿智的话望你一定牢记——

"我们追求幸福,认清它是最有价值的目标,我们需要为它建立习惯。

建立习惯并不是一件容易的事,但维持一个已建立好的习惯就没有那么困难了。"

……

朋友,以上便是我们"习惯'五动'定律"中的最后一动——"乐动"!

而絮叨至此,我所发现的"习惯'五动'定律"就要在此与你告一段落了。朋友,从我以上详尽的分析,这"起动"——"百动"——"自动"——"恒动"——"乐动"不就是一种能经得起实践检验的铁一样的客观规律吗?因此请你原谅我斗胆将其称之为"定律";而如果有可能,当然我特别希望你也能给我投上情谊浓浓的一票,我内心一定会十二分感激!

第三章
威力无穷的"习惯配方"
——我的另一个重要发现

朋友，如果说我以上发现是我们《习惯学》最重要的基础理论，那我们《习惯学》最重要的应用理论便是——

威力无穷的"习惯配方"！

而说到这"习惯配方"，让我先简单给你介绍一种你也许早已耳闻的"短板效应"。

"短板效应"也称"木桶原理"，是世界管理学鼻祖彼得·德鲁克首先提出来的。它指的是，一只水桶盛水的多少，并不取决于桶壁上最长的那块板，而是取决于最短那块板的长度。也就是说，倘若围成这水桶的板最短的是一寸，那这水桶盛的水深就是一寸；其余板再长，哪怕是百尺、千仞都无济于事。

朋友，这对我们可是个太重要的启示啊！你看，就人的寿命而言，许多因心梗而走的人，通常他的耳朵、眼睛、脑子不都还很不错吗？但有了这心梗的短板，那你耳再聪、目再明、脑子再好使，岂不都是枉然？

因此，对于我们人生和管理上各种"短板"，我们要高度重视，一定要作为我们一项几乎最重要的任务去补上；否则你其他工作做得再好，也会被这"短板"一笔勾销。这正如北京市的雾霾，如果北京市政府不去下大力气解决这块"短板"，那其他工作做得再好、再出色，人们也很难认可，你说对吗？

而循着这"短板"，你是否发现，我们所有人、所有企业、甚至所有政府实际主要在做两件大事——一是"取长"，一是"补短"，这也就是我们常说的一个成语——"取长补短"。

所谓"取长"，相当于我们平常所说的"发展"；它是指要最充分挖掘和发挥每个人、每个企业、甚至是整个国家、民族潜能中最有优势的部分，使之成为核心竞争力；所谓"补短"，相当于我们平常所说的"问题"；它是指在"发展"的同时，一定要及时去解决各种问题，尤其是各种制约全局的、类似"短板"一样的关键问题。

那我们究竟如何去卓有成效地"取长"和"补短"呢？

我们《习惯学》有关"习惯"的另一个重要发现——威力无穷的"习惯配方"，就可以给你以巨大的信心和力量；因为我的许多难题、甚至是困扰了我几十年的人生难题，都是被我用"习惯配方"征服的；因此其在我心中，这"习惯配方"简直有着原子能般的巨大威力！

那何谓"习惯配方"呢？你一定迫切想知道。

何谓"习惯配方"？

所谓"习惯配方"显然是由两个关键部件组成的——一是"习惯"，二是"配方"。

让我先从这"配方"说起。

一听说"配方"两字，你立即会联想到我们中医所开出的处方。你看，我们中医的处方通常是不是有好多味药组成的？这就是"配方"。

而我们"习惯配方"中的"配方"与中医的"处方"完全类似。上面我们不谈到了我们的人生主要是在做两件事——"取长"和"补短"吗？好，现在围绕你的"长"或"短"，请你精心设计出一个"配方"来，其本质也就是我们平常所说的"综合措施"、也是我们现在常说的"打组合拳"，也很类似毛泽东当年打败蒋介石所用的法宝"统一战线"——"团结一切能团结的力量，调动一切能调动的因素，建立起最广泛的统一战线。"

那你想，我们要达成一个目标或征服一个难题，我们究竟是用"单方"、单一措施更有效、更有力呢，还是用"配方"、即综合措施更有效、更有力？

不用问,在通常情况下、在没有特效药的情况下,一定是用综合措施更有效,你说对吗?

那我们在这"配方"前为何还要冠以"习惯"两字呢?

这就是我们的"习惯配方"之所以有原子能般巨大威力的核心和关键所在。

朋友,由于这一点极为重要、过于重要,请允许我专辟一节来与你深谈。

知必行、行必恒、恒必达
——行动力、持久力、执行力

朋友,你知道"习惯"两字最强烈的特质吗?我认为其几乎最强烈的特质之一便是——

"知必行、行必恒、恒必达"!当然,我们的"知必行、行必恒、恒必达"一定是指好的东西,就如孔子的"言必信,行必果"也一定是指好东西而非坏东西。

那为何一件好事,一旦成了"习惯",你就能拥有这种"知必行、行必恒、恒必达"的强烈特质呢?

对此你只要再回顾一下我们的"习惯'五动'定律",你就能了解得一清二楚了;因此从某种意义说,这也是我们"习惯'五动'定律"的进一步概括和延伸。

实际从我们的"习惯'五动'定律",你很容易发现我们人性有两大弱点——"知而不行"和"行而不恒"。

那这是什么意思呢？

这是说许多重要的、有价值的事，我们知道了，但一到行动往往就不见踪影了，这是不是我们人性的一大弱点？还有许多事，我们虽然行动了，但一到坚持，又不见其踪影了，这是不是我们人性的又一大普遍弱点？

那如果我们肯于在习惯上下功夫、下大功夫，将是一种什么情境呢？根据我的研究和实践，你的人生将发生一种质的变化——"知必行、行必恒、恒必达"！

先说"知必行"。根据"习惯'五动'定律"，任何习惯的养成，我们必须"起动"；"起动"了还必须"百动"；"百动"了就变成"自动"。而所有这些"动"不就是"行动"之意吗？那这不是典型的"知必行"又是什么呢？而由此我们的行动力岂不可以变得超强！

再说"行必恒"。你看，任何习惯的养成，当经由"起动""百动""自动"后，就必然会"恒动"，也就是我们必然会坚持不懈、百折不回、不达目的誓不罢休地行动，那这不是典型的"行必恒"又是什么呢？而由此我们的持久力岂不也可以变得超强！

最后再来看"恒必达"。你看，对于各种各样对我们人生极为重要的事，我们过去往往是"知而不行""行而不恒"；也就是我们知道了不做，做了又不坚持。而现在呢？我们一下子变成了"知必行""行必恒"，也就是知道了一定做，做了又一定坚持，那将是什么情景呢？是不是你仿佛从此变成了做什么成什么、要什么就能实现什么？那这岂不是典型的"恒必达"又是什么？而由此我们的执行力岂不也可以变得超强？

朋友，你现在明白了我为何在那"配方"前又冠以"习惯"两字的缘由了吧？原来，一旦那些"配方"中的每一个措施变成了我们的"习惯"，这些措施就会以一种"知必行、行必恒、恒必达"的态势顽强而迅猛地向前发展，从而使我们所有在习惯上下大功夫的人都可以获得一种超强的行动力、持久力和执行力！

而顺便我想谈谈我心中的"执行力"，因为这三个字我们现在听得一定越来越多、越来越多了；而我认为所谓"执行力"最根本的一条，一定是这个人、这个企业、这届政府的成事能力——如果你做什么，成什么，你的执行力一定极强；如果你做什么，成不了什么，你的执行力一定极差！那一件又一件重要而有价值的事，如果你既不做，又不坚持，那你怎么会有执行力呢？而如今我们在习惯下大功夫，一是知道了一定去做，二是做了一定百折不回、坚持不懈，那我们还有什么难题不能解决、还有什么目标不能达成呢？我们的执行力岂不变得极强！

朋友，以上便是"习惯"两字在我心中的一个最强烈特质——"知必行、行必恒、恒必达"！而由此它能给我们所有人带来极强的行动力、极强的持久力、极强的执行力，你说对吗？

那以上究竟是我的主观臆造，还是能经得起实践检验的真理呢？

对此，容我用事实来作最好的回答。

李开复提升演讲能力和人际关系的绝招

朋友，为了回答以上问题，让我们先来看看大名鼎鼎的李开复提升其演讲能力和人际关系的绝招。

李开复你一定熟悉，他曾先后担任过美国苹果、微软、谷歌这三大巨头的全球副总裁，后来不幸得了癌症。但从他的新作《向死而生》，我们知道其与癌搏斗，已闯过了生死关，值得庆贺。而李开复给我印象最深的,是他当年一篇《人生成功三部曲》的文章。

李开复在该文中说,他的人生目标和理想,是用有限的生命"发挥对世界最大的影响力";现在看来,他的这一目标应是达到了。因为相对我们这些凡人、普通人,他对我们这个世界的影响力就其本人而言,应是达到了"最大"。

那他究竟是如何达成自己这一人生目标和理想的呢?

他认为,要达成自己宏伟的人生目标,就必须找出自己实现这个目标的"短板"。因为如若自己的"短板"不能提升,那其他板再长,也是白长。而经过认真思索,李开复发现自己有两块"短板"极大地制约着自己——一是演讲能力,二是人际关系。因为当年的他,一登台就害怕,和人一说话就脸红。

那如何去有效地提升自己这两块"短板"呢?

李开复是一个智者,他认为许多人的"提升",往往就停留在空想上,根本就没有切实的行动;而他则要把自己的这种提升具体化、量化,使之可操作、可检查。

于是,为了高效提升自己的公众演讲能力,他认真给自己定了以下三条措施——

第一,我每月至少要找机会演讲两场;

第二,我每次演讲一定要带一个熟人,让他毫不留情地指出自己演讲的优缺点;

第三,我每次演讲以前,一定要预演三次。

李开复定下了以上三项既具体、又量化的措施后,极严格地监督自己去执行。没想到认真监督、执行的结果,是他的公众演讲能力飞速提升,以至几年后有人再听他演讲时,竟惊叹他是位"天生的演说家"!

而在公众演讲能力这块"短板"上尝到甜头后,李开复提升其人际关系的办法,用的也是类似绝招——

第一,我每周必须请一个有影响力的人吃饭(当时他初任微软全球副总裁）。

第二，临别时，希望那位再给自己介绍一个有影响力的人物，以便下一次再请那个人吃饭。

朋友，李开复用此绝招来提升人际关系，你可以想象其将何等卓有成效！记得当年我读到这里，简直要惊呼起来。因为当时我脑海里虽已初步有了"习惯配方"的雏形，但还没有完全成熟。但当我看到了他这一经典案例，内心一下子变得坚定起来。试想，他的这一绝招不就是再典型不过的"习惯配方"吗？——围绕一个你想达成的目标或攻克的难题，先精心设计出一个科学的、具有极强可操作性的"配方"；有了这"配方"后，再将其中的每一种措施尽力化为习惯；化为习惯后，这些措施就会以一种巨大的惯量向着同一目标坚定不移、百折不回地顽强冲击，其伟力当然就势不可挡，你说对吗？

是的，朋友，"习惯配方"确有如此伟力，我以下两个亲身实例就可进一步为其作最强有力的佐证。顺便说，我很希望你带着你的人生难题来听我以下极为真实的文字。因为你若受我的启示，多少年后也果真攻克了你的人生难题，那届时你再回想我，从某种意义上说，我岂不就成了你的恩师？而我多么渴望自己能有此福分啊！

下面请你听我细述。

我如何战胜了反复发作的肛漏？

我这第一个亲身案例说起来已是快二十年前的事了。

那天，我出差上海正走在人行道上，不料走着走着，下部越来越难受，以至走到后来疼痛难忍、举步维艰。

因为实在太难受，逼得我没法，只能去附近的一个大医院去急诊。

急诊的结果是我肛部严重感染，必须马上消炎。于是大夫给我开出了一大堆内服、外用的消炎药。

回去后我当然极认真地对待。很快，这炎症被控制住了，我心里喜滋滋的。

但高兴没多久，没想到那炎症又犯了；犯了，我又去治；治了，又好了；好了，又犯了……就这样，我那肛部的炎症变成了慢性炎症，简直没完没了！不得已我找到北京最有名的西单二龙路肛肠医院去治，但结果依然如故——好了又犯，犯了又好。

那这究竟是怎么回事呢？我心里十分纳闷。记得有一次我仔细询问了大夫后才知道这里的缘由。那大夫告诉我说，人老了以后，肛部的括约肌就会逐渐松弛；而括约肌相当于那里的门卫，门卫把门不严，里面的脏物当然就会渗漏；这一渗漏，自然就会感染。而每次大夫开的药只能暂时解决感染问题，却不能从根本上解决这括约肌逐渐老化松弛的问题，那我的病自然是治了就好，好了又治，难以断根。

知道了以上这一根本原因后，突然有一天，我脑海闪出了一个灵感——不妨试着练练我早已耳闻的"提肛"。为什么？因为所谓"提肛"，就是让肛部做一紧一松、一提一放的运动，那这不正是对括约肌最好的锻炼吗？试想，这种锻炼一旦成了习惯，久而久之，随着那刮约肌力量的逐步强健，我那肛漏的难题岂不自然就能迎刃而解了吗？

朋友，有了以上灵感，我越想越有道理，于是借助我们清华人的"行胜于言"，我说干就干，当天就开始练起了这"提肛"。而为了使之很快成为习惯，我将每天"提肛"固定在午休起床前，地点固定在床上，数量固定为八八六十四下。而与此同时，我双管齐下，去医院的治疗照常进行。

没想到双管齐下的结果，我那顽疾果真渐渐有了起色——犯得越来越少了；程度越来越轻了；复发的间隔时间越来越长了；以至终有一天开始，它奇迹般地一去不返、再也不见踪影了。而现在已近二十年了，我那原本没完没了的"肛漏"早就给我彻底征服了！

朋友，以上就是我用"习惯配方"征服我那没完没了"肛漏"的最真实案例。你看，这里的"配方"——一是依靠医学的力量去消炎；二是依靠自己的力量去提肛。"消炎"治的是肛漏之"标"，"提肛"治的是肛漏之"本"；这样标本兼治、双管齐下，而一旦这些措施成了习惯（某一阶段的习惯），又必定能长期坚持，那其伟力当然就可想可知了！

而让我顺便告诉你吧，如今这"提肛"，早已成了我极宝贵的养生遗产；每天八八六十四下雷打不动的"提肛"，也早已成了我巩固得不能再巩固的习惯！这"提肛"一能强化你排泄系统以及附近生殖系统肌群的力量，二可以活化你那里的细胞，三可以改善你那里的循环，四可以增强你那里的功能，我多么希望你也能早日获此养生瑰宝啊！

朋友，如果你内心真有这种愿望，那请你不妨说干就干，行胜于言，此刻就搁下我之《习惯学》，闭眼来轻轻试它一个八八六十四下。

朋友，你试了吗？如果你试了，我要恭喜你，一是你很不错，证明你行动力很强！二是由此成了习惯，多少年后，你很可能会从内心深深感谢我。为什么？因为也许苦恼了你多少年的难言之隐，你是受到了我的启迪才从根本上解决的；而你为此付出的代价是多少呢？是不是只是一个每天连一分钟都不用的小小习惯呢？

我如何征服了几十年迁延难愈的顽疾？

朋友，听了我以上案例，你颇受启发吧？而我要告诉你的另一个最真实案例是，我是如何征服了几十年迁延难愈的、极顽固的——"腰、髋、肩、背慢性多发性筋膜炎"？

说起我这老病，曾给我带来了极大的痛苦。这病是一年四季的腰、髋、肩、背游走性疼痛；它最严重时，疼得我走起路来一瘸一拐的；那时我一坐下，整个腰髋就像坐在冰窟窿里；因此我坐下后，腰部必需围一个厚厚的棉围裙，否则整个腰髋就会冰凉一片、疼痛难忍。为此，我千方百计想尽了各种办法，但它却一直时好时坏、迁延难愈；而没想到，从十多年前有一天开始，我终于获得了转机。

那一天，我家来了位五十开外的按摩大夫杨社华。他一上手，就发现我腰、髋、肩、背的肌肉深处，到处都是一个个硬硬的如小地雷般的筋疙瘩。而这正是我刚被一位权威西医大夫所确诊的"腰、髋、肩、背慢性多发性筋膜炎"。由于他能主动上门，因此我决定先试一二个疗程。

杨大夫每次来按摩，先找出我背后那些小地雷，然后用他那强有力的胳膊肘一次又一次不厌其烦地去按摩，时间约一个小时。一二个疗程下来，这按摩显然是有效的；但要征服我如此几十年累积而成的顽疾，光靠几个疗程显然是远远不够的，怎么办？

那些天我内心展开了激烈的斗争。若放弃，太可惜、太遗憾了！而恰在此时，我对"习惯配方"的伟力已有了越来越深刻的感受，因此斗争了一段时间后，我下定决心，要去打一场持久战。因为对我而言，仿佛再也没有什么比健康更重要、更珍贵的了。于是，为了打赢这场持久战，我精心为自己设计了如下一个"习惯配方"——

一，把请杨大夫上门按摩变成一种习惯，每星期三次，每次一小时；为此我还认真进行了经济上的可行性分析。我坚信，"只要功夫深，铁杵也能磨成针"！只要我能长年坚持，我那顽固的老病终有被我降伏之日！

二，以杨大夫按摩为主力，我又以游泳、练内丹功二个习惯予以配合。我深信这两个习惯一定有助于我周身气血的流通，它们将从两侧夹击，来帮助我打胜这场持久战。

三，与此同时，我又特意增补了两个新习惯——一是要求自己从今往后，决不能再"要风度不要温度"，必须十二分注意衣着保暖；二是每次演讲必须带两身内衣换掉。为什么？因为我每次演讲由于过于投入，内衣几乎都会湿透；时间一长，那老病就很容易复发。而现在我每半场必换一次内衣，那我这漏洞岂不就给我堵得严严实实？！

四，此外，当我知道郎平所代言的某种磁性寝具对疏通周身气血、改善全身微循环有独到效果，我又毫不犹豫地将其纳入自己麾下。因为我深信其一定能使我那"习惯配方"的阵容更加强大、士气更加高昂、战斗力更加威猛！

朋友，以上就是我用以征服我那顽疾的"习惯配方"。而屈指数来，这"习惯配方"执行已有十年又余了，那其效果究竟如何呢？

告诉你吧，如今我那顽疾，用"征服"两个字来形容，也决不会太过分！——一是我腰、髋、肩、背那原本时时在折磨着我的疼痛，早就与我渐行渐远了；二是我那厚厚的棉围裙，也早已被送进了我家博物馆；三是如今的杨大夫，不仅早已成了我的保健医师，更成了我的恩人和朋友，我从内心深深感谢他！

朋友，以上就是"习惯配方"在我身上又一次显示的奇迹！而为了让你对其有更进一步的了解，请你和我一起来做以下一道颇发人深省的数学题——

假设杨大夫每次用胳膊肘对我那些"小地雷"的按摩是1秒钟1

次，那这10多年来他究竟用胳膊肘对我那些"小地雷"进行了多少次按摩呢？

你看，1秒1次，则1分钟60次，1小时3600次；

杨大夫每年到我家按摩若按150天、每天1小时计，则1年150小时，10年累计1500个小时。

朋友，1小时3600次，十年1500小时，那杨大夫究竟用他那强有力的胳膊肘为我按摩了多少次呢？——

3600×1500＝5400000，即大约五百万次！

啊，朋友，五百万次！五百万次！！五百万次！！！请你牢牢记住这数字，并把这最真实的数字去告诉你所有也想征服自己各种人生难题的亲朋好友们！

为什么？

因为由这数字，你不再具体不过、形象不过地感受到了"习惯""习惯配方"那无以抵挡的巨大威力了吗？试想，这十多年来，我和杨大夫一起，竟能以五百万次的顽强和坚韧，锲而不舍地、滴水穿石般地、铁杵磨针般地与折磨了我几十年的顽疾进行了殊死搏斗、殊死较量；试问，如果没有这"习惯"两字，如果没有这神奇的"习惯配方"，谁能有如此坚强的意志？谁能有如此顽强的毅力？谁能有如此百折不回的精神？谁能去征服如此顽固的、已折磨了我几十年的人生难题呢！

有关"习惯配方"的补充说明

朋友，神奇的"习惯配方"竟有如此不可思议的巨大威力，这你一定没想到吧？而为了使其对你也能带来巨大益处，这里有几点我还想补充加以说明。

一，"习惯配方"应用面极广，你完全可以将其应用在你想达成的任何目标和你想征服的任何难题。比如你想减肥，这一定是我们无数人所渴望的。那怎么办呢？你就围绕着你的减肥，去精心设计一个科学的、适合你的"习惯配方"。试想，如果这配方你设计得合理，你开始又极认真，那一旦成了习惯你是不是一定能一月二月、甚至半年一年地坚持？那只要你能坚持，你那减肥的目标怎么会实现不了呢？

二，为了使我们的"习惯配方"有更广阔的应用前景，我们不妨引入"阶段性习惯"的概念。因为细想起来，我们的任何习惯都不是永恒的。比如"跑步"是你的习惯，那你总不能要求自己将这一习惯非坚持到自己人生的最后一程、最后一刻、最后一秒；因此从这个意义讲，任何习惯实际都是有阶段性的，你说对吗？

好，现在有了这"阶段性习惯"的概念，对你我就很有实用价值了。因为在日常生活、工作中，像减肥这类事太多了，它们往往只需要我们坚持一两个月、三五个月或一年半载；但即使是这样的坚持，对我们大部分人而言也是件难而又难的事。而现在有了这"阶段性习惯"，这难题就迎刃而解了——我们完全可以将这样的坚持视为一种习惯；既然是习惯，我们先用几天或一二十天去把这习惯养成；而一旦这习惯养成，那这一两个月、三五个月、一年半载的坚持岂不就变得再容易不过，我们的很多人生难题岂不就很容易被征服？

三，"习惯配方"的设计，请务必注意"精心"两字。所谓"精心"，就是你在设计时，应尽可能多查些相应资料，多向有经验的人请教，多咨询些有关专家。为什么？因为一旦你的"配方"设计有误，而成了"习惯"，又势必长期坚持，那岂不就很容易犯方向性的错误？这犹如你开车在一个不熟悉的三岔路口，你一定要多花些时间去问路；否则，一旦方向错了，南其辕而北其辙，你越坚持，离你的目标岂不就越远，对你人生危害岂不就越大？！

四，每一个"习惯配方"，都必须按照自己的实际来进行设计。因为有许多东西，对他有益，对你未必有益；对他可行，对你未必可行；对他合适，对你未必合适。就以李开复为提升人际关系每周请一个有影响力的人吃饭为例。这习惯对他合适，但对于你，你起码要考虑以下一些问题——这样做对我有必要吗？对我可行吗？我有此财力吗？我有此精力吗？……而所有这一切就像穿鞋一样，适合不适合、舒服不舒服，只有你自己才知道，你说对吗？

五，"习惯配方"可随时调整，千万别僵化，变成教条。为什么？因为在执行过程中，一切往往都在变化之中，因此我们一定要逢山开路，遇水架桥，随时作各种必要的调整。这犹如中医开处方，外行人看每次给你开的处方都差不多；但实际你每次去，医生根据你当时的情况，都在作适当的调整……

……

朋友，以上就是我的另一个重要发现——原子能般威力无穷的"习惯配方"，你听了，是不是很想跃跃欲试？

第二篇

见证篇

第四章 "习惯"与"命运"
——习惯决定命运

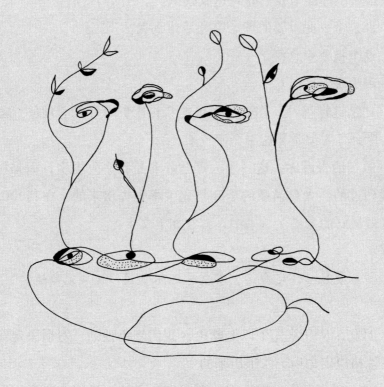

朋友，告别了第一篇——《发现篇》，我们就要进入第二篇——《见证篇》了。而我深信，当你一打开这见证篇，你仿佛就真的像进入了一个你从未领略的无比神奇的新大陆，一个又一个与"习惯"相关的最真实案例会时时向你扑面而来，会让你对"习惯"两字一次次从内心深处肃然起敬、顶礼膜拜。因为在这第二篇，我们谈的已不仅仅是理念，而是古今中外一个又一个经得起实践检验的最真实案例，其中不少还发生在我身上，其真实性我甚至可以用我的人格来担保。

而在这见证篇拉开序幕之际，有一个极重要的理念我要在此详加阐述，因为其主宰和统帅着我们见证篇几乎所有章节和所有案例，因此我很希望你能与我一起先达成共识。

那这个如此重要的理念究竟是什么呢？

这个重要理念便是——

习惯决定命运！

"是这样吗？"你听了很可能会再次好奇和疑惑地问，就如当初你一听到《习惯学》这三个字一般。

但实话告诉你，这一重大理念并非是我率先提出，而是由我前面已提到过的、大名鼎鼎的李开复先生率先提出来的。在其2005年出版的《做最好的自己》一书中，就有如下文字：

"都说性格决定命运，其实，还不如说习惯决定命运。"

朋友，从开复先生以上断语，我们知道他的"习惯决定命运"是由"性格决定命运"派生出来的。

而读到这里你也许会问，那我们常说的"性格决定命运"这句话究竟能否经得起推敲呢？

我认为这是经得起推敲的。

为什么？

原因之一是，这是我们中华的一句名谚。而我们知道我们中华的每一句名谚，几乎都是经过千百年、千百万人的实践才珍贵地保留下来的，因此在通常情况下，这些名谚都是靠得住的，是值得我们去珍视的。

原因之二是，除了性格之外，我们的命运当然还与你所处的国家、社会、环境、家庭等因素息息相关，甚至许多偶然因素也会影响你的命运——比如你正走在路上，也许天上一块陨石正好砸在你头上，也许七仙女下凡恰巧落在你身旁……

那在所有这些因素中，什么因素对你命运的影响最大呢？显然是你的性格！因此我们从来听到的似乎都是"性格决定命运"，而绝少听到"国家决定命运""社会决定命运""家庭决定命运""环境决定命运"之类，你说对吗？

原因之三，这也许还是个更重要的原因——任何事物的变化都取决于"内因"和"外因"这两大因素。那对于我们自己而言，我们究竟是强调"外因"对自己更有利、更有益，还是去强调"内因"对自己更有利、更有益呢？显然是要强调"内因"！因为一个显而易见的事实是，国家、社会等对我们个人命运的影响常常会很大、甚至极大，但如果我们过于去强调，你能改变吗？一定极难、极难！可如果你强调内因、强调自己，那情况就截然不同了！因为改变你自己总比你要去改变整个国家、整个社会来得容易！此外，如果你连自己都改变不了，那还奢谈什么改变国家、改变社会呢？！

朋友，听我以上一解释，你对我们中华"性格决定命运"的名谚是不是就更认可了？

那既然有了"性格决定命运"，我们为何还要说"习惯决定命运"呢？这理念有充分依据吗？能经得起理论和实践的双重检验吗？

关于"习惯决定命运"的充分理论依据

朋友,关于"习惯决定命运"的理念,我们当然有太充分的依据,为此我在本章将为你举出一个又一个重磅案例。而在此让我们一起先从理论上来加以探讨。

从理论上说"性格决定命运",这是我们人所共知的一条朴素真理。那既然"性格决定命运",而通过对"性相近、习相远"的剖析,我们又清楚了性格中占比最大的是"习惯",那我们岂不自然就可以得出结论——

"习惯决定命运"!

而从我们中华几乎人人皆知的"孟母三迁"的典故,我们是不是也可以得出这个结论。你想,当年孟子的母亲为何要三迁其家?因为她发现,她们家住在坟场附近,小孟子见多了丧事,就常玩起各种有关丧葬的游戏;后来搬到了一个集市附近,小孟子见多了各种屠宰,又常常玩起了各种屠宰的游戏;最后孟母将家搬到了一所"学宫"附近,那里专门在教习各种对人终生有益的礼仪道德,她这才安下了心,把家定居在了那里,从而为小孟子一生的命运打下了最坚实的基础。

朋友,以上"孟母三迁"的典故不就是"习惯决定命运"的最好注释吗?你看,其内含与如今网上流传的一则《习惯宣言》不完全如出一辙吗——

我是你最得力的助手,也是你最沉重的负担;

我可以推动你前进,也可以导致你失败;

我完全听从你的指挥,但同时也指挥你;

我是所有伟人的仆人,但我也是导致所有人失败的罪魁祸首。

我是谁?

我就是习惯!

朋友,也许正因为此,被誉为"古希腊哲学集大成者"的亚里士多德为世人留下的他那句如此脍炙人口的名言——

"优秀是一种习惯!"

而也正因为此,"美国心理学之父"威廉·詹姆士为世人留下了他那句如此充满睿智的箴言——

"播下一个行动,收获一种习惯;播下一种习惯,收获一种性格;播下一种性格,收获一种命运。"

也正因为此,世界政坛上有"铁娘子"之称的撒切尔夫人为世人留下了与以上完全类似的箴言——

"注意你所想的,因为它们会变成你嘴里的话;注意你所说的,因为它们会变成你实际的行动;注意你的行为,因为它们会形成你的习惯;注意你的习惯,因为它们会形成你的人格;注意你的人格,因为它们会影响你的命运;我们想的是什么,就会成为什么样的人。"

也正因为此,俄国著名教育家乌申斯基为世人留下了他那句如此耐人寻味的警句——

"好习惯是人的资本,毕生都可以享用它的利息;而坏习惯是无法偿清的债务,能把人引向破产。"

也正因为此,英国历史上享誉世界的哲学家、思想家、作家、科学家培根则为世人留下了他段那如此鞭辟入里的见地——

"人的行动，多半取决于习惯。古印度教徒为了遵守宗教惯例而引火自焚，他们美丽的妻子也心甘情愿地跟着跳入火坑；伊丽莎白初期，一个爱尔兰死刑犯受绞刑时要求用荆条而不用绳索，因为那是他们民族古已有之的习惯。可见习惯是一种多么顽强而巨大的冲量，它主宰着我们人生。"

……

2 谁是美国历史上智慧和财富的象征？

朋友，关于"习惯决定命运"这一重大理念，我们以上出示的理论依据是不是太充分、太充分了！

而为了更坚定你的信念，以下我更要出示一个又一个典型案例、甚至是科学的统计数据来对其作最强有力的见证。

容我先出示第一位。

朋友，你知道在美国短短几百年的历史上，谁可以称为"美国智慧和财富的象征"吗？

据说当年在为100美元选择头像时，全美国的精英们便碰到了以上难题——100美元是美钞中最重要、最具代表性的面值，因此他们必须在美国历史上选出一位在智慧和财富方面最具代表性的人物。

那你知道他们最后究竟选择了谁吗？——

本杰明·富兰克林（1706-1790年）！

那为何人们选中了这位没当过任何一届美国总统的本杰明·富兰

克林呢?

原来,本杰明·富兰克林出身贫寒,父母生有17个孩子,而他当年只是个读过两年书的印刷厂学徒工。但没想到正是这样一个他,最后不仅成了美国独立战争、《独立宣言》的主要的组织者与起草者之一,还成了美国历史上第一位享誉世界的科学家,被誉为"电学中的牛顿",还作为一位伟大的实业家,襄助创办了美国第一个图书馆和美国宾夕法尼亚大学。

那这个当年只读了两年书的学徒工,何以竟能使自己的命运变得如此辉煌、如此耀眼呢?

这就要从他年轻时说起。年轻时的富兰克林尽管只是个学徒工,但他对成功却有着强烈的渴望,并着手研究。

他发现各种成功人物之所以成功,最关键的是他们都有完善的人格,他概括了其中13种。而进一步研究他发现,光知道这13种人格,还远远不够,这正如他在自传中所说——

"仅仅抽象地相信完善人格的价值,还不足以防止过失的发生……坏习惯必须打破,好习惯必须培养,然后我们才能有希望使自己的言行举止始终如一、坚定不移。"

富兰克林明白了这一点后,就决心起而行动。为了让这13种人格美德真正化为自己的习惯,他开创了一种独特的自我修炼方式——

"我自己制作了一个小本子,每一页用红墨水纵向划成7行,每一行上注明代表礼拜几的一个字母;我又用红线把这些直行划成横格,在每一横格的头上注明每一项美德的第一个字母。在这横格的适当直行中,我可以记上一个小小的墨点,代表在检查当天的该项美德时所发现的过失……"

而为了督促自己和激励自己，他在那本小册子前还写了篇短短的、每日必读的祈祷文——

"啊，全能至善的上帝，慈悲的天父，仁慈的指路人！增添我的智慧，使我能够看清我真正的利益；加强我的意志力，使我能够执行智慧的命令。"

就这样，经过日复一日、月复一月地刻苦修炼，这13种人格美德后来真的变成了他的13种习惯，由此奠定了他一生辉煌命运的基础。在他79岁高龄时，他写了整整15页纸，来记述他这一独特的修炼过程，他认为自己的成功和幸福皆受益于此，他在自传中写道——

"我希望我的子孙后代能效仿这种方式，有所收益。"

朋友，以上就是代表了美国智慧和财富的本杰明·富兰克林的经典故事，你说，这不是"习惯决定命运"最杰出的典范又是什么？！

本杰明·富兰克林著名的十三种美德

朋友，关于本杰明·富兰克林以上"习惯决定命运"的案例是不是太经典、太经典了！

而读到这里你也许满怀好奇，本杰明·富兰克林究竟将哪十三种美德最后化为了自己的习惯呢？换言之，究竟是哪十三种习惯铸就了他一生的辉煌呢？我深信这一定是每一个有抱负、有志向的年轻人所关注的。此外，对于这样一位智者，这十三种美德一定是经他精心挑选的，因此当然更值得我们去关注。

而以下就是他那著名的十三种美德——

节制：食不过饱，酒不过量；
缄默：避免空谈，言必对人或对己有益；
秩序：放东西的地方，做事情的时间要心中有数；
决心：该做的就一定要做，要做就一定要做好；
节俭：对人或对己有益才可用钱，决不浪费；
勤奋：珍惜光阴，做有益之事，避免无谓之举；
真诚：不欺骗，有良知，为人厚道，说话实在；
正义：不做不利于人的事，不逃避自己的义务；
中庸：避免走极端，容忍别人对你的伤害，认为这是你应该承受之事；
整洁：保持身体、衣服和住所的整洁；
冷静：不因小事、寻常之事、不可避免之事而慌乱；
节欲：少行房事，除非考虑到身体健康或者延续子嗣，不要房事过度，伤害身体或者损害自己或者他人的安宁与名誉；
谦逊：效法耶稣和苏格拉底。

朋友，看了以上本杰明·富兰克林这十三种美德，你有何观感？是不是总结概括得既全面又精练，还很具体、可操作性又极强？而从某种意义说，其又是个既志存高远又脚踏实地的典范；你看，他是不是把一个个美德、一个个大习惯都化为了若干小习惯去实施，这样这些美德、这些大习惯当然就很容易落地生根、开花结果，你说对吗？

朋友，以上就是本杰明·富兰克林那著名的十三种美德。衷心希望你和你的后辈也能将这十三种美德化为习惯，我深信，这一定将造福于你和你的子孙后代！

4 康熙大帝的辉煌之谜

朋友,在西方,一个只读了两年书的印刷厂学徒工,关键因"习惯"两字而创造了辉煌人生;可没想到,在我们东方,一位帝王的伟业,竟也与"习惯"两字息息相关,这就是你一定早已如雷贯耳的康熙大帝。

康熙(1654—1722)是清朝第四位皇帝。他8岁丧父,10岁丧母,少时还出过天花。但就是这样一位幼年十分不幸的康熙,却8岁登基,14岁亲政,在位61年,成了我国历史上495皇帝中在位时间最长的皇帝;不仅如此,康熙以他的雄才大略、文治武功开创了我国历史上著名的"康乾盛世",被后世学者尊为"中国历史上千古一帝,世界历史上千年名君"。

那康熙大帝的一生何以能开创出如此伟业呢?

让我们来看看我国最著名的清史学家阎崇年教授的评述。这出自其在《百家讲坛》有关康熙大帝系列讲座最后收尾的那一讲。

阎教授说,康熙大帝的成功当然既有外因,又有内因,也就是我们常说的"天时、地利、人和"。但如果就内因而言,可以用一个"一"字来概括、即"一以贯之"。具体表现在以下四个方面。

一是"敬",这是康熙大帝"一以贯之"的一大特质。他敬天、敬地、敬人、敬己。而我们想一想吧,一个时时处处对天、对地、对人、对己都抱以"尊敬、敬畏"态度的帝王,和一个时时处处都目空一切、骄奢淫逸、专横跋扈的帝王,其人生的轨迹、命运岂不就会大相径庭?

二是"学",这是康熙大帝"一以贯之"的又一大特质。康熙是一个典型的"学习型皇帝"。据他自己回忆,他14岁亲政后,"五更即起诵读，日暮理事稍暇，复讲论琢磨，竟至过劳，痰中带血，亦未少辍。朕少年好学如此！"。而对于许多名篇、经典，他则要先念120遍、再背120遍，使之"篇篇成诵，意思融通"。

三是"慎"，这也是康熙大帝一生"一以贯之"的一大特质。康熙自幼备受磨难，他8岁丧父，10岁丧母，后来又长天花，多种不幸集于一身，由此也逐渐形成了他为人处世极为谨慎的性格。他亲政后，对每一个重大决策都十分谨慎。比如下决心修治黄河，他曾亲自到黄河沿岸做大量调查，用了整整一年的时间讨论方案，最后才定下。

四是"勤"，这更是其一生"一以贯之"的显著特质。他亲政55年，每天清晨4点钟起床，先读书、学习，后去上朝；上朝时间，春夏是早晨七点，秋冬是早晨八点，地点是在故宫的乾清门；每次上朝两小时左右；遇紧急情况还要上两次朝、三次朝。他一年只给自己放几天假，除特殊情况外其余时间他天天上朝，即使在康熙十八年发生北京大地震，他依然没有中断上早朝，55年如一日地"一以贯之"！

朋友，看到以上文字，你的感触有何？康熙大帝55年如一日地"一以贯之"，其本质、其内含、其关键，难道不就是我们的中心词"习惯"吗？难道不都是"习惯"伟力之使然吗？！

而行笔至此，不禁使我想起了当今世界巨富和学子们的一次经典对话。那是在1998年5月，华盛顿大学请来了世界巨富巴菲特和比尔·盖茨。当有学生问及"你们怎么变得比上帝还富有"时，巴菲特回答说："非常简单，根本原因不在于智商，而在于习惯、心态和性格。"比尔·盖茨对此也表示赞同。

朋友，巴菲特和比尔·盖茨把他们的好运、成功、富有一致归于"习惯""心态""性格"。我们且不谈放在其首的正是我们的"习惯"；那好的"心态"难道不应使其成为"习惯"吗？而所谓"性格"，其主要部件、核心部件难道不也正是我们的"习惯"吗？！

对148名杰出青少年和115名死刑犯的追溯

朋友，"习惯决定命运"这一重大理念被我上面所介绍的两位历史人物所见证，没想到其同时也被两组极科学、极权威的统计数字所见证。

这两组统计数字出自孙云晓先生所著《教育就是培养好习惯》这部专著，而这一节的标题便是"习惯决定命运"，请看——

1995年，中国青少年研究中心曾作过148名杰出青年的童年与教育关系的研究，发现他们之所以成为杰出青年，良好的习惯和健康的人格是最重要的原因。在这148名杰出青年身上，集中体现出这样六种人格特点：

自主自立精神；

坚强的意志；

非凡的合作精神；

鲜明的是非观念和正确的行为；

选择良友；

以'诚实、进取、善良、自信、勤劳'为做人的基本原则。

举例说，他们在童年时，60.13%的人"坚持认真完成作业"；66.80%的人非常喜欢"独立做事情"；79.73%的人对班上不公平的事情"经常感到气愤"；54.05%的人"经常制止他人欺负同学的行为"。

几乎在148名杰出青年的调研时，1994年第4期《少年儿童研究》杂志刊登了一篇极有震撼力的调研报告，即辜其穗和郑文甫写的《悲剧从少年开始——115名死刑犯犯罪原因追溯调查》。该报道写道：

调查表明：115名死刑犯从善到恶，从人到鬼绝不是偶然的。他们较差的自身素质和日积月累的诸多弱点是他们走上绝路的潜在原因，是罪恶之苗，是悲剧之根。他们违法犯罪均源于少年时期，他们中的30.5%曾是少年犯，61.5%少年时有前科，基本都有劣迹，从小就有不良习惯。

古希腊柏拉图曾告诫一个青年说："人是习惯的奴隶。"英国诗人德莱敦说："首先，是我们养成了习惯；随后，是习惯养成了我们。"因此只要这些劣迹少年身上的潜在因素得不到改变，他们迟早都有走上犯罪道路的危险。

通过调查分析，这种潜在因素主要表现在以下几个方面：少文化、缺知识、不知礼、不懂法、贪吃好玩、奢侈为荣、怕苦怕累、自作聪明、我行我素、显摆逞能、亡命称霸、伦理错位、黑白不分、是非颠倒、荣辱不清、"哥们儿义气"重如生命、为了朋友交情不惜两肋插刀。

这一概括是深刻的，并有许多个案足以证明。如犯有抢劫、盗窃、伤害、杀人等罪行的罪犯邓车生，家庭富有，从小就吃香的，穿新的，用好的，玩高级的。他5岁吸烟，6岁喝酒，7岁打牌，8岁赌博，10岁坐馆子，12岁进舞厅，14岁吻姑娘，15岁去嫖宿，由此养成三大恶习——嫖、赌、逍遥。他对朋友说："'嫖、赌、逍遥'我从小养成，对我来说像烟虫酒鬼对吸烟喝酒一样成性成癖，像人吃饭、穿衣一样需要……"

朋友，读完以上云晓先生的文章，再结合我们前面给你所介绍的本杰明·富兰克林、康熙大帝、巴菲特、比尔·盖茨，我们能不能说"优也习惯，劣也习惯""成也习惯，败也习惯""王也习惯，寇也习惯"？我们此刻所说的"习惯决定命运"是不是完全符合我们的生活实际？

千万不要输在习惯培养的起跑线上

朋友，关于笔者"习惯决定命运"的理念，现在你是不是也能接受了？而如果你能接受这一理念，那我相信，对于我此刻提出的理念——"千万不要输在习惯培养的起跑线上"，你也就很容易接受了。

而看到这"输在起跑线上"，你很自然会联想起前些年流行的"不要让孩子输在起跑线上"。我认为那句话之所以广受诟病，是因为许多家长将其无形中应用在了不要输在孩子"分数"的起跑线上，这当然有悖于我们孩子的成长规律。因为起码的一点是，如果你把小学应学的语文、数字等过早地在幼儿期都教给了孩子，那当一坐进小学课堂，你孩子还能专心听课吗？而朋友，一旦一个学童不专心听课成了习惯，这岂不将贻误他终生所有的学业？

那我们说不要让孩子输在"分数"的起跑线有悖成长规律，为何又要提出"千万不要输在习惯培养的起跑线上"呢？

对此依据"习惯决定命运"的理念，我们就能解释得很清楚了。

你看，"三岁看大""七岁看老"，这是不是我们中华老祖宗留下的古训？

那为何"三岁看大""七岁看老"呢？

你还记得我们曾对《三字经》"性相近，习相远"所做的解析吗？——原来人的性格是由两部分组成：先天的天性和后天的习性；而主要部分则是后天的习性、即习惯。

那我们后天的习性、习惯又是怎样形成的呢？

一定是由无数次重复所造成的量质互变。比如一个孩子学说话了，话越来越多了，量变慢慢就会引起质变，他说话的语调、语气等就会渐渐形成他所特有的模式；这种模式与他的先天特质固然有关，但更多的应与他后天不同的家庭、不同的环境、不同的教育等所形成的不同习惯有关；同样，刷牙、洗脸、走路、穿衣、是否孝顺、是否恭敬、是否爱整洁、是否讲卫生、是否能互助友爱、是否常与人争斗……所有这一切重复多了，都会由量变引起质变，逐渐形成他特有的习惯；而一旦这些习惯越来越巩固、越来越巩固，就自然会渐渐融入他的性格，成为他性格的一个有机组成部分，从而影响他一生的命运走向。

朋友，现在你彻底清楚了为何"三岁看大""七岁看老"的道理了吧？它是指一个婴儿到了三岁，一些最基本的习惯慢慢养成了、定型了；而到七岁，更多的习惯慢慢养成了、定型了；而当它们渐次进入我们的性格，我们又不懂得如何去校正和优化它们，那一个孩童从此岂不就自然而然地走上了一条"三岁看大""七岁看老"的亘古不变的人生轨道？

因此，从一个孩子哇哇落地，到三岁、七岁，这可是他们习惯培养、人格培养的最关键时期？如果你孩子将来优秀，那很大程度上要归功于从零岁到三岁、到七岁时的你；而如果你孩子将来走上歧途，那很大程度上要追责于当时的你；须知"孩子有病，家长吃药"，家长的责任是绝不容回避的！

而在这里有一点还特别要提醒你，那就是"要重视孩子的第一次"——他第一次接触手机、他第一次接触电脑、他第一次拿了别人家的东西……这"第一次"对人生可是极为关键。因为他第一粒扣扣错了，很可能下面每一粒都会扣错；他第一步路走邪了，很可能后面每一步都会走邪；而有些事情甚至就根本不允许他有"第一次"，因为一旦他有了这"第一次"，很可能他再也回不了头……

朋友，通过以上分析，你现在一定也能接受我这"千万不要输在习惯培养的起跑线上"的理念了吧？而这句话的本质，实际也是"千万不要输在我们孩子人格培养的起跑线上"，你说对吗？

而谈了"千万不要输在习惯培养的起跑线上"，下面我要谈及我的又一最新教育理念——"发现教育"。

我的最新教育理念——"发现教育"

朋友，我们前面讲了，从一个孩子哇哇落地到三岁、七岁，这是我们每个人习惯培养的关键期。在此期间他对自己的一切当然一定是懵懂无知的；而如果此时我们家长对此也毫无所知，那情形就会非常危险了，这诚如前苏联著名教育家苏霍姆林斯基所言——

"父母是孩子的第一任老师，父母若放任孩子不管，孩子的恶习一旦养成，学校不知要花多少时间和精力来对他进行'再教育'，这对孩子、家庭、学校都是巨大的损失！"

也如我国畅销书《家教对了，孩子就一定行！》的作者陈钱林校长有一次亲口对我所说——

"一定要赶在养成各种坏习惯前，去养成孩子们的各种好习惯！"

朋友，苏霍姆林斯基和陈钱林校长以上两句箴言是不是说得太中肯、太值得我们去深刻反省了？身为父母，我们许多人生不幸、人生遗憾，不与此息息相关吗？

那作为"孩子的第一任老师",父母和正在起着抚育作用的长辈们该如何去做呢?该如何去"赶在养成各种坏习惯前,去养成孩子们的各种好习惯"呢?

这就要谈及我之"发现教育"了。所谓"发现教育",是在第一时间"发现"孩子萌芽状态的优点,然后及时地、不厌其烦地加以赞赏;对此,请你不妨先看一看以下这则极感人的故事——

一个名叫马克的小学生十分调皮,成人后在战场上壮烈牺牲了,成了一位烈士。人们在检查他遗物时好奇地发现,在他内衣口袋里藏有一张被鲜血染红了的、早已发黄的纸片,上面密密麻麻地记着马克的各种优点。

后来从烈士父母那里才知道,原来马克小学时特别调皮,但班主任并没有对他气馁;她知道要真正使一个所谓的"坏孩子"发生变化,批评、训导固然是重要的、必要的,但这往往会适得其反;而更重要、更智慧的是,要能捕捉到他的优点,甚至用放大镜去放大的优点,使他那些极细微的优点清晰可见。于是班主任在一次班会上发动全班同学,每人列数小马克的各种优点和长处,然后由小马克自己一一记在一张纸片上。没想到就这样一页纸,小马克却一直珍藏在自己的胸口,直到生命的最后一刻被鲜血染红。

朋友,以上就是我心中的"发现教育"——及时在第一时间去发现和捕捉到我们孩子各种萌芽状的优点、长处,然后不断地去加以肯定和赞赏。

朋友,你还记得"习惯仿佛像一根缆绳,我们每天给它缠上新的一股,要不了多久,它就会变得牢不可破"吗?我觉得我们的这种发现和赞赏,起码能起到"一石三鸟"的神效:一是你每赞赏一次,就等于给这根萌芽状的习惯缆绳又有意识地缠上了新的一股;二是你这样不断赞赏，你孩子一定乐于接受；三是你赞赏时，内心一定充满了喜悦。试想，这样的结果，那些好习惯的萌芽岂不一定会茁壮成长，直至长成一棵棵参天大树？而与此同时，你的家庭教育岂不总是处在一种极为温馨、愉悦、充满了爱意的氛围中，这对你整个家庭的美满、幸福将是何等重要啊！

　　朋友，现在你终于明白了我之"发现教育"的价值和意义了吧？我并不是说我们不要及时去制止孩童的各种不良、甚至危险行为，这当然是必要的；而是说要把我们注意的重心放在这"发现"和"赞赏"上、放在这一个个好习惯有意识地培养上。而这里你特别要注意的一点是，每当客人到你家，你应当着自己孩子的面，津津有味地历数他各种优点，而千万不要相反，历数他各种诸如"不听话""不专心""总是和我拧着"之类的缺点。因为当你总在客人面前津津有味地历数他的缺点，久而久之，这些缺点对于你那少不更事的孩童而言，很可能反而会变成其对自己坚定不移的认定——"我就属于那种'不听话''不专心''总是与你拧着干'的孩子！"

　　朋友，如果真是这样，那到头来你岂不会追悔莫及？！因此我坚信，好孩子一定是夸出来的；而坏孩子也许就是你不断说出来、骂出来、唠叨出来的！

　　而以上，就是我之《发现教育》，希望能有益于全天下所有的父母和孩子，这也是我发自内心、发自肺腑的最真诚愿望。

一段值得全天下父母反复吟诵的经典箴言

　　朋友，絮谈至此，关于"习惯决定命运"的重大理念，现在你是不是也能接受了？而谈到这儿，我又不由得想起世界行为心理学鼻祖华生曾说过的一段名言——

"给我十来个健康的婴儿，形体良好，并在我自己的世界里让他们长大；我担保随便从中挑选一个，我可以把他训练成我可能选择的任何类型的专家——医生、律师、艺术家、商界巨贾、甚至乞丐和大盗，而不管他的天分、倾向、能力、职业和他祖辈的种族究竟是什么。"

朋友，实际情况难道不正是这样吗？一个个新生儿坠地之际，他们能有多大善恶之别呢？但是家庭的不同、教育的不同、环境的不同，他们的命运就会逐步向着截然不同的方向发展。而这里起决定性作用的，难道不正是他们日后一点点所养成的各种或好或坏的"习惯"吗？也许正因为此，才有了如下一段广为流传的箴言，值得我们每一个身为父母的人去反复思考、反复回味、反复吟诵——

如果一个孩子生活在训斥中，他就学会了怨恨；
如果一个孩子生活在贬低中，他就学会了自卑；
如果一个孩子生活在溺爱中，他就学会了放纵；
如果一个孩子生活在偏袒中，他就学会了取巧；
如果一个孩子生活在危险中，他就学会了恐惧；
如果一个孩子生活在独占中，他就学会了自私；
如果一个孩子生活在冷酷中，他就学会了残忍；
如果一个孩子生活在虚伪中，他就学会了奸诈。
而相反——
如果一个孩子生活在鼓励中，他就学会了自信；
如果一个孩子生活在认可中，他就学会了上进；
如果一个孩子生活在节制中，他就学会了自控；
如果一个孩子生活在公正中，他就学会了正直；

如果一个孩子生活在安全中，他就学会了信赖；

如果一个孩子生活在分享中，他就学会了大度；

如果一个孩子生活在温暖中，他就学会了博爱；

如果一个孩子生活在挚诚中，他就学会了真、善、美。

……

朋友，以上就是我对"习惯决定命运"这一重大理念的种种所思、所想，它们也许有失偏颇，但我深信，他们一定会对你和对我们这个世界有所裨益，而这正是我的初衷。

第五章
"习惯"与"事业"
——习惯决定事业

朋友，在上一章我们以大量篇幅考证了"习惯"与"命运"的关系，得出的结论是"习惯决定命运"。而你知道吗，这可是件带有"提纲挈领"性质的大事啊？！

为什么？

因为"命运"两字可以说囊括了我们人生所有最主要的侧面。试想，如果你的事业一团糟、你的身体一团糟、你的心态一团糟、你的人际关系一团糟，你的"命运"会好吗？

因此，你看，"命运"两字对我们整个人生而言，是不是一个带有全局性的、有着"提纲挈领"性质的字眼？那既然我们下了如此大功夫证明了"习惯决定命运"，那习惯岂不也自然决定了由"命运"统帅下的所有各主要侧面？这也就是说，如果我们以上推论是合乎逻辑的，那我们自然就可以得出以下一系列重要理念——

"习惯决定事业！"

"习惯决定健康！"

"习惯决定心态！"

"习惯决定人际关系！"

……

"是这样吗？"朋友，乍一听，你是不是又感到简直难以置信——习惯怎么可能有这么高的地位呢？

是的，乍一听，你最初的感觉确实会如此。但请你冷静下来，与我一起作细细研讨。我相信，当我们进行了以下一系列平心静气的探讨，尤其当你看到古今中外一个又一个如此真实的案例，你最后也会从内心对此深深折服的。

当然，在这里有一点我想再一次强调，我们这里所说的"习惯决定事业"等，是指习惯"决定"事业，而非"等于"事业。因为就如"命运"一样，一个人事业的成败、健康的好坏等等，也一定是由许许多多因素综合而成的；而我们这里所讲的，是指在所有因素中，我们要抓住那个起决定性作用的、而且是我们自己可以去驾驭和主宰的因素。而这个因素，我坚信非"习惯"两字莫属！

好，朋友，作了以上说明，下面容我先从"习惯"与"事业"开始，一一见证习惯与我们"命运"最相关的各大侧面的关系，看看"习惯"两字在这里究竟是不是起着一种非其莫属的"决定性"的作用！

是"习惯"在决定着我们的"事业"吗？

朋友，事业对于你我"命运"之重要，是不是不言而喻？我们将其看成是顶梁柱，恐怕也不会过分吧？！

那是"习惯"在决定着对我们每个人如此重要的"事业"吗？

我的回答是肯定的！

为什么？

因为如上所述，既然"习惯决定命运"，那习惯自然也决定了我们整个命运中"事业"这根顶梁柱！

这当然是一种逻辑推论，那实际情况是不是果真如此呢？

对此，我们不妨先去作一个大致的直觉判断。就以《高效能人士的七个习惯》——积极主动、明确目标、掌握重点、利人利己、设身处地、集思广益、综合平衡为例，请问，如果你做任何事——

都能习惯性地积极主动、充满热情，习惯性地目标清晰、方向正确，习惯性地抓住重点、主次分明，习惯性地相互尊重、合作共赢，习惯性地设身处地、换位思考，习惯性地集思广益、众志成城，习惯性地统筹兼顾、综合平衡，那你的事业将会如何？

而相反，如果你不是这样，你做任何事都是习惯性地消极被动、目标模糊、主次不分、自私冷漠、脑子里只有一己私利、听不进任何不同意见，而且顾此失彼、没有全局观念……那你的事业又将如何？

因此，朋友，我们不必去问你的智力、学历、履历，只要看看以上诸项、只要看看你"一以贯之"的各种为人处世的习惯，是不是就可以用直觉来大致判断你事业的走向、命运的结局？

那这是什么？这不就是典型的"习惯决定事业"又是什么？

当然，以上种种都是理性的分析和判断。那现实生活中的实际情形究竟如何呢？你能不能拿出一个又一个强有力的案例来证明你这如此重要的理念呢？你也许会问。

朋友，如果你此刻脑海中真有以上疑惑，那请你回想一下我们上一章所介绍的康熙大帝和本杰明·富兰克林，他们是"习惯决定命运"的见证，但同时不也是"习惯决定事业"这一理念的最好见证吗？而为了让你所热衷的事业因我们的这一重要理念如虎添翼、更上一层楼，在这一章请允许我再拿出两个强有力的案例来加以印证。

我拿出的一个案例是远处的，你仰望的；而另一个案例就在你身旁，是普通得不能再普通的。

这"远处的，你仰望的"的案例，不是别人，是当年的台湾首富王永庆（1917—2008）。

台湾首富靠什么掘到了第一桶金？

朋友，一谈到"王永庆"三个字，你一定耳熟能详、如雷贯耳。他是当年的台湾首富，被誉为"经营之神"；而他的人格魅力，至今仍被世界上无数人津津乐道、口耳相传。

那他的事业为何能做得如此风生水起、让人仰慕呢？请你先看看我的好友汪中求先生著名的《细节决定成功》一书。在这本书中"王永庆是如何掘到第一桶金的"一节，很值得你品味，尤其值得正雄心勃勃准备创业的年轻朋友们品味——

王永庆早年因家贫读不起书，只好去做买卖。1932年，16岁的王永庆从老家到嘉义开一家米店。当时，小小的嘉义已有米店近30家，竞争非常激烈。那时仅有200元资金的王永庆，只能在一条偏僻的巷子里承租一个很小铺面。他的米店开办最晚，规模最小，更谈不上知名度了，生意冷冷清清，门可罗雀。

王永庆感觉到要想米店在市场上立足，自己就必须有一些别人没做到或做不到的优势才行。

20世纪30年代的台湾，稻谷收割后都是铺放在马路上晒干，然后脱粒，砂子、小石子之类的杂物很容易掺杂在里面。用户在做米饭之前，都要经过一道淘米的程序，用起来有很多不便。

王永庆却从这一司空见惯的现象中找到了切入点。他带领两个弟弟一齐动手，一点一点地将夹杂在米里的秕糠、砂石之类的杂物拣出来，然后再出售。这样，王永庆米店的生意日渐红火起来了。

在提高米质的同时，王永庆在服务上也更进一步。当时，用户都是自己前来买米，自己运送回家。这对于年轻人来说不算什么，但对于一些上了年纪的老年人，就是一个大大的不便了。王永庆注意到了这一点，于是超出常规，主动送货上门。这一方便顾客的服务措施，大受顾客欢迎。

主动送货上门后，王永庆并非就此止步。他每次给新顾客送米，就细心记下这户人家米缸的容量，并且问明这家人有多少人吃饭，有多少大人、多少小孩，每人饭量如何，据此估计该户人家下次买米的大概时间，记在本子上。到时候，不等顾客上门，他就主动将相应数量的米送到客户家里。

王永庆给顾客送米，还要帮人家将米倒进米缸里。如果米缸里还有米，他就将陈米倒出来，将米缸擦干净，然后将新米倒进去，将旧米放在上层，这样，陈米就不至于因存放过久而变质。王永庆这一精细的服务令不少顾客深受感动，赢得了很多顾客……

朋友，以上便是《细节决定成败》一书中对王永庆如何掘得第一桶金的精细描述。看到这段文字，你有何感触？王永庆这一次次主动上门、一次次细心了解、一次次不断改进，不都是一个个优秀的、难得的、深受顾客欢迎的好习惯吗？试想，如果这一切没成习惯，只是一两次、三四次的作秀而已，那在如此激烈的市场竞争中，他能获得如此口碑、能掘得他那第一桶金吗？

因此我认为，王永庆这第一桶金尤其说是靠"细节"掘到的，还不如说是靠"习惯"掘到的。因为对于我们所有人而言，知道一个个优秀的"细节"固然重要，但更重要、更关键、更难能可贵的，是要把这些"细节"化为"习惯"；而往往正是在这第二步上，绝大部分人败下了阵来，分出了高下，你说对吗？

首富女儿零距离对父亲的解读

朋友，从以上对王永庆掘得第一桶金的记录和解析，我们已经看到了"习惯"对一个人事业的极端重要。而如果这还不足为凭的话，那让我们再来看看这位首富的女儿对其零距离的解读。

以下文字摘自其女儿王雪红（2011年台湾首富）所写的一篇纪念文章，请你细读——

2008年10月15日，父亲去世了。就如同一座大山在顷刻间崩塌，连脚下的土壤都开始浮动起来。

自然，父亲不只属于我，不只属于他的家人，他属于华人社会和整个世界。而他对于我，则是永远的父亲和老师，永远的榜样和偶像；父亲的养育之恩，我当永远铭记在心。

十几岁时，我前往美国求学。那时候每隔一段时间，我都会收到父亲的长信。每次我读信的时候，脑海中呈现的，就是父亲那著名的"午餐汇报会"——在他的台塑，父亲每天都会邀请一名主管共进午餐，就该主管的管理细节追究到底。深究的的程度让所有参加午餐汇报会的主管惴惴不安。

30岁那一年，我开始了自己的创业生涯。尽管我自己在一个全新的IT产业链打拼，但父亲仍像是要对我追根究底的老板一样。

父亲的"教"，是言传身教，是言行合一，是行胜于言。父亲是一位不折不扣的行动者，坐而论道从来就不是父亲的风格。从少年开始，父亲就每周工作7天，每天工作10小时以上。他每天凌晨两点起来打坐，静思，跑步（适时他会睡一个回笼觉），然后开始每天的日常工作，数十年如一日。如果不是因为父亲的榜样的作用，我肯定做不到坚持早间4点多就起来长跑，一周4次，风雨无阻；如果不是因为父亲的榜样，我在工作强度要远远超出传统产业的IT领域，不会有如此坚持和发展。

父亲去世后，长庚医院（王永庆投资，台湾最大的医院）救治的很多病人都前来吊唁，父亲在天之灵看到这些，也应该欣慰了。而对自己，父亲总是很节俭。一日三餐非常简单，甚至他办公室里椅子上的皮都破了，他也不换。父亲90多岁的时候，还是闲不下来，每天坚持工作很长时间。勤劳和简朴说起来不难，难的是把这些当成习惯，坚持一辈子……

朋友，读完以上这些文字，你最深的印象是什么？是不是这位"经营之神"每天著名的"午餐汇报会"？是不是他的"从少年开始，就每周工作7天，每天工作10小时以上"？是不是他的"一日三餐非常简单，甚至他办公室里椅子上的皮都破了，他也不换"？是不是他的"每天凌晨两点起来打坐，静思，跑步，然后开始每天的日常工作，数十年如一日"？而所有这些是什么？难道不都是"习惯"、不全是"习惯"吗？——"勤劳和简朴说起来不难，难的是把这些当成习惯，坚持一辈子！"

是啊，"勤劳和简朴说起来不难，难的是把这些当成习惯，坚持一辈子"！这话说得多经典啊！而由这经典之语，我们难道不可以得出这样的结论吗？——世界上所有优秀的品质，做一两次其实都不难；而真正难的，是把这些优秀的品质当成习惯；而只有当成了习惯、化为了习惯，这一切方能称之为"素质""品质""人格""品格"，方能坚持一辈子，你说对吗？

朋友，以上便是"习惯决定事业"这一重要理念在王永庆这位台湾首富身上得到的见证。而对此，王永庆是如此，康熙大帝是如此，本杰明·富兰克林是如此，可以说古今中外所有曾叱咤风云、建功立业的伟人莫不如此！

而朋友，为了让"习惯决定事业"的理念有更强有力的依据，当然也为了让你的家庭更富足、为了让你所创办的企业更富足、甚至为了让我们整个国家更富足、更富强，以下"白手起家的富豪们的12个'富有习惯'"我要强力推荐给你，起码可以作为你借鉴。

白手起家富豪们的12个"富有习惯"

朋友,这是IT大佬托马斯·科里的一本新作《改变习惯,改善生活》(编译:李思璟)。在这本新作中,作者花费了5年时间,研究了177位白手起家的富豪,得出的结论是——"习惯决定着财富、贫穷、快乐、悲伤、压力、关系好坏、健康与否。"看,这与笔者的研究结论何其相似?!

而以下就是这些富豪们的12个"富有习惯",你不妨对照一下自己,看自己在这十二个方面究竟情形如何,有没有必要作适当改变?——

一、喜欢阅读

富人更愿意学习,88%的富人每天会至少阅读30分钟,内容以自学和自我提升类为主、而非娱乐;他们倾向于三类书:成功人士自传、个人修养或发展、历史类书籍。

二、坚持锻炼

76%的富人坚持每天有氧运动30分钟以上,如跑步、快走、骑自行车等;有氧运动不仅对身体好,对大脑也有很大帮助;大脑获得的养料越多,你也会变得越聪明。

三、结识成功人士

富人总是在寻找目标明确、乐观热情、心态积极的人做朋友,避免与负能量的人接触;因为过多负面的、消极的能量会让你离成功的道路越来越远。

四、追求目标

追求自己的梦想和目标,可以让你产生长期的幸福感,最终转化为大量的财富；富人不断完善自己的目标，坚韧且激情满怀地去追求它们。

五、坚持早起

一半以上自力更生成为大富豪的人士至少在工作时间前三个小时起床；早晨五点起床，完成你今天工作中最重要的三件事，这会给你一种你总在主导着自己生活的自信感。

六、拥有导师

成功的导师不仅仅会对你的生活产生积极的影响，而且通过指导你什么该做、什么不该做，还可以定期地活跃在你的成功路上。

七、积极态度

积极向上是所有自力更生成为富豪们的标志；如果你停下来听听自己的思想，你会发现绝大多数想法都是消极的。因此意识到这些消极思想并及时调整，这一点至关重要。

八、不会从众

从众、人云亦云、无法让自己与他人区分出来，这是大多数人无法获取成功的原因之一。成功人士往往有自己独特的见解，创造自己独特的圈子，并把他人拉进来，而非相反。

九、举止礼貌

自力更生的大富翁尊重他人，熟谙各种重要社交原则和社交礼仪，如寄感谢信、记住对方的生日、结婚纪念日、注重餐桌礼仪、在不同场合的正确着装等。

十、乐于助人

如果想要成功，最好的方式是首先帮助其他人；但是，不是给所有人都提供帮助，而要更多地帮助那些乐观的、积极的、有明确目标的、努力追逐自己梦想的人。

十一、勤于思考

思考是他们成功的关键；富人倾向于在早晨独立思考至少15分钟并问自己：我怎么做才能赚更多钱？我的工作开心吗？我的锻炼时间

够吗？我还可以参与哪些慈善活动？

十二、寻求反馈

因为害怕批评，我们很少向他人寻求反馈，而反馈是了解做事正确与否的关键；反馈能帮助你了解自己是否仍在正确的路上；如果是批评，那是你学习和成长的重要契机。

在清华园生命化为了一片废墟的我

朋友，前面我们已从一位位叱咤风云的大物人身上见证了"习惯决定事业"的重要理念，那这对我们有何现实意义呢？换言之，这一重要理念在我们这样的小人物身上，是不是也适用、也能得到见证呢？

对此，我的答案依然是肯定的、甚至斩钉截铁的！

为什么？

因为我本人就是这样一位小人物，甚至是一位败至尽头、生命和事业早已化为一片废墟的小人物。

那我为何要把自己拿出来作见证呢？

告诉你吧，我这样做绝不是为了标榜自己什么，而是为了给你信心和力量。试想，倘若一个当年曾败得如此之惨的人，居然也能因"习惯"而在事业上发生种种匪夷所思的变化，那对于你，对于我们每一个正常人，我们在事业上还有什么不能成就呢？！

因此我深信，我的真实故事有着极强的典型性，它能鼓舞起千千万万人生命的力量！既然如此，我为何不这样做呢？

那我的事业今昔究竟是怎样一种情景呢？你一定好奇。

朋友，如果你看过本书后面的附录——《一个有关我的真实故

作者为林新枝恩师八十寿诞献礼

事》,你就知道当年的我在事业上是一种什么情景了。试想,当年的我出了那样难以启齿的事,又生活在如此人才济济的清华园,先后又病休了四五年、住院了二三年、身上开了三刀、"几乎九死而无一生"——这是我初中班主任林新枝老师、一代才女林徽因的堂妹知道了我出事全过程后的感慨,她说:"你这不是'九死一生',而是'几乎九死而无一生'啊!"——朋友,请你设身处地想一想,当年在清华园的我,败到了如此地步,病到了如此地步,惨到了如此地步,那对于我而言,还有什么事业可谈呢?是不是早已化为了一片废墟?

但几十年后的今天、古稀之年的今天,我的最真实状况又如何呢?

如今的我,一切仿佛都在梦中

朋友,告诉你吧,如今的我,一切仿佛都在梦中,连我自己都简直难以置信——

你看,我这个当年曾病得如此惨不忍睹的重病号,如今竟成了一位健康专家,我居然担任了十年中国老年学会科学养生研究会专家委员会主任,你说,这是不是很有些像历史性的误会?

你看，我这个当年在清华园曾败得如此之惨的人，如今竟成了一位颇受欢迎的演说家，到目前为止，我已有幸慷慨激昂、底气十足、声如洪钟地登上中共中央办公厅机关事务管理局等相关机构，在全国进行了一千四百零七场激情演讲，你说，这是不是也很像是历史性的误会？

你看，如今我天天写作，我仿佛已成了一位"准"作家；我出版的《人生可以美得如此意外》，没想到在《2014当当中国图书消费报告》出现了它的身影——"以理工著称的清华学子文学味道却更浓，购买最多的三本书是《目送：龙应台》《人生可以美得如此意外》《追风筝的人》。"

你看，如今我还时不时写诗，我仿佛已成了一位"准"诗人，我创作的长诗《永恒的一刹那——为申奥成功放歌》，参加了当时举办的一次全国性的奥运朗诵诗歌比赛，没想到我竟荣获了全国第二名；而据内部人士打抱不平似地向我透露，说我当时还险些得了第一名。

你看，如今我还能登台演出，我仿佛已成了一位"准"演员；有

如今的作者 活跃在全国各种大讲堂

一次我这个标准的"清华理工男"在一个万人广场晚会上,居然还能与香港著名歌星张明敏一起同台演出;而所获得的掌声,比张明敏演唱的《我的中国心》也少不了多少。

你看,这些年我根本就无意去争这争那,可有一次我在林格先生所著的《教育就是培养习惯》一书序言中,无意中竟看到了我的名字,将我誉为了"我国习惯研究第一人";而更令人蹊跷的是,有一次我偶尔浏览到一个网页,没想到在一个由众多网民评选的"2006年中国培训师竞争力排行榜"上,我不仅榜上有名,还将我列在了"中国十大金口才"之首。

当然,将我列在我国"十大金口才"的榜首,这一定是过誉了;因为在我们中国,比我口才好的人可以说比比皆是;但以下文字,你不妨一读,这是当年我在北大首次演讲后记者包立君所写下的——

11月28日晚,演讲厅飘荡出的此起彼伏的掌声和欢笑声划破了燕园宁静寒冷的夜空。温暖如春的演讲厅里人头攒动,火爆异常。过道间、讲台前、讲台上到处都是人,姗姗来迟的同学连大门都无法跨入,一改校园讲座报告会少有人问津的冷清。同学们聚精会神地听着,这里有心灵的对话,这里有情感的沟通,这里有激情的澎湃,这里有灵魂的震撼,因为讲台中央有一位经历曲折、动人的演讲人……

而以下文字,你也不妨一读。这是一次我在我们清华干部培训班讲课时,一位名叫李娜的学员所写下的。记得当时我正讲在兴头上,突然一位学员举手示意,似乎有话要说;没想到她起身后,竟拿起一页纸,声情并茂地朗诵了一首她即席情不自禁从心底涌出的小诗——

一件羽白的衣衫,
满携着大度与端庄;
一副慈爱的面庞,

沉淀着岁月的风霜。

一句亲切的问询,

温暖如同阳光;

一个浑厚的声响,

传递着人生的沧桑;

……

……

我能成为所谓"中国十大金口才"之谜

朋友,看到以上这一切,对于我而言,是不是仿佛真在梦中,连我自己都简直难以置信?!

那这一切究竟从何而来呢?

朋友,如果你有兴趣,那就容我给你讲述这其中二则,一则是我究竟如何成了所谓的"中国十大金口才"?二则是我这个上了年纪的"清华理工男"究竟何以能与张明敏同台演出,还掌声如潮?

让我先讲这第一则。

朋友,对于口才、演讲能力的提升,一定是你极感兴趣的;对于那些能在台上滔滔不绝、口若悬河、流畅自如地表达自己情感的人,我相信你一定既羡慕又渴望。那关于这演讲、这"中国十大金口才",这是我的天赋吗?

不,如果你认为这是我的一种天赋,那就大错特错了。为什么?因为我的许多老同学都知道,当年的我,是个很内向、甚至还很有些自卑的人;即使是现在,在各式餐桌上,我常常是个少言寡语的听众，极少是主角。

那如此一个我，在口才方面何以能获得如此一个桂冠呢？这谜底究竟在何处呢？

如果要我回答，这答案很简单——在所有因素中，起决定性作用的依然是"习惯"两字！

如果你不信，请看以下最真实的种种——

你看，"善于'聚焦'"，一定是我能获此桂冠的一大习惯。为什么？因为近二十年来，当我越来越深刻地体会到"习惯"对我们人类世界的重要后，我把几乎所有精力、心血和热情都"聚焦"在对"习惯"两字的研究和践行上；试想，一个人能如此二十年如一日地深究一件事，那其所做相应演讲的深度、广度、感染力与那些做事东一榔头、西一锤子的人是不是肯定会大不一样？

你看，"喜好'学习'"，一定也是我能获此桂冠的一大习惯。因为我从下决心登上演讲讲坛起，就清楚学习的重要。于是在大约二十年前，我就去听由我国演讲大师李燕杰教授主讲的"演讲艺术"课程；不仅如此，对于他的演讲专著——《铸魂·艺术·魅力》，我更是一次次仔细揣摩、认真践行；而这之后，我又有幸能与他多次同台演讲，这更成了我向其学习的一次次极佳机会。因此我在演讲讲坛上能有今天，实在应感谢李燕杰老师，我要借此机会向我的演讲导师、恩师致以深深的敬意和谢意！

你看，"天天诵读"，一定也是我能得此殊荣的一大习惯。你知道吗？对于那些深深打动我的名言、警句、诗歌、散文，我早就养成了借每天锻炼之际，天天默诵的习惯。试想，当这些名言、警句、诗歌、散文十遍、百遍、几千遍地在你周身回荡，它不仅能使你天天的锻炼不再枯燥，而且使你仿佛天天都在充电、天天都在获取正能量、天天都在提升文学素养、天天都在接受真善美的陶冶、天天都在增进"腹有诗书气自华"的高雅气质；而当你登台演讲时，尤其当你将这些名言、警句、诗歌、散文恰到好处、万分娴熟地脱口而出时,你的演讲岂不就会如诗如歌、异彩纷呈、高潮迭起、震撼人心?

而让我最后再告诉你一个极为关键的习惯吧。我的演讲虽然每场必定脱稿,但从1999年10月22日开始,我就养成了每次演讲必认真准备一份提纲的习惯。因此如果今天你到我家,你一定可以看到我家书柜里所存放的这一千四百四十二份提纲。在每份提纲的右上角,我一定会习惯性地标上这是第几场;在其左上角,我一定会习惯性地记下本场演讲须特别注意之处;在其右下角空白处,我一定会习惯性地回家认真写下这次演讲的优缺点,哪怕是一个最微不足道的瑕疵。

朋友,你千万别轻视这小小的习惯。正是这小小的习惯,在这二十年来在不知不觉间将我的演讲优化了一千四百四十二次,升级了一千四百四十二次,精益求精了一千四百四十二次!朋友,请你想一想吧,倘若你也能如此,在你所热爱的事业上养成类似习惯;而成了习惯后,你也必定能十次、百次、千次地优化、升级、精益求精,那你所热爱的事业怎么能不节节攀升、蒸蒸日上、久久为功、日臻完美呢?

……

我能与张明敏同台演出之谜

朋友,通过我以上介绍,我之所以能成为所谓"中国十大金口才"的窗户纸,是不是全给我捅破了?你看,这里的奥妙、秘诀、诀窍不是"习惯"又是什么?这里起决定性作用的因素不是"习惯"又是什么?

而让我发自内心地告诉你吧，我之所以能与张明敏同台演出，还掌声如潮，其奥妙也在于此；这整个故事，仿佛就是用一个个习惯所串起来的一副珍珠项链。

这说起来还是十六年前的事。

朋友，你还记得十六年前那个不眠之夜——我们中华申奥成功的那一夜吗？那晚，当萨马兰奇拿着他手中的纸，宣布"北——京——"两字时，你们家所有人是不是几乎同时在荧屏前骤然腾起！

是的，那一夜我们家也是如此！而到了第二天清晨，当我打开电视，所有的频道几乎都在重播那晚我们全中国，不，我们全世界华人那值得永远铭记的那一刻。而就是此时，我心中忽然涌起了一个强烈的欲望——我要表达、宣泄、喷涌我心中那如此强烈的、难以抑制的情感，可惜一时不知从哪儿突破。

这之后我与我爱人出门晨练，这当然是我一个多少年的习惯。而在这晨练中我脑海里依然沸腾着、燃烧着那强烈的情感。而没想到就在此时，我脑海里"倏"的一闪——我不是不知从哪儿突破吗，那萨马兰奇宣布"北——京——"这一刹那，不就是最好的突破口吗？试想，古今中外，有哪一个"一刹那"有如此众多的人同时在荧屏前骤然腾起？有哪一个"一刹那"如此集中、如此典型地表达了深藏在我们每个中国人心中如此强烈的爱国热情！

朋友，我脑海里这"倏"的一闪是什么？这一闪不就是灵感、我们人类不断创新那最可宝贵的灵感吗？只可惜它在我们不知多少大脑里通常只像流星一样，"倏"的一下，便万分遗憾地消逝了！

而我早就深知灵感对自己和对我们这世界的重要，因此我早就养成了抓住灵感的习惯。于是那天回家，我快速找到一支笔、一页纸，把我脑海中与这神圣"一刹那"相关的种种飞速记了下来。记下来后，上洗手间想到什么，我又立刻去记；刷牙时火花一闪，我又立刻去记；吃饭时眼前突然一亮，我又立刻去记；每次只用寥寥数语。

朋友，就这样，围绕着那"一刹那"，我快速记下了自己脑海不断闪现出的各种火花；但当时，那只是满纸零乱的一堆。而恰在此时，我另一个习惯又自然而然地加盟了进来——每天清晨写一篇随笔。我忽然想，既然今晨我又要习惯性地写一篇随笔，那为何不把刚才那个灵感趁热打铁写出来呢？于是说干就干，我当即拿出了笔，铺开了稿纸（当时我还不会用电脑）。

朋友，请你设身处地想一想，当我铺开稿子挥笔时，我脑海里是何情景？是不是极像地壳深处那翻腾着、奔涌着、极想喷薄欲出的火红岩浆？因此万没想到，我一下笔，笔下竟喷出了一首诗、一首长诗，一首我平生所写的第一首诗、第一首长诗！

而更没想到，我平生所写的这第一首诗、第一首长诗日后竟产生了一个又一个小小的奇迹——

一是我把这首诗寄到《北京青年报》，没想到我这首长诗竟能在《北京青年报》全文刊登。朋友，你说，这对我而言，不是一个小小的奇迹又是什么？

二是我后来参加了一次全国性的奥运朗诵诗歌比赛，没想到我这首长诗竟得了全国第二名，差点得了第一名。朋友，你说，这对我而言，不是一个小小的奇迹又是什么？

三是几年后我应邀到内蒙古乌海市去做一场演讲。当我知道那晚该市将举办一场万人广场晚会、尤其当我知道这晚会上可以朗诵时，我自告奋勇要求也能登台朗诵，没想到我的这一要求得到了晚会组委会的允准。

那晚夜幕降临，我和我爱人来到了晚会现场。广场上真是人山人海、人声鼎沸、场面异常热烈。而那天晚会的规格也非常高，由三个中央电视台的著名主持人主持，还特邀了香港著名歌星张明敏前来。而我的朗诵就排在了张明敏之后。

那晚，当主持人宣布我出场时，我平生第一次登上了这万人广场晚会的大舞台。而这长诗由于我前面已说的"天天诵读"的习惯,在几年间我早已默诵了近千遍。因此我登台后,先从容不迫地寥寥数语,然后我满怀激情、声情并茂、可以说是万分娴熟地朗诵了我亲手写就的这首长诗。没想到当我朗诵完后,台下真的是掌声如潮;而我一走下舞台,观众纷纷起立,一个个向我伸出了极为热情的双手……

……

朋友,以上就是我能与张明敏同台演出的最真实故事。你看,这全过程是不是仿佛就是一串用一个个习惯所串成的闪闪发光的珍珠项链?

你还记得十六年前那个喜泪横流的不眠之夜吗?

而下面我要给你展示的,就是我那首长诗。朋友,请你不要以专业的标准来作评判,而要以一个曾如此沧桑、又如此一把年纪、又如此一个地地道道的"清华理工男"的标准来作评判——

永恒的一刹那
——为北京申奥成功放歌
朋友,
你知道这一刹那吗?

朋友，
你记得这一刹那吗？
朋友，
你还记得那一年的那个仲夏之夜，
那个属于我们北京，
不，
那个完全属于我们全世界每一个炎黄子孙的，
那个永恒的
一刹那吗？
是的，
这一刹那已成永恒，
它已深深镌刻在每个中国人心上；
这一刹那已成历史，
每一个炎黄子孙都将永远铭记。
这一刹那使百年梦圆，
这一刹那使屈辱扫尽，
这一刹那使神州沸腾，
这一刹那使环宇惊诧！
这是何等动人心魄的一刹那啊？
目不转睛，
凝神屏息，
心跳怦怦之后，
几乎在同一时、同一刻，
同一分、同一秒，
当一个熟悉的词从一串陌生的外文后蹦出时，
刹那间，
无数黑头发、黄皮肤的人从荧屏前骤然腾起，

没有人命令，

没有人指挥，

没有人组织，

但几乎以完全相同的身姿骤然腾起！

世界上有哪一个一刹那

有如此众多的人同时骤然腾起；

世界上有哪一个一刹那

有如此众多的激情汇成山呼海啸；

世界上有哪一个一刹那

有如此众多的热血在一起汹涌澎湃；

世界上有哪一个一刹那

有如此众多颗心在一起狂奔欢跳！

人常说：

三十年河东，三十年河西。

我却要说：

三百年球西，三百年球东！

谁说落后的一定永远落后？！

谁说病弱的一定永远病弱？！

谁说八年挫败我们不能越挫越勇？！

谁说百折不回我们不能后来居上？！

谁说卧薪尝胆我们不能反败为胜？！

谁说众志成城我们不能梦想成真？！

是的，

二十一世纪

定将是我们中华伟大复兴的世纪！

二十一世纪

定将是我们中华辉煌再现的世纪！

"中国是一头沉睡的巨狮,
当它一旦醒来的时刻,
整个地球、整个世界都将为之震颤!"
凭什么为证?
就凭这一刹那,
公元二零零一年
七月十三日
二十二时零八分
当"北——京——"两字
从举世瞩目的萨马兰奇口中蹦出的、
已成永恒的
一——刹——那——!!!

第六章
"习惯"与"健康"
——习惯决定健康

朋友，讨论完了"习惯"与"事业"的关系，我们就要进入另一个如今我们全体国人、也一定是你越来越关注的领域——

"健康"！

那"习惯"与"健康"究竟是什么关系呢？

根据我的研究和实践，我的结论依然是——

"习惯决定健康"！

朋友，如果说"习惯决定事业"是我率先提出的，那关于"习惯决定健康"的理念，可不是我率先提出的。

如果你不信，你只要在"当当网"点击一下《习惯决定健康》这一书名，这答案就再清楚不过了。

你看——

《习惯决定健康——不可不知的365个习惯忠告》《习惯决定健康——献给父亲母亲的保健养生说明书》，这两本书的作者是已退休的中医脾胃病专家刘静贤大夫。

《习惯决定健康——日常生活中的175个习惯性误区》，其编者是郭宇祺先生。

《习惯决定健康——养生精华500例》，其总编是徐志晶先生。

《习惯决定健康——我的第一本健康书》，其作者是台湾著名健康专家，曾任台湾大学医学院附设医院心脏内科的王祯煜总医师。

……

朋友，当你看到这一连串书名，你心中是否既好奇又疑惑？

为什么？

因为我们以往一谈"健康"，第一反应自然就是医生、医院、吃药、打针；但现在怎么突然变成"习惯"了呢？这一来"健康"不就变成了我们自己的事了吗？

那我们的"健康"究竟主要是医生的事、还是我们自己的事呢？我们的"健康"究竟主要取决于医生、还是主要取决于我们自己呢？

我们要把"健康"的主动权拱手让给医生、还是主要由我们自己来掌控呢?

朋友,这可是几个太重要、太重要的问题,请你万万不要忽视!否则痛苦的、后悔的将是你自己,而不是别人。而对于以上问题,我在本章将从理论和实践两条战线,与你一起作深入的探讨。

那探讨如此重要的"健康"问题,我有资格吗?

我觉得我还是有的。一是我前面已介绍了,我曾担任了十年中国老年学会科学养生研究会专家委员会主任,因此我相信,我的许多见解一定会有益于你;二是我曾经是清华园"几乎九死而无一生"的重病号,而如今年届古稀,身体确还算硬朗,因此我相信,我的许多理念也许真的会给你带来许多有益的启示。

朋友,关于"习惯决定健康"的重要理念,我拿出了如此多位医学专家所写的专著作证;而下面,我则要拿出一个又一个更强有力的依据。

"习惯决定健康"强有力的理论依据

朋友,我这一个又一个更强有力的依据,第一个来自全世界最权威的医疗卫生管理机构——世界卫生组织。对此,你只要看一下以下这段极具权威的文字,你就会很信服了。

这段文字摘自我国原卫生部副部长、中国健康教育协会会长、医师协会会长殷大奎教授的《健康和寿命60%取决于自己》一文——

世界卫生组织研究结果,个人的健康和寿命有60%取决于自己,

15%取决于遗传，10%取决于社会因素，8%取决于医疗条件，7%取决于气候的影响。这提醒人们，应该树立这样一个观念，那就是"健康在你手中""最好的医生是你自己""多靠自己，少依赖医生"，因为健康与寿命的60%是取决于自己。

朋友，你看，我们的"健康和寿命有60%取决于自己"，这是谁说的？这是不是当今世界最权威的医疗卫生管理机构所说的？

那这里的"取决于自己"，究竟取决于我们自己什么呢？是"生活方式"！那何谓"生活方式"呢？

试想，所谓"生活方式"，说白了，不就是你我各种各样或好或坏的生活习惯、健康习惯吗？

那既然我们的"健康和寿命有60%取决于自己"，既然"取决于自己"是指取决于我们的"生活方式"，既然所谓"生活方式"说白了，就是我们"各种或好或坏的生活习惯、健康习惯"，那我们说"习惯决定健康"，是不是一点都没有说错？

我关于"习惯决定健康"第二个更强有力的依据，则来自原哈佛大学《哈佛中国行动计划》主任、现北京协和医学院公共卫生学院刘远立院长；他对中共中央、国务院今年颁布的《"健康中国2030"规划纲要》的解读，就很值得你一看——

"我国目前慢性病呈现"井喷"态势，成年人中每十个人就有一个患有糖尿病、每四个中有一个患有高血压。如果仅仅将健康的追求等同于医疗治病，不加强预防，就难以应对严峻的健康国情。规划纲要从健康生活入手，帮助人们掌握科学的健康知识和技能、养成良好的生活习惯，这是对疾病挑战最直接、最积极主动的应对。"

朋友，从以上刘院长极权威的文字，你看到了"习惯"对于你我健康的重要意义和价值了吗?

而我关于"习惯决定健康"第二个更强有力的依据,则来自我们中华民族最伟大的医学经典、养生经典《黄帝内经》。对此我在前文早已作过阐述——该经典在一开篇就告诉我们,上古之人之所以身体健康,一个个能"度百岁乃去",是因为他们"食饮有节、起居有常、不妄作劳",即有好的养生习惯;而今时之人之所以身体不健康,一个个"近半百而衰",是因为他们"以酒为浆、以妄为常、醉以入房",即有不好的生活习惯,总在不断糟蹋自己。

朋友,当我搬出以上三大理论依据,你现在对"习惯决定健康"这个理念怎么样?是不是已经不怎么排斥、甚至已开始渐渐信服了?

而为了让你更进一步信服这一重要理念,下面我则要给你介绍一篇发表在《健康时报》最显著版面的、你看了一定深受教益的短文;这篇短文谈的是当今全世界所有人、当然也包括你我最害怕的癌症,作者可以说是我国这一领域几乎最有权威性的专家——中国工程院院士,我国肿瘤内科治疗奠基人,中国医学科学院肿瘤医院内科主任、如今已耄耋之年的孙燕教授。这短文原标题为《说实话,防癌真没有什么秘方》,而根据孙教授该文的核心观念,我则将其更换成了:"对癌症,我很自信!"其意是为了使我们所有人从此再也不要"谈癌色变",而应对防癌、治癌充满必胜的信心——

对癌症,我很自信!

"我是个有肿瘤家族史的人,也早跨入老年人行列,如今已是"80后",按说是肿瘤高发人群。

不过至今肿瘤还没有对我入侵成功，而且，我可以自信地说，哪怕出了问题，那也肯定是早期，通过积极治疗，也能控制。敢这么自信，就是因为对于防癌知识我不仅知道，而且还能身体力行。

我在抗癌一线奋斗了五十多年，这半个多世纪以来，肿瘤的治愈率大幅度提高，它已变得没那么可怕，人们还给它起了个昵称——肿瘤君。

而防范肿瘤也成了很多人的健康目标。但近年我国癌症发病率还不断上升，一个重要的原因是很多人对防癌知识只是口头上说说，没有真做，执行力度可是差了一大截。

不良饮食习惯、烟酒、肥胖、心理压力等等都是致癌因素。远离它们，说着容易做着难。很多癌症患者都是听了我的劝说才把烟戒了，要是能早点行动，可能根本不需要到医院来。我平时烟酒不沾，也已经有十几年没有发过脾气了，人生不可能全都顺心如意的，应自己调节和排解不好的情绪。

肿瘤君爱挑食的人，很多人喜欢的高热量、高脂肪、高糖分食物也正合了它的胃口。我们应多吃米面杂粮、水果蔬菜。但近30年，我们饮食中热量和脂肪摄入增加，以至肥胖成为社会问题。肥胖将造成很多慢性病和癌症增多，特别是大肠癌、前列腺癌、胰腺癌和乳腺癌。

肿瘤君需长期"监视"。虽然我长期从事临床肿瘤学方面研究，可是也不知道自己身体内什么时候会发生癌变。所以我每年都要进行全身查体。我常说车都要年检，何况是人？防癌筛查可以较早发现癌前病变和早期癌。体检一定要坚持年年做，不要觉得偶然一次查体正常就间隔3到5年再做。

我在中国医学科学院肿瘤医院工作五十多年，本院职工大约有60多人患过乳腺癌，但得癌的绝大部分都得到治愈（5年生存），仅有3人因有特殊原因死亡，不能全怪癌症。

之所以肿瘤医院工作人员如果患癌，治愈率高于一般人，并没有什么"秘方"或"特殊待遇"，主要原因之一就是发现早、认真治。治癌症无非三大法宝：早预防、早发现、早治疗。如果将体检、治疗、心态，每一方面细节都尽量做好，那么战胜癌症的希望将大大提高。

今年世界癌症日的主题是"我们能，我能战胜癌症"，我也有自己的一个中国梦，那就是希望百姓少得癌、不得癌，并通过规范的健康查体，能多发现早期癌，使得癌症治愈率提高。但需要大家一起来帮我实现这个梦想，这就是我们常说的"治癌靠专家，防癌靠自己"。

朋友，通篇看完孙老亲笔写就的这篇短文，你有何观感？你看，癌症是如何得的——"不良饮食习惯、烟酒、肥胖、心理压力等等"，这里哪一条与我们的"习惯"无关？癌症应如何防——"应多吃米面杂粮、水果蔬菜""体检一定要坚持年年做"等，这里哪一条与我们的"习惯"无关？癌症应如何治——这"早预防、早发现、早治疗"、这"如果将体检、治疗、心态每一方面细节都尽量做好"、这"治癌靠专家，防癌靠自己"等，这里哪一条与我们的"习惯"无关？

因此朋友，通过我以上分析，孙教授以上短文难道不正是我们"习惯决定健康"在癌症——这一全世界最可怕疾病上的翻版吗？

而为了让你对这一理念更加信服、彻底信服，以下我更要为你举出一连串最真实的案例来加以印证。

一个极典型的反面教材

我要给你举的一个极典型的反面教材，来自我国最著名的健康教育专家洪昭光教授的《让健康伴随您》。请看洪昭光先生以下极为经典的"洪氏描述"——

"一次,我们医院住进了一位大款病人,是个亿万富翁,一个公司的董事长,38岁,广泛心肌梗死,救活了,室壁瘤,心脏很薄,不能使劲。正常人心室壁厚10毫米,他才2个多毫米,跟牛皮纸一样。因此他这个心脏很危险,不能咳嗽,不能使劲;一咳嗽、一使劲,心脏就会破;大便也不能使劲,还拄着拐棍,很小心。

有一天我问他:'你有什么问题百思不解呢?'

他说:'为什么上天对我这么不公平?人家38岁不得病,80岁都没有病,怎么我38岁就轮到这么要命的病,这样倒霉?'

我说:'据我所知,上天是最公平的,自然规律是一样的。你为什么得病?很简单,健康四大基石——合理膳食,适当运动,戒烟限酒,心理平衡,你违背了这些规律。'

他的血抽出来立即凝固,血液太黏稠了;另外,抽出的血放了8小时,上面厚厚一层油;他体重188斤,腰围3尺3寸半。我对他说:'第一、合理膳食,而你这个大款天天大吃大喝,山珍海味、生猛海鲜,你膳食不合理,所以188斤;第二、适量运动,你出门就坐奥迪、奔驰,起码是桑塔纳,上二层楼都得乘电梯,不运动;第三、戒烟限酒,你一天两包烟,顿顿都喝酒,恣情随意、烟酒无度;第四、心理平衡,你哪有心理平衡?你身边多少女秘书,你平衡得了她们吗?好,你今天拉着小秘的手,心里直颤抖;明天拉着情人的手,血压往上走。你大哥大、BP机身上挂,白天呼你,晚上叫你,挣了钱你就激动,赔了钱你就着急,你天天没有心理平衡。健康四大基石你条条对着干,你不得心肌梗死,谁得心肌梗死?这正好说明上天公平,健康面前人人平等,谁违背谁倒霉,谁顺应最健康,这就叫好人一生平安。"

朋友,看完以上经典的"洪氏描述",你有何感触? 你看——他"天天大吃大喝,山珍海味、生猛海鲜",他"上二层楼都得乘电梯,不运动",他"一天两包烟,顿顿都喝酒,恣情随意、烟酒无度",他"大哥大、BP机随身挂,白天有人呼,晚上有人催",他

"挣了钱就激动,赔了钱就着急",他"今天拉着小秘的手,心里直颤抖;明天拉着情人的手,血压往上走"……朋友,所有这一切,不全是"习惯"、不全是他一个又一个有损自己健康的坏"习惯"吗?因此,世界卫生组织说"人的健康长寿60%取决于自己",是不是并没有说错?我们说"习惯决定健康",是不是也没有说错?

你相信吗,114岁高龄居然能鹤发童颜?

朋友,介绍了以上"习惯决定健康"的反面典型,下面我更愿意用两位正面典型来激励你。因为对于我们人人所渴望的健康、健美、长寿之道,我相信,你也一定十二分地渴望。

而我要给你介绍的第一位正面的健康典型,是一位114岁高龄却依然鹤发童颜的世界级寿仙。

"114岁高龄,还居然能"鹤发童颜"?你一定难以置信!

是的,当年的我也与你一样难以置信。但当我一次又一次亲眼见到这位寿仙;当我一次又一次地对他的传奇作了大量的"福尔摩斯侦探"般的深入调查;当我打开《百度·视频》一次又一次观看了由白岩松主持的一个有关专题节目;当我一次又一次观看了北京奥运期间由央视"大家"栏目向全世界特别奉献的一个专题,尤其当我如今天天在习练他当年在清华园传授给我们的几个健身法宝,身体受益越来越大后,我坚信,这位寿仙是值得我向你推荐和介绍的一位世界级健康大师和世界级超级寿星。

而听到这里,你一定已经满怀好奇了——这位寿仙究竟是谁?他有什么独特的传奇经历,而在我们这"习惯决定健康"这一节,他如此健康、如此高寿的原因究竟与"习惯"两字有何关联？

好吧，如果你此刻的心情正是如此充满好奇，那请你即刻就放下本书，在《百度·视频》上观看《CCTV1 东方之子 长江大侠吕紫剑》（主持人是白岩松）和《武林纪事（上）（下）》，我相信，看过后，你对这位寿仙的一切包括他的真伪就一定十分清楚了。

这位寿仙名为吕紫剑（1893-2012），湖北宜昌人，出身武术世家；其精通武术、中医，人称"长江大侠"；我将来会出本专著，专门介绍我认识、了解、甄别和研究他的全过程；书中还将介绍他114岁高龄时，在清华园传给我们中国老年学会科学养生研究会的三种健身绝技（此书早已成稿，书名或许为《当代霍元甲》），望你能关注。

长江大侠吕紫剑

朋友，让我告诉你吧，我第一次亲眼见到他，是在2005年金秋十月。当时我应大连第二届国际老年用品博览会之邀，在大连国际会议中心作《习惯与健康》的主题演讲；而当时112岁的吕老就在那次会上被中国老年学会授予"超百岁健康寿星"的称号。我当时见了简直不敢相信自己的眼睛——因为用"鹤发童颜"去形容他的形象气质，一点也不为过。

我第二次见到他，是在两年后，他114岁。他从重庆家中应冯玉祥之女冯理达将军之邀，飞抵北京，在冯理达主办的"国际健康、健美、长寿研讨会"上作武术表演；因为当年的他与冯玉祥还是结拜兄弟。而就在那次我亲自驱车将他接到清华园，给我们中国老年学会科学养生研究会作了一场精彩的养生报告,并传授给我们三个健康绝招。而我第三次亲眼见到他,则是又过了两年在他重庆家中;他当时已116岁高龄,由于此前不慎摔了一跤,身体已大不如往昔。

那我们的这位寿仙究竟为何会如此健康、高寿呢?可以说已登上了世界健康、长寿的珠穆朗玛峰绝顶!

为了破解这个谜团,我特地访问了吕老的大弟子、画家王清华;他跟随其师傅几十年,对吕老的一切当然了如指掌、如数家珍,是再熟悉不过了。

下面请你听他讲述这位寿仙最普通的一天,看看这位世界级寿仙最普通、最寻常、最具代表性的一天,与我们正在深究的"习惯"究竟是何关系。

5 世界级寿仙的普通一天

朋友,那我们这位世界级寿仙最普通的一天究竟是如何度过的呢?

我师傅生活极有规律,可以说"几十年如一日"!

吕老的这位高徒对我说,话语中充满了对自己师傅的敬仰之情。

他每天清晨5点起床。起床后面向东,微闭双眼,练十多分钟站功;5点半左右,他打八卦掌,大该半个钟头,用来疏通全身经络;练完,他走路20来分钟,一定是慢走;如果有人在,他不许打扰,谁也不理,说是在接天地之气;然后再回去洗漱;洗漱完后站着搓脸,认真极了,搓一二十分钟,脸上、头上的所有地方都搓到。

7点,我师傅吃早饭。他的早饭极有规律,饭量也很大,每天两杯牛奶,两个小馒头,一碗米粥,还要吃几个煮鸡蛋;吃完饭,他漱口,每顿吃完都要漱,他认为人的口腔必须清洁,这一点很重要。

早饭后,我师傅就进他的书房。他写字、作画,几十年如一日,非常认真,都是站着的;画的画通常都是活灵活现的各种动物,如老虎等,这样两小时左右;之后,他就会客,喝茶,聊天;我师傅特别好客,也很健谈,一谈起来,天南海北的;但有一点,他从不谈政治。

我师傅午饭比较丰盛。但从不喝酒,最喜欢的一道菜是"鸡蛋炒西红柿";他还喜欢吃花生米,几乎顿顿桌上都有一小碟,他说这叫"长生果";他胃口很好,也从不挑食,但总体说,他吃得比较清淡;虽说他住在重庆,出生在宜昌,但他从不吃麻辣,也不喜欢吃肉。

午饭后过半小时,我师傅打坐,至少一个小时,也不许任何人打扰,天天雷打不动。练完他满面红光,像喝了酒似的;我认为这是他养生的一大绝招,是我们中国老祖宗传下来的;练完,他又认真搓脸,一搓就是一二十分钟;这之后,他就出门去走、去玩,没有目标,走到哪儿算哪儿,随他兴致;他对人特别慷慨大方,路上碰到乞丐什么的,他一出手就是一百元;见了小孩,他也很喜欢,出手也很大方,从不吝啬。

我跟我师傅近三十年了,他心态特别好,从不发愁、从不发火,也从没见他有过一次什么脾气。这中间有三年,他接连失去了三位亲人——一个是我师娘,一个是他儿子,一个是他唯一的孙子,但他都很平静地过来了;我师傅当年曾是蒋介石的少将武术教官,解放后差点被枪毙,后来被判了无期徒刑,在监狱呆了三十年;我师娘一个人在外,带着儿子吃尽了苦头,还和儿子一起四处讨过饭;由于这个缘故,我师娘和他儿子身体底子都不怎么好;但对过去这些事,我师傅都特别看得开。

　　我师傅晚饭很简单，但常和徒弟朋友们一起吃。这中间他兴致很高，谈天说地的，记忆力特别好；到兴头高时大家起哄让师傅来一段，他就会真来一段京剧什么的，有板有眼，使整个气氛非常热烈。

　　吃过晚饭，他就看看电视。到晚上八点，他就准时上床睡觉。

　　……

　　朋友，以上就是我对吕老高徒于清华的访问实录，也是我们这位世界级寿仙最普通的一天。听完叙述，你是不是会感触无限？而在这无限感触中，请你再将你的思绪拉回到我们此刻所探讨的主题——"习惯决定健康"。

　　朋友，你在以上访谈中所看到的，不就是他"几十年如一日"的"每天清晨5点起床"、每天清晨"打八卦掌"、每天"洗漱完后站着搓脸"、最喜欢"鸡蛋炒西红柿"、几乎顿顿一小碟"长生果"、每顿"吃完都要漱口"、对人"特别慷慨大方"、常常"一出手就是一百元"、虽说住在重庆"但他从不吃麻辣，也不喜欢吃肉"、到晚上八点"他就准时上床睡觉"……

　　朋友，你看，所有这一切他的"几十年如一日"是什么？不就是"习惯"，不就是一个又一个极典型的、有益于我们健康、健美、长寿的好"习惯"吗？

　　因此朋友，"习惯决定健康"，在我们这位当年115岁高龄而鹤发童颜的世界级寿仙身上，是不是体现得再充分不过了，简直是淋漓尽致？！

　　而朋友，由于"习惯决定健康"这个理念对我们太重要了，因此容我再给你介绍一位我更熟悉的实例来加以见证。

　　那这个"我更熟悉的实例"究竟是谁呢？

我在健康上不可思议的今昔巨变

不瞒你说,这实例不是别人,正是笔者本身。

而谈到这里,我也许会犯大忌。为什么?因为在健康上我们通常应十二分低调,决不能说什么大话;如果你说我十年没感冒,很可能明天老天爷就会让你感冒一次,而且是重感冒,你说对吗?

但我想对于此刻的我,上天是会谅解我的。因为我谈我健康上的"今昔巨变",绝不是为了自夸,而是为了你、为了我所有可爱的读者、为了我内心一种极坚定的信念!

那我在健康上究竟是如何一种"今昔巨变"呢?

对于当年的我,年轻时的我,如果你看了书后《附录一》,一定已很清楚了。你想,当年的我曾吞下了98%的浓硫酸、气管曾被切开、胃曾被大部切除,曾卧床病休四五年、曾住院二三年……朋友,这种种用"几乎九死而无一生"来形容,是不是真的一点都不过分?

那今天的我、古稀之年的我,健康状况如何呢?

朋友,我当然不敢说明天的我,健康将会如何;因为明天的健康,世界上又有谁敢拍着胸脯担保呢?可以说谁都不敢,我当然更不敢!

但此刻我的健康,我还是敢说的——我仿佛感到此刻的我,是71岁的年纪,51岁的身体, 21岁的心气;而如果你不信,我还可以给你列出如下一连串最真实的数据——

你看,以现在社会上人们普遍头痛的"三高"为例,请看我去年的体检结果——

我血压为130/90(以我的年龄,血压140/90以下为正常),总胆固醇为4.06(正常值为3.35—5.72),空腹血糖为4.40(正常值为

3.90—6.11）；朋友，如果你把我的结果与正常值一对照，我这三个关键性体检指标是不是还过得去？

你再看，世界卫生组织研究表明，如果一个人在健康上能有"五快"，那他的健康水平应该说是不错的。这"五快"分别是睡得快、吃得快、说得快、拉得快、走得快。而我一对照，这"五快"我现在差不多都有！

此外，我前面已谈到，我66岁那年有一天，在我们小区一个来回66米的游泳池游泳；那天，我竟一口气、脚不沾地游了60个来回，从下午2点09分一直游到4点41分（游泳池墙上有挂钟），一共游了两个小时32分，全程3960米。你说，这对当年一个有名的重病号而言，是不是确还可以？

……

朋友，看到我以上一连串最真实的数据，再对照年轻时的我，我的健康是不是确发生了不可思议的"巨变"？

那这"巨变"究竟是如何实现的呢？你一定会既好奇又关切；因为健康毕竟是我们所有人所强烈渴望的，尤其是我那些至今还深陷在病痛折磨中的病友们。

我在健康路上的两大根本性转折

朋友，要问我的健康何以能发生如此巨变，我自然会想起我在健康路上的根本性的转折。

我的根本性转折，是三十多年前的1980年4月14日，我在我们清华二教会议室偷偷参加了粉碎四人帮后清华园举办的第一期气功学习班。

那我为何在这里用"偷偷"两字呢?

因为在那以前的十年间,我在清华园最主要的生存状态是卧床、疗养、病休。而那一天,我是从校医院住院病房偷偷溜出去参加那期学习班的,因此我说是"偷偷"。

而那一天对我的健康而言,却是第一个永远值得我记忆的重大转折点。因为就从这一天开始,这气功一直陪伴了我三十多年;也是从这一天开始,除了气功,我在清华园还有幸涉猎了其他众多自我保健手段;而我的健康状况呢?很奇妙,仿佛从此就走上了一条康庄大道——我慢慢出院了,慢慢上班了,慢慢感到自己是个正常人了,甚至慢慢感到自己仿佛已是个十足的健康人了!

朋友,那一天的这一转折,对我的意义是什么呢?

这意义是我们的健康固然要靠医院、靠医生;但我的亲身实践告诉我,对于你我最宝贵的健康而言,真正要获得,最重要、最根本、最主要的是要靠我们自己。

为什么?

因为道理很简单——你得病不得病不取决于医院、医生,而是取决你究竟总在呵护自己的健康还是总在糟蹋自己的健康;同样,你是不是定期体检、是不是能在第一时间就医、是不是能认真按医嘱用药等,这也不取决于医院、医生,而是取决于你自己;此外,你一定熟知"三分治、七分养"的道理,对许多慢性病而言,"三分治"固然重要,但真正要彻底征服、根治,"七分养"——千方百计调动我们人类自身巨大的抗病潜能,也许更重要。而这"七分养",显然更不取决于医院、医生,而是取决于你自己!也许正因为此,我们说:"最好的医生是自己!";世界卫生组织得出结论:"人的健康60%取决于自己!"

朋友,以上便是我在健康路上的第一个根本性转折——要获得健康,最主要是要依靠自己;这正如《国际歌》所唱——"要创造人类的幸福，全靠我们自己！"

那我在健康路上的第二个根本性转折是什么呢？——是我二十年前所发现的"习惯"这盏神灯、这一世界上最神奇、最伟大的力量！

为什么？

因为通过我前面的分析，我们已清楚，要获得健康，最主要是要靠我们自己。那靠自己，关键靠什么呢？

你看，我们如今最难征服的是高血压、高血脂、高血糖等各种"文明病"。那征服这些顽症的办法有没有呢？实际上是有的！但俗话说"得病如山崩，去病如抽丝"，我们常人"如抽丝"般的耐心有没有呢？通常是没有的！那你没有这种"如抽丝"般的耐心和韧性，那即使各种办法再好、再有效，对你岂不也无济于事？

好，朋友，我们现在有了"习惯"这一法宝、这盏神灯，情况就截然不同了。因为我们只要将那些有效的方法先化为习惯；而化为了习惯后我们自然就能日复一日、月复一月、年复一年地坚持；那你能如此顽强地、不达目的决不罢休地坚持，那再顽固的敌人在你面前岂不也只能节节败退？你看，我前面所说的征服我那顽固的"肛漏"和我那几十年迁延难愈的"腰、髋、肩、背慢性多发性筋膜炎"的案例，不就是最好、最经典的范例吗？而告诉你吧，我其他许多慢性病的征服，所依靠的几乎全是"习惯""习惯配方"这一法宝，这盏神灯，这种世界上最神奇、最伟大的力量！

我的健康理念——"三分治、七分养、十分护"

朋友，听我讲述了我在健康路上的两大根本性转折，对你是不是确有启迪？我们的健康关键要靠自己；而靠自己，关键又要依靠"习惯"这盏神灯！

而作为一个曾经的重病号、作为一个曾经的中国老年学会科学养生研究会专家委员会主任，我的一个健康理念我也想借此机会奉献给你、奉献给我们这世界。

这一理念便是对我们健康极端重要的——

"三分治、七分养、十分护"！

我多么希望这理念能成为一句流行语、口头禅，流传在我们的大江南北。为什么？因为我的切身体会告诉我，这一理念对我们的健康太重要、太重要了，甚至可以将其视为我们获取健康的最根本的指导方针！

要介绍我这理念，当然要从"三分治、七分养"说起。

这"三分治、七分养"的民谚不知是何人最先提出，但其对健康总结得太妙了！这民谚之妙，一是妙在提醒人们，要获得健康，首先要"治"、将这"治"置于首位；二是妙在告诫人们，在许多情况下光"治"是远远不够，还必须"养"——千方百计提升我们的体质，提升我们自身巨大的抗病潜能。试想，同在一个办公室、同样着了凉、同样接触到感冒病毒，为何有人感冒了、甚至重感冒，有人却若无其事？显然那是因为人与人体质的巨大差异；由此足见体质的提升对我们人类健康的重要！正因为此，对于我们整体的健康，如果"治"是三分，那"养"就应是七分。

那谈到这里，你也许好奇，既然这"三分治、七分养"如此之妙，你为何还要画蛇添足，在其后面加上那"十分护"三个字呢？

朋友，你千万别小看了这"十分护"三字，这三个字可字字千斤啊！为什么？因为在我一生与各种疾病的顽强拼搏中，我发现这"三分治、七分养"有一个重大的漏洞。

那这"漏洞"是什么呢？

是我们许多人在与疾病搏斗时，一边按着这"三分治，七分养"在极认真地吃药、打针，极认真地练气功、打太极拳，一边却在那里怎么样呢？——"胡吃海喝，烟酒无度""晚上不睡、早晨不起""动不动生气、动不动发火""要钱不要命，要风度不要温度""今天拉着小秘的手，心里直颤抖；明天拉着情人的手，血压往上走"……

朋友，这不是显得很荒唐、很可笑吗？你这样做的结果，岂不一边在建设，一边在破坏；一边在盖房，一边在拆房；一边在存钱，一边在大把大把地取钱，甚至恨不能大把大把地去透支花钱吗？

朋友，你现在终于明白了我为何要在这"三分治、七分养"后还要加上这"十分护"的缘由了吧？这"十分护"，就是要把凡是破坏你健康的因素全部清除掉，这样你那漏洞岂不就堵上了？正因为此，我把这"治、养、护"又称为是"我们人类健康的'金三角'"，你赞同吗？

那有了这一最新理念，我们该如何运用呢？

根据我的经验，这理念可与我前面所讲的"习惯配方"联合起来运用。比如对于你整体的健康，有了这理念，你的思路可以很清晰——"治"我要抓住哪几条，"养"我要抓住哪几条，"护"我要抓住哪几条；这些清楚了以后，你将这其中每一条措施化为习惯，这不就成了护卫你整体健康的一个极好的"习惯配方"吗？同样，对于局部的健康、比如高血压、高血脂、糖尿病等，你也可以按照以上方式设计出一个相应的"习惯配方"。

朋友，你看，如此一来，对于征服你各种慢性病，你的思路是不是变得既简洁、又明了，又没有什么漏洞，还能让你信心百倍了？因为这样的结果，岂不等于把你的健康死敌合围在了由千军万马所组成的铜墙铁壁之中，料它插翅也难飞、插翅也难逃？

而以上，便是我那"三分治、七分养、十分护"的最新健康理念。如果你觉得我言之有理、言之有据，那就请你用你的微信将我这一理念在你的朋友圈内广为传播。我相信，你这样一定是在做善事，一定是在传播福音，你说对吗？

9 如今的我，一身健康名牌

朋友，"健康是金""健康第一""有了健康，不等于有了一切；但没有健康，就没有一切"……由于健康对你、对我、对我们人类如此重要，请原谅我以上花费了你如此多宝贵的时间。

而当我谈了如此多"习惯决定健康"的种种后，在其尾声，我想将我在健康方面所养成的若干极有价值的习惯向你奉上。我之所以将这最后一节称之为"如今的我，一身健康名牌"，是因为这些习惯很多是我从一些名人身上学来的，由此也使我更深切地体会到亚里士多德的名言"优秀是一种习惯"——我认为所谓"优秀"，很重要的一点是，你要向世界上一切最优秀的人学习，并尽力把他们的优秀之处化为自己的习惯。

那如今的我，身上拥有哪些健康名牌呢？

你看，若没有演讲等特殊情况，如今不管酷暑严寒，我天天都会到我们小区会馆游泳，这习惯已十多年了。试问，游泳对我们健康的益处大不大？许多世界级政要们首选的健身手段之一，是不是往往是游泳？那如今我身上这习惯，不是一种健康名牌又是什么？

你看，宋美龄如此风雨人生，最终竟能以106岁高龄无疾而终。我从报道中获知其长寿秘诀：一是终生坚持保健按摩；二是喜欢绿茶，菠菜；三是心态平和，什么都能想开。如今这几样长寿秘诀很快又都融入了我整体的习惯体系之中，那我身上岂不又添了几种健康名牌？

你看，2009年前，我嗓子一讲就哑、一讲就哑，成了我演讲事业一块最让我头疼的"短板"。那年，我听到我的恩师、中央音乐学院赵世民老师一种奇妙的"音乐养生法"——苦练一个"巫"音，既是一种绝妙的养生法，还对征服像我一样的嗓子难题有着意想不到的奇妙效果（有关信息，可在网上查询）。我听后如获至宝，第二天就起而行动。如今天天苦练"巫"音，早已成了我铁打的习惯，而我的那块"短板"，也早已被我征服了。朋友，这样的结果，我身上无意中是不是又增添了一种健康名牌？

你看，差不多十年前我在报上看到一条消息，说香港大老板霍英东60岁得了淋巴癌，经各种治疗后，练"冰火浴"——冷热水交替洗浴，这样既能提升人体免疫力，又是"最好的血管体操"、还能使皮肤变得光泽、润滑，最后他活到了八十多岁。见报后，我从多方认真考证，最后确认这种"冰火浴"不仅有科学依据，还适合我的具体情况，于是也开始习练。现在我练这种"冰火浴"已有十年了，感觉绝佳，那我身上岂不又平添了一种健康名牌？

朋友，看了以上种种，你有何观感？如今的我，从头到脚、周身上下，拥有了如此多堪称世界一流的健康名牌，它们使我的健康发生了如此令你难以置信的巨变，这不是对"习惯决定健康"这一重要理念最好的注释又是什么？

当然，我们说"习惯决定健康"，并不是要贬低医疗对健康的价值。我们真正要拥有健康，尤其要征服各种疑难杂症、危重疾病，还一定还要借助古今中外各种最优秀的医学成果。而实际就我本人而言，如果没有众多白衣天使曾对我的全力抢救、细心呵护，我绝不可能会有今日之健康、今天之一切。因此，请允许我借此机会向所有在我健康历程中曾精心治疗过我、护理过我、照料过我的白衣天使们致以最衷心的谢意和最崇高的敬意！

第七章
"习惯"与"人际关系"
——习惯决定人际关系

朋友，讨论了习惯与命运、事业、健康的关系，现在我们就要讨论对我们每个人都极为棘手的人际关系了。

那我为何说人际关系对我们每个人"都极为棘手"呢？

因为人际关系可以说是我们人世间一种最复杂、最难处的关系。你看，你每晚所看的每一集电视连续剧都在演什么？不都在演各种复杂的人际关系吗？我们生活中最怵的是什么？不常常在怵各种复杂的人际关系吗？为什么现在我国的离婚率居高不下？其根源不也在各种复杂的人际关系吗？

而对于人际关系的复杂、难处，你只要看以下一篇几年前《新京报》上刊登的一则新闻，就能感受得再清楚不过了。

《第一夫人大闹白宫：奥巴马连任就离婚》

据美国媒体15日报道，自从被新书披露"后宫干政"后，奥巴马夫人非常不满负面形象，竟失声痛哭冲进白宫与丈夫奥巴马大吵，斥责他"无能"，管不住手下嘴巴。

《纽约时报》记者坎特在新书《奥巴马夫妇》中惊爆内幕称，第一夫人米歇尔曾多次不满白宫团队，力促丈夫换人，而且还热衷出国旅游和购买奢侈品，甚至常在白宫发飙，这一爆料在全美引起一片哗然。

据美国当地一家报纸披露，9日，当米歇尔获悉爆料后，顿时痛哭失声，旋即冲进白宫椭圆形办公室，向丈夫奥巴马严厉责骂白宫助手向外泄露了关于她的"负面情报"！面对第一夫人此举，当时在场的助手们惊得目瞪口呆。但据内幕人士称，这并不是米歇尔第一次在白宫情绪失控。不久前米歇尔就与奥巴马因圣诞度假发生争吵，而奥巴马则提醒她这样会引来外界批评。

　　这份报纸还披露，过去几年来，第一夫人米歇尔一直承受着巨大的精神压力。一方面奥巴马由于经济政策屡屡受到国民谴责；另一方面，他的两个女儿甚至因此在学校遭到同学奚落。米歇尔对奥巴马称，她已经受够了白宫的生活，如果他还要竞选总统连任，她就带着两个女儿回芝加哥，并和他离婚。

　　该报还称米歇尔其实丝毫不留恋白宫生活，事实上早在奥巴马竞选参议员时，米歇尔已十分反对，常在竞选活动时致电丈夫，要他买牛奶、鸡蛋回家。而当2008年奥巴马当选总统时，米歇尔也曾向朋友表示迷惘，表示与两个女儿继续在芝加哥多住六个月，只是偶尔到华盛顿履行职务……

　　朋友，读完这则新闻你有何感触？连最能干、世界上几乎最有权势、最善于与人打交道的美国总统都会碰到如此复杂难处的人际关系，更不要说我们普通人了！

　　因此我深信，探讨复杂的人际关系，尤其探讨其与我们"习惯"两字的关系，一定是你倍感兴趣的。

　　那人际关系与我们的"习惯"究竟是一种什么关系呢？

　　为了回答这个问题，让我先从一件颇令我惊愕的往事说起。

一件使我颇为惊愕的往事

　　朋友，你还记得吗？我第一次认识我前面已谈及的长江大侠吕紫剑寿仙，是在2005年大连第二届国际老年用品博览会上。而我现在要给你说的这件往事，就发在那一次。

在那次博览会上，安排了两场健康专题报告，地点在大连星海广场有名的国际会议报告厅。两位主讲人一位是我，一位是比我年长十多岁的我国某著名健康教育专家；我们同行还有不少人。

我们一行下飞机到了下榻的宾馆，众人就围着领队，领取各自房间的钥匙。

没想到那次安排房间时，不是寻常的一人一间，而是两人一间；正巧，是把我与那位著名专家安排在一屋。

我听到后心中不禁暗喜，因为我久仰他大名，这是一次多好的相识、学习、请教机会啊！

不料我正在暗自高兴，突然听到人群中传出一声怒喝——"岂有此理，怎么这样安排，还从来没碰到过？！"我一看，怒喝者正是那位老专家，他一脸怒气，似乎怒不可遏。

全场人个个都惊愕不已！我自然也不胜惊愕。为什么？其一，这类事毕竟罕见；其二，正好是将我安排与他同屋。

那此事最后结果如何呢？

最后结果由于已无法临时调整，只能如此；第二天的报告，也一切如常。

那我俩呢？

相安无事，那次他还赠我书一本，并热情地给我签上了大名，我至今珍藏着。

如今，十多年过去了，但当时那位老专家的怒不可遏和众人们的一脸惊愕，仿佛至今犹在我眼前。

那朋友，你知道我为何此刻又想起了此事、又要旧事重提呢？

因为许多年过去了，当我越来越深入"习惯"这个殿堂和迷宫，我对这位老专家当年的失态似乎变得越来越能理解和接受了。

为什么？

首先你看，作为一位德高望重的老专家，被邀请到一座大城市做一场隆重报告，又是政府邀请，当晚他可能还要进一步润色明天的讲稿，还希望能有足够的睡眠来作第二天大型演讲的体力储备……朋友，据此种种，政府主办方为其安排一个单间，是不是再正常不过了？而对于他，这是不是早已习以为常的事？

但现在，情况突然变了，他必须两人同屋，这是不是与他"习以为常"的"习惯"发生了冲突？

此外，两人一间，对于他究竟意味着什么呢？

这就意味着那晚很可能有二个一切迥异的陌生老人同处一屋——一个也许是早睡早起型的，一个也许是晚睡晚起型的；一个也许是安安静静喜好读书型的，一个也许是吞云吐雾好侃大山型的；一个也许是辗转反侧有严重睡眠障碍型的，一个也许是鼾声如雷一躺下又打嗝又排气型的；一个也许是台灯下还要为第二天那报告作最后冲刺型的，一个也许是拿着遥控器、坐在被窝里、午夜时分那一集"大尺度、颜值爆表"的电视连续剧他不看完决不会关灯睡觉型的……

朋友，如果我们那位老专家那晚正巧碰到这种情况，他该怎么办——是制止？争吵？愤怒？但这样有用吗？合适吗？对方会买账吗？更何况第二天还有一场如此重要的报告……

因此你看，在我们这位老专长失态的背后隐藏着的是什么？

隐藏的不就是各种各样的迥然不同吗？而在这迥然不同中，最主要的不就是我们人与人之间各种迥然不同的"习惯"吗？

人际冲突的背后，关键是"习惯"两字

朋友，人际冲突的背后，关键是"习惯"两字！从以上故事，你

感受到了这一点吗？

对此，你也许会说"许多时候，主要是利益冲突"。

是的，在许多情况下，确是利益冲突。但"利益冲突"的背后又是什么呢？

让我们还是以刚才那位老专家的失态为例。那老专家之所以失态，表面上当然是利益的冲突——"我在那里专心看稿，你却把电视声开得那么大？"但这利益冲突的背后是什么？主要不就是各自不同的"习惯"所致吗？

而对此，世界上无数婚姻的解体更能说明这一点。

你看，如果一对夫妇到法院去打离婚官司，法官最主要的判断标准是什么？

主要不是两人的利益冲突已到了何种程度，而是"感情是不是已经破裂"。

那感情为什么会"破裂"呢？

原因很多，但绝大部分是"性格不合"。

那"性格不合"的背后又是什么呢？

这背后主要不就是因各自出身不同、性别不同、种族不同、环境不同、教育程度不同、文化背景不同、宗教信仰不同等所形成的不同的生活习惯、行为习惯、思维习惯、价值判断习惯等，即"性相近，习相远"吗？

那你想，面对同一件事，由于两人种种习惯的不同，就很容易导致具体想法、具体做法的不同；这些具体想法、具体做法的不同由于习惯的顽强力量，双方都难以改变，自然就极易发生冲突；而发生冲突后，双方又互不相让，固执己见，这冲突自然就一步步升级；一步步升级的结果，这婚姻自然就很容易解体和消亡……

而朋友，为了让你更清楚、更深刻地理解这一点，你不妨再听我讲一个真实案例。

事情是这样。我们小区有一户家境很殷实的人家，住房当然也很宽敞。儿子发达了以后当然想让乡下的母亲也享享福，于是就把母亲接到了家中。

没想到母亲住了不久，就无论如何也要走，怎么劝也不行。

那他儿子好端端一番孝心，怎么会落得这样一个结果呢？最后一了解，原来这症结、这导火线竟出在上洗手间这件可以说是芝麻大的小事上。

你想，这老太太来自乡下，那她在家里解完手以后通常会怎么样？肯定是一完事就走，不存在冲水不冲水的问题；这对于她而言，是不是自幼到老、天经地义，是再自然不过的事情了。

但现在是进了城，住进了高档住宅，她解完手后再一完事就走，是不是就很容易弄出问题？

这问题当然不是出在他儿子身上，而是出在她媳妇身上。儿子对妈，当然怎么着都好说，都能理解，但媳妇就不行了；俗话说"自古婆媳是天敌"，此话虽不能这么说，但道理还是有几分的；因为据《健康时报》披露："德国人2001年研究发现，对德国青年而言，婆媳关系是所有亲密关系中最差的；美国2004年的研究结果显示也一样。"

那面对这种状况，老太太城里的洋媳妇会怎么样呢？当然难免会说几句，这也无可非议。

但如此一个上了年纪的老太太，这老习惯能轻易改吗？当然很难，再加上老年人记性本来就差。于是婆媳间由此就开始了一次又一次的不舒服、不愉快；而这一次次不舒服、不愉快的结果，相互的冲突、对立、甚至敌意自然就急速上升，以至终于到了老太太非走不可的那一天！

朋友，从这真实的案例你看到什么？不再清楚不过地看到了人际冲突背后所隐藏的"习惯"两字吗？！你想，要改变一种旧习惯容易吗？当然太难了！而相互都难、都不想改、都想让对方改，如此一来，人际关系、甚至大到国与国之间的关系相处容易吗？当然就太难了、太难了！

4 习惯决定人际关系

朋友，以上我花了如此多笔墨，是在干什么？是不是像医生似的在对一种疑难杂症进行认真、仔细地诊断？因为只有作了最准确的诊断，我们才能进行最科学、最有效的治疗。

那对于如此复杂的人际关系，我们诊断出的主要问题、主要症结在哪里呢？

这结论是不是再肯定不过了？——这主因、这主要症结就出在"习惯"两字上。

那清楚了主因、清楚了主要症结所在，我们该如何去治疗呢？

我们当然应在"习惯"两字上下大功夫，这也就是我们本章所提出的又一个重要理念——"习惯决定人际关系"！

那这是什么含义呢？

这是说，"习惯"是涉及人际关系诸多因素中一个几乎最重要、最关键的要素。正因为此，为了化解我们的各种人际冲突，为了提升我们的各种人际关系，为了使我们每一个家庭更幸福、更美满，为了使我们整个国家、整个民族、甚至整个世界更和谐、更文明，我们也必须狠抓"习惯"两字！

而让我们一起来想一想吧，如果"您好""谢谢""对不起""没关系"都成了我们所有人的习惯，那我们的人文环境将是一种什么状态？如果"尊老爱幼""宽容大度""互敬互爱""互谅互解"都成了我们所有家庭的习惯，那我们每个家庭将是一种什么状态？如果"满腔热情""笑口常开""公正廉洁""爱民如子"都成了我们所有官员的习惯，那我们的各级政府将是一种什么状态？如果"不随地吐痰""不乱窜马路""不大声喧哗""不扎堆拥挤"都成了我们所有国民的习惯，那我们中华民族整体的国民素质、文明水准在世人眼里又将是一种什么状态？……

而谈到这里，朋友，你是不是自然而然脑海中会联想到一个字、心中会想到一个字。

那这个字是什么呢？

是——

德！

朋友，我们常说"以德以本""德才兼备""德艺双馨""德高望重""德、智、体全面发展"……可见这"德"对我们人生、对我们这世界是何等重要啊！但请你仔细想一想，所谓"德"，其核心不就是指要处理好我们人与人、人与社会、人与世界的各种关系吗？不就是指其中的种种原则、方法、奥妙吗？那朋友，这些原则、方法、奥妙离得开"习惯"两字吗？可以说一定离不开！如果离开了"习惯"两字，所有这些原则、方法、奥妙，一定只是一句空话；所谓的"德"也一定只是一句空话，你说对吗？

因此，我们本章虽然所谈的核心是人际关系，但其本质也是在谈"德"、在谈"德育"；而且这种"德"不是临近"底线"的"德"，而是一种高境界的"德"，脱离了低级趣味的"德"，对我们这人生、这世界更有价值的"德"！

而以上种种，便是我心中的"习惯决定人际关系"！

卡耐基20个提升人际关系的经典妙方

朋友，如果你此刻也能认同"习惯决定人际关系"的理念，那请允许我给你介绍一位全球公认的人际关系大师戴尔·卡耐基。他是美国现代成人教育之父，西方现代人际关系教育的奠基人，被誉为是20世纪最伟大的心灵导师和成功学大师；他的《人性的弱点》等书，是继《圣经》后全球第二大畅销书；而以下20个提升人际关系的经典妙方是我从他的书中为你精心萃取出来的，望你一定视为你处理人际关系的珍宝——

一、微笑——世上每一个男人最喜欢的，不是女人身上华贵绚丽的服饰，而是女人脸上柔美甜蜜的微笑；微笑像穿过乌云的太阳，能给所有人带来温暖。

二、善于记住别人的名字——对每个人来说，名字是他所有语言中最甜蜜、最悦耳、最动听的声音。

三、尊重你所遇到的每一个人——人类天性中最深切的渴望，是"做一个重要人物的欲望"。

四、真诚地赞美和欣赏——还没有发现任何伟人不是在被赞赏时干得比平时更出色；伟人尚且如此，更何况我们普通人。

五、不要自己总在那里喋喋不休——许多口才极佳的人，在通常情况下，往往是一位极好的听众。

六、尽可能避免争论——让自己的朋友、情人、丈夫、太太在争论中胜过自己，这是世上许多聪明人的处世妙招。

七、不要轻易当面批评、指责或抱怨——当面批评、指责和抱怨，只会引起对方强烈的反抗。

八、绝对绝对不可以唠叨——魔鬼为了破坏爱情而发明的一定会成功而恶毒的办法中，唠叨是最厉害的了；它给生活带来的，只能是悲剧。

九、尽量多谈别人感兴趣的——一个对别人真心感兴趣的人在两个月内所交的朋友，往往比一个只对自己感兴趣的人两年所交的朋友还多。

十、要改变别人，就要挑起对方高贵的动机——人们做事，通常有两种原因：一种是真正的原因；一种是听起来很美妙、很动听、很高贵的原因。

十一、从称赞和感激着手，这是改变一个人又不伤其感情的绝妙方法——一滴蜜比一滴苦胆，一定能捕捉到更多的苍蝇。

十二、批评他人前，最好先谈自己的缺点和错误——如果能这样，你的批评声听起来一定不会那么刺耳。

十三、善于设身处地站在别人的角度思考，你就常会有幡然醒悟之感——这是理解他人、减少摩擦、增进人际和谐的灵丹妙药。

十四、对别人的想法表示理解和同情——小孩急于展示自己的伤口，甚至不惜把伤口弄得更大；女人们反反复复地讲述自己各种不幸的细节，其本质都是为了博得同情。

十五、让工作兴奋、有趣、刺激、具有挑战性——这是世上顶级管理者们激励员工的几乎最巧妙法宝。

十六、殷勤有礼地对待你的丈夫——这是每个聪明女人的惯常做法；而如果你泼辣，会吓跑任何男人。

十七、不要试图用你的标准来改造你的伴侣——其结果，常常会使本该幸福、美满的家庭生活与你渐行渐远。

全球公认的人际关系大师

十八、善待自己的仇人——诅咒你的，要为他祝福；凌辱你的，要为他祷告；如果你试图报复，最后真真被伤害的，往往是你自己。

十九、设法给人戴一顶高帽子——"汤姆，我知道你是天生的领袖人物；今年，我就要靠你把这个班带成四年级最好的一个班了。"没想到一位天才班主任的一顶高帽，竟巧妙地改变了那个年方9岁的全校最出名的"坏孩子"，并引导他从此走上了一条充满希望和憧憬的人生之路。

二十、大多数男人并不知晓，爱的销蚀，尽是在小小的地方——兴致勃勃地专注于小事，这是世上几乎所有女人们的天性；女人们最在乎的是一声赞美、一朵玫瑰和一句发自你真心的"谢谢"；而非男人们心中所谓的国家、社稷和惊天伟业；因为事情越小，越表示你心中始终有"她"。

朋友，以上就是我精心为你萃取的卡耐基提升人际关系的二十个经典妙方，你看完有何感觉？以我们《习惯学》的眼光去看，这一切不全是一个又一个提升人际关系绝妙的、极具智慧的"习惯"吗？

"当要争论时，立即'咬住你的舌头'"

朋友，当我二十多年前通读了卡耐基的有关经典，当我知晓了一个又一个如此智慧的处理人际关系妙方，尤其当我知道了"习惯"那神奇而伟大的力量后，我就真的开始了我的践行。没想到践行的结果，在人际关系的处理上我似乎也大有长进，以至这二十年来我记忆中好像从未与任何人发生过激烈的冲突。朋友，这应该是一个很不错的记录吧？

而对此，容我以"当要争论时，立即'咬住你的舌头'"习惯为例，来加以说明。

朋友，不知你有没有发现，世上最恩爱的是夫妻，但世上最容易发生摩擦的也是夫妻？为什么？因为夫妻天天生活在一起，有多少事要共同面对啊！但由于个性、性别等不同，对同一件事的想法、做法，往往是不同的。就说到商场购物，女人喜欢优哉游哉，男人喜欢直奔主题；女人喜欢讨价还价，男人喜欢速战速决；女人喜欢吹毛求疵，男人喜欢一见倾心……试想，到商场购物这一件事就有如此多不同，那夫妻天天相处，将碰到多少不同啊！

那天天会碰到如此多的不同，怎么办呢？

通常的办法自然是"争论"。

因此时不时地"争论"，一定是世上几乎所有家庭的常态，我家也不例外。我和我爱人关系当然不错，结婚那么多年来从未发生过真正意义上的争吵。但争吵是没有，"争论"却难免；而一"争论"，心里自然会很别扭，当然也容易升级，因此我很想去解决这个问题。

而在此过程中我发现，要尽量避免争论，应养成一个习惯———一

世上最恩爱的是夫妻，最容易发生摩擦的也是夫妻

旦要争论时，应在第一时间"嘎"地一声把自己的舌头咬住；这犹如着火时，火苗刚起，就一盆水泼过去，那一定极为有效。

哪想到这习惯真正要去养成，却艰难万分。为什么？因为对我们这样的书生而言，从小到大，不知经过了多少道有关"错""对"的考题那严格筛选才有今天的，因此当夫妻间出现了分歧，就很容易认为自己一定是对的，对方一定是错的，于是"好辩"就仿佛成了我们的"天性"；正因为此，我爱人对我的评价是——"你是当律师最好的材料！"

朋友，当你知道了以上实情，你就知道为了养成这"咬住舌头"的习惯，对我而言开始时是何等艰难——你说，从我内心深处而言，明明对的是我，明明错的是你，明明真理在我手中，但现在我偏偏要低下头、要一声不吭、要"咬住舌头"，那谈何容易，是不是简直要把自己的舌头"咬"出血来？！

但尽管如此，我还是试着一次次去咬。因为我深知这"好辩"所带来的恶果，深知通常的"高智商、低情商"往往就表现在这里，更深知"习惯仿佛像一根缆绳，只要你每天缠上新的一股，要不了多久，它就会变得牢不可破"这一条颠扑不破的真理！

而没想到，就在我一次次努力中、一次次坚持中，很奇妙，这"立即咬住舌头"对我而言，慢慢变得越来越轻松了；而到后来，变得仿佛再自然不过了。因为当我内心一旦有争辩的苗头，我就会立即"嘎"的一声，很轻松地咬住这舌头，那随后的一切岂不就自然被我消灭在无形之中？试想，一个原本"当律师最好材料"的人，如今变成了这般模样，那我对自己情绪的驾驭能力，岂不自然就大大提升了一步？而我之人际关系岂不自然就更上了一层楼？！

……

朋友，以上便是我要赠送给你的提升人际关系的一大妙招——"当要争论时，立即'咬住你的舌头'"！后来我发现，世界上许多名人的婚姻保鲜法，用的也都是此类妙招。比如大名鼎鼎的林语堂便是这样，他用的妙方是——与夫人争论时，少说一句比多说一句强；能一句不说，结果会最好！

"行有不得，反求诸己"

朋友，我上面给你介绍了一个处理好人际关系的妙招，下面我还要给你介绍一个——

"行有不得，反求诸己。"

这可是孟子的一句名言，其对我们处理好人际关系可以说极为关键。

那何谓"行有不得，反求诸己"呢？

其显然是指，如果你的所行、所为，没有得到相应的结果，那你不要一味去怨天尤人，而应进行自我反省，从改变自身着手，去找出解决问题的方法和策略。

朋友，这有多智慧啊！

为什么？

因为出了问题、有了麻烦向外求，也就是要去改变别人，谈何容易？但向内求，也就是通过改变自己使问题向良性的方向发展，那岂不容易得多？而对此，我前年秋天遇到的一件事就能充分印证这一点。

事情是这样。在我们小区，一楼的住户家家都有一个不小的院子，院子里当然种有各种果树。因此每当春天，我们小区里简直是桃李芬芳、姹紫嫣红、美不胜收，以至还常常会招引不少外人特地前来观赏。

但每当秋天，我们小区的不少人却会怨声载道。为什么？就以我

与佩斯在我们小区

家楼下为例,你就很清楚了。

我家楼下院里种着一棵很大的柿子树。那树上粗壮的枝杈,仿佛旁若无人似地向院外肆意地伸展着、舒展着;那你想,这一秋天,从那树上该掉下多少黄黄的、一摊摊熟透的烂柿子啊!

朋友,在本该色彩斑斓、心旷神怡的金秋,但每当你推开楼门,眼前是一地烂果,你将是何心情?按说这是小区物业应解决的,但我多次去电,却只有局部改进。因为在相应责任人眼中,似乎楼前马路才属于其本职范围,而从楼门口到马路这一小段盲道,则非其本职;但实际那烂果掉得最厉害的,恰在这盲道上。那你想,这熟透的烂柿子掉在那上面,黄黄的、一摊摊的,时间一长,又有苍蝇飞、又有蚂蚁爬,那成何体统?

就这样,前年那秋天,我家楼门口我几乎是天天熬着经过的。我与物业不知交涉了多少回,但始终未能根本解决问题;与楼下邻居交涉,他们虽然也感到很有歉意,但这责任显然不归他们。所幸的是这年冬,他家通过物业把那树认真修剪了一番;但实话说,修得并不彻底。

而这并不彻底的结果是到了去年秋,这类似的情形又开始了,但比前年显然要好。可我每次出门见了地上那几个无人问津的烂果，心里依旧有说不出的滋味。

而恰在此时，我偶尔见到了孟子这"行有不得，反求诸己"。而一联想自己，我仿佛一下子开了窍似地！是啊，对于那一摊摊黄灿灿的烂柿子，你向外求，把责任归于别人，结果你去年不几乎生了一秋天气吗？那既然如此，你为何不向内求，把责任归于自己呢？

就这样，对于这"行有不得，反求诸己"，我越想越有道理，越想越有道理。于是当有一天我推门出去，眼前又见到几个烂柿子时，我终于下决心把自己的手伸进了我的左口袋里，因为那里就装有我天天捡我们家小欢欢便便的卫生纸和小塑料袋……

朋友，那天，当我低下头、弯下腰，做完这一切再起步时，我心里仿佛感到有一种从未有过的舒爽！

而从那以后，很奇妙，每当我推开楼门，我心情完全变了——我似乎总盼着能再见到几个刚掉下的烂果，好让我过过这瘾、当当这"活雷锋"；只可惜由于那年冬天的修剪，所掉下的并不很多，因此我也未能尽情地享受到这一过程。

朋友，以上就是在我身上所感受到的最真实的人生体验。而从马云的一次演讲中我清楚，实际全世界那些最成功的人之所以如此成功，其诀窍之一，便是这"行有不得，反求诸己"！

"你想钓鱼，就要问问：'鱼想吃什么？'"

朋友，我上面与你谈了"行由不得，反求诸己"，也就是我们碰到问题，不要总把责任推给对方，而应从自己身上找出破解之道。

但这并不等于说，我们只能改变自己，而不能去改变别人；因为在许多情况下，改变别人是应该的、甚至是必须的。

那我们怎样才能卓有成效地去改变别人呢？据说世界上有两件事最难——一是把别人的钱装到自己的口袋里；二是把自己的思想装进别人的脑袋里。

而对此，卡耐基的诀窍之一，便是"你想钓鱼，就要问问：'鱼想吃什么？'"。因为卡耐基自己就是一个钓鱼的高手；他每次去钓鱼，鱼钩上总挂着鱼最爱吃的小虫或蚂蚱，而不是挂着他自己平日里最喜欢吃的草莓和奶酪。

但我们许多人却不谙此理。卡耐基说这些人中还包括美国大名鼎鼎的爱默生——

"一天，爱默生和他的儿子要把一只小牛赶进牛棚。但他们却犯了一个一般人很容易犯的错误——只想到他们自己想要的，而丝毫也没有想到那小牛想要的！结果，爱默生在后面死劲推，他儿子在前面拼命拉，但那只小牛就是蹬紧双腿，顽固地不肯挪动哪怕半步。

而此时在一旁的爱尔兰女仆看到了他们的困境，也看出了问题的所在——尽管她不像爱默生那样，会著书立说，著作等身；但，至少这一次，他比爱默生父子俩更有知识——因为她想到的，是那只小牛心里想要的。于是她走上前，把她的拇指放入小牛口中，让那小牛吮着，便轻而易举地把那小牛引进了牛棚。"

朋友，由这故事你有何感慨？你想改变别人，千万别总想着你要什么，而要想着对方想要什么？为此我们的戴尔·卡耐基又为我们举了一则故事，他说——

"安德鲁·卡耐基，这个当年贫穷如洗的孩子，开始工作时每小时的工资只有两分钱,但他最后却捐赠给这世界三亿六千万美元。他只上过四年小学,却十二分懂得如何为人处世的奥秘——

一次,他的嫂子为她两个小孩担忧得生起病来。他们就读于耶鲁大学,为自己的事,他们忙得没时间写信回家,一点也不理会他们母亲写去的焦急信件。

于是安德鲁·卡耐基向嫂子打赌一百元钱,说他虽然不要求那两个侄子回信,但肯定可以获得回音——他写了一封闲聊信给他们,信后附带说,他随信各送给他们五块钱美金——当然,他实际并没有把钱附上。

回信很快就来了,信中说,'谢谢亲爱的安德鲁叔叔'——但里面最关键的内容是什么,你是不是一猜就猜中了?!"

因此朋友,你要想改变别人,就应经常问问自己,对方此时最需要什么?最关心什么?最感兴趣什么?而不是你自己的所思、所想、所好、所要,你说对吗?这也就是卡耐基所说的——

"要想钓鱼,就要问:'鱼想吃什么?'"

当然,这里极为核心的一条是,你要把以上思维方式训练为你的思维习惯;否则,再好、再妙、再实用、再经典的东西对于你,岂不也只是过眼云烟?

9 "男人来自火星,女人来自金星"

朋友,当我用各种例证来阐述我之"习惯决定人际关系"后,我为何还要加上这最后一节——"男人来自火星,女人来自金星"呢?

这里原因有二——

一是根据"性相近，习相远"，我们整部《习惯学》都围绕着"习惯"，即我们性格中最主要的后天部分在谈，这应该是没有错的；但我们也不能因此而忽略了我们性格中那先天的差异。试想，如果姚明的父母当初执意要将姚明培养成喜剧演员，而潘长江的父母当初执意要将潘长江培养成篮球运动员，那结果如何，是不是可想而知？

二是我们本章所涉及的核心是人际关系。而人际关系中男女关系、夫妻关系显然是重中之重。而我发现夫妻关系中，许多冲突是源于男女先天就存在的显著差异，因此了解这种差异，无论对男人、女人都极为重要。

那男女先天有哪些显著的差异呢？

容我略举数例——

我认为就保养而言，女性大大优于男性。因此古今中外，都是女性平均寿命长、男性平均寿命短。

而就时间概念而言，男性往往要优于女性。谈恋爱约会，姗姗来迟的往往是女性；因此这"姗"字的一旁是一个"女"，足见这"姗姗来迟"一定是属于女性的专利。

而就记忆力而言，似乎女性会优于男性。因为听女性讲一件事，几乎个个都会讲得绘声绘色，活灵活现；但同样一件事，一到了我们男人嘴上，也许就只剩下一副可怜的骨架了。

但就方向感而言，男性通常会优于女性。记得有一次于丹和鲁豫在电视上PK，一个得意于如果她开车，很可能本该到大兴，结果开到了密云；而另一个则更得意，说如果换了我，很可能本该到大连，结果开到了郑州。因此我估计，于丹和鲁豫的车上，早就装备有GPS导航仪。

而你知道吗？根据科学家深入研究，女性属食草动物，渴望群居，每天要吐露两万字的心声，心中才能感到舒畅；而男性则属食肉动物，喜欢独处，每天只需挤出七千字，就已十分满足。也许正因为此，如今马化腾最受女性们青睐，因为微信满足了她们渴望群居、渴望交流、渴望吐露心声的自然天性……

朋友，关于男女的此类差异是不是太多了、太多了那我为何要给你谈这些呢？

因为当你知道了这些后，你在男女相处、夫妻相处时，就不会经常大惊小怪——"怎么会是这样？！"不仅如此，甚至你还可以看成这是上天的一种绝妙安排。

而实际情况难道不正如是如此吗？

你看，在一个家庭中，如果男人是"发动机"，那女人便是"刹车"；否则，只有"发动机"而没有"刹车"，这家将多危险啊！而如果男人是"钢筋、石子"，那女人便是"水和砂子"，否则，如果只有"钢筋、石子"，那你这个小家怎么能像混凝土一样坚实耐久呢？据说女人有宽大的盆骨，是为了让女人能坐得住，好在家缝缝补补，当好贤内助；而男人盆骨窄小，是为了让男人坐不住，好到外面去周游世界，闯荡江湖。

……

朋友，现在你能理解这"男人来自火星，女人来自金星"了吧？那理解后怎么办呢？你就应去养成一个个相应的好习惯，以相互尊重和理解；而由此你这人际关系中最重要的一环岂不就会大大提升，你在这世上岂不就会生活得越来越幸福、越来越温馨、越来越美满？

而以上种种，便是我本章要给你讲的——

"习惯决定人际关系"！

第八章
"习惯"与"学习"
——习惯决定学习

朋友，讨论了习惯与以上种种的关系后，我们现在就要讨论习惯与我们亿万青少年、尤其是我们亿万家长们几乎最关心的"学习"两字了。

是啊，"学习"如今在我们亿万家长们心中的地位，是不是太高了，太高了！因为你只要看一看当今早已离了谱的学区房房价，是不是对此就了解得一清二楚了？

那关于孩子的学习，我们主要应向外求还是向内求呢？也就是主要应不惜一切代价地去找名校、投名师呢，还是应千方百计提升他们"自身巨大的学习潜能"呢？

我认为这答案是肯定的！这犹如我们如今的脱贫，主要肯定不能靠向外求，而要靠向内求，即把自身巨大的发展潜能提升起来。

那我们孩子们这种"自身巨大的学习潜能"应如何去卓有成效地提升呢？

对此我要给你谈一个你也许难以接受、但听后一定会颇受启发的最新理念，希望你也能认同。

那我这一最新理念是什么呢？

是——

知识也要熟练到成为习惯，你在学习上才能游刃有余、出类拔萃！

1

知识也要熟练到成为习惯

朋友，一听到这句话，你很可能会惊呼——知识怎么也挂上了习惯、怎么也要成为习惯呢？这不是有些荒唐吗？！

但你莫慌，且请我细加分析。

你看，在我们如今这弊端重重的应试教育制度下，争取高分是不是所有学生、家长、甚至所有教师们几乎最关注的？这是不是个不争的事实？

我们且先不论这里的是非曲直，而来探讨什么样的学生既能考出高分、又能把书读得既高效又轻松。

我认为一定是那种将知识熟练到成了习惯的学生。

为什么？

我们假设一个学生进入了考场，见到的是一份考乘法口诀的试卷。

那什么样的学生会考高分呢？

一定是拿起试卷几乎想都不想，就能飞快答出"二二得四""三三得九""四四十六""五五二十五""六六三十六""七七四十九"的同学。

那这是什么含义呢？

这是说，这样的同学通过反复的、足够的练习，早已将这些知识熟练到化成了自己习惯，以至一见到相应试题，他就会条件反射似地飞快答出。我似乎觉得我们清华、北大的同学绝大部分应是这样的学生。

那如若不是这样，而是拿到"二二得几""三三得几""四四得几"的试卷后，每道题都要在脑子里想一会才能答出、甚至想半天才能答出，我们可以预知，这样的学生要考高分一定很难。

那假如他怎么想也想不出来的呢？那一定是考低分、考鸭蛋的学生。

朋友，如果我以上并没有说错，那这是不是很典型地印证了我之最新理念——"知识也要熟练到成为习惯"？

而朋友，当我们清楚了这一点，还有一个巨大的益处，它可以把我们的青少年从题海战术中解救出来。

为什么？

因为所谓的题海战术，是指每当中考了、高考了，我们不少同学会盲目地大量做题。比如数学，已经做了一千道题，但生怕熟练程度不够，为保险起见再来一千道，再来一千道……

朋友，用我们"知识也要熟练到成为习惯"的眼光来看，这样做有些傻、起码是不够聪明。为什么？因为我们完全可以依照如下模式，既高效又轻松地去做——

你看，做了一千道题后，当你发现其中九百道已熟练到成了习惯似的条件反射，而还有一百道较生疏，那怎么办呢？你就可以把重点放在这一百道身上。

当通过反复训练，那一百道中又有九十道已熟练到了那种程度，那你就只盯住余下十道；余下十道中又有九道如此，那你就只盯住最后一道……

朋友，你看，当我们用习惯的眼光来看待我们所学的知识，这仿佛使我们心中有了一根标杆——知识也应熟练到成为"习惯"！而有了这根标杆，你就既能考出高分，又能从题海战术上突围出来，这对我们青少年身心的全面发展该有多大的帮助啊！

有关"习惯决定学习"的充分理由

朋友，从我以上"知识也要熟练到成为习惯"的最新理念，你一定已经看到了习惯与学习那须臾难离的鱼水关系。

而我进一步要阐述的，当然就是"习惯决定学习"这一重要理念了。而对此，我的理由似乎再充分不过了。

首先让我们来看"学习"两个字是怎么组成的？

你看，这"学习"里不是有两个字，一个是"学"，一个是"习"吗？"学"显然是指我们要"学"的所有东西；那"习"呢？我们在前面不早就研讨过了吗，这"习"，其本质就是"习惯"之意！试想，就我们教育"德、智、体"三大支柱而言，这里哪一条能离得开"习惯"呢？我们的"德育"能离得开"习惯"吗？我们的"智育"能离得开"习惯"吗？我们的"体育"能离得开"习惯"吗？可以说一定不能！如若离开了"习惯"，我们的"德育"就一定只是一种空洞说教；我们的"智育"就一定只是一种海市蜃楼；我们的"体育"就一定只是一种花拳绣腿，你说对吗？

朋友，也许正因为此，诚如我在《序言》中所述，我国养成教育泰斗关鸿羽教授早就发表专著——《教育就是培养习惯》；我国当代著名教育家孙云晓也发表专著——《教育就是培养好习惯》；被我国教育界誉为"用脚做学问"的我国新时期养成教育理论实践体系创建者林格也发表专著——《教育就是培养习惯》；而我国现代著名作家、教育家叶圣陶先生则干脆说——"教育是什么？往简单方面说，只须一句话，就是'培养良好的习惯！'"

朋友，既然有那么多教育家公认——"教育就是培养习惯"，那作为我们整个教育中心环节的"学习"，作为我们每个青少年付出心血最多的"学习"，我们说"习惯决定学习"是不是不仅没有说错，而且还言之凿凿？

而对此，从两位母亲的深深感慨，我们也可以进一步得到印证。

一位是十多年前曾精心培育出了一位哈佛女孩的成都母亲，这在当年的我国当然还极为罕见。这位母亲在她一本畅销书中这样写道——

"对智力正常的孩子来说，一年级的功课并不难，难的是一开始养成好的习惯……遗憾的是，书店里教孩子们如何解题作文的书籍堆成了山，却没有看到一本指导家长培养学习习惯的书！……"

朋友，这位一手把自己孩子送进了哈佛的母亲，竟如此渴望一本有关"学习习惯的书"，足见培养良好的学习习惯在她眼里已到了何等举足轻重的地步！

另一位是今年女儿俞笑以700分摘得北京高考文科"桂冠"的北京母亲。这位母亲对《北京青年报》记者李梦婷、林艳、郝羿等坦言说——

"对孩子的小学和初中，我们并没有刻意择校（俞笑小学上的是北京最普通的房山北潞园小学），都抱着顺其自然的态度；重要的是要让孩子从小学开始，就养成良好的学习习惯。"

朋友，你没有想到吧，这位身处京城的母亲与成都母亲一样，也不约而同地把目光锁定在了"学习习惯"这四个字上！

那这究竟是为什么呢？

因为在这两位最典型的"学霸"母亲看来，自己孩子学习成绩的好坏，起根本作用的一定是"学习习惯"这四个字；抓住了这四个字——也就是把各种最优秀的学习态度、学习方法、学习技能等培养成自己孩子的习惯，就等于牵牛牵住了牛鼻子，施肥施在了根上！朋友，你何时见到过牧童牵牛牵在了牛脚上、牛手上，农夫施肥施在了树枝上、树叶上？如果是这样，岂不成了天方夜谭？

……

朋友，综上所述，我之关于"习惯决定学习"的理念，其依据是不是太充分、太充分了！

3 大幅提升学习成绩的"七大'学习习惯'"

朋友,"习惯"对于"学习"起着决定性的作用,那对于我们每个青少年如此重要的"学习",我们究竟应养成那些好习惯呢?

对此,我当然也有些发言权。因为我年轻时毕竟考上几乎人人向往的清华;不仅如此,我这一生几乎都浸润在清华园、燕园的琅琅书声中(我曾在北大旁听过五年各种人文课程,实际清华、北大仅一墙之隔),四周接触的几乎全是各种或大或小的状元和"学霸"们;此外,作为曾经的《清华校友通讯》记者,我还曾亲自访问过我校几位状元,并将有关文章发表在了当年的《人民日报》和《中国青年报》上。有鉴于此,在如今五花八门、眼花缭乱的各种学习习惯中,我为你精心总结提炼出以下"七大'学习习惯'",供你参考。

当然,这"七大'学习习惯'"一定难以囊括所有优秀的学习习惯,也不能保证你由此一定能考上自己心仪的名校;因为最终决定你学习成绩的一定是多种因素的综合,比如你所处的环境、你先天的智商等。但我坚信,你最应去把握、关注的,是你后天的努力、是如何去千方百计挖掘你自身潜在的巨大学习潜能。而正是在这一点上,我们这七大学习习惯可以大有可为、可以为大幅度提升你的学习成绩助上一臂之力。

那我为你精心总结提练出的是哪"七大'学习习惯'"呢?你也许好奇。

这"七大'学习习惯'"是——

好学不倦

管好时间

专心致志

备错题本

巧于记忆

善于归纳

认真第一，聪明第二

下面，请允许我一一与你详加探讨。

4 好学不倦

朋友，在我为你精心总结提练出的这"七大'学习习惯'"中，打头阵的是"好学不倦"。理由很简单，通常学习好、考高分的往往都是"好学"的、而不是"厌学"的，这应是不争的事实。一次我与我清华的老同学聂孟喜聊天；他是我们清华教授、博士生导师。当年的他，是宁夏考进我们清华的仅两人之一，用现在的眼光看，他不是宁夏考我们清华的状元、便是榜眼。他告诉我说，他对自己高中时代印象最深的，是对学习充满了兴趣，说自己总是在那里兴致勃勃地找各种参考书、攻各种难题，像着了迷一样，根本不用别人去督促。

而细细考察我们中华民族的"至圣先师"孔子，实际其本身就是一位"好学"的典范，请看——

"吾十有五而志于学"

"三人行必有我师"

"学而不厌，诲人不倦"

"知之者，不如好之者；好之者，不如乐之者"

"好仁不好学、其蔽也愚，好知不好学、其蔽也荡，好信不好学、其蔽也贼，好直不好学、其蔽也绞，好勇不好学、其蔽也乱，好刚不好学、其蔽也狂"。

那"好学"如此重要，我们如何才能真正做到这"好学"呢？

依我之见，你不妨将其看成一种"大习惯"，而为了让其落地生根，你还必须去养成若干相应的"小习惯"（这里"大""小"只是相对而言）——

一、好问

"好问"的人通常一定是"好学"的。为此对于你孩子提出的任何问题，都应以满腔热情予以鼓励，甚至还帮他从书上、网上千方百计寻找答案，而千万不能去打击他。据说犹太人之所以聪明，很重要一点是"好问"；孔子更教诲我们要"敏而好学，不耻下问"；记得当年我在北大旁听了五年课程，我每次都会边听边在笔记本左上方记下问题；中间一休息我就缠着老师问个不停，问到最后，问得我自己都不好意思了，因为老师好不容易才休息一会。而我如今古稀之年，依然会天天在百度上饶有兴致地寻这、问那，充满了乐趣。因此"好问"成习惯的人，一定是"好学"的；而所有"学问"，本质上都是问出来的，这才有了"学问"两字！

二、赞赏

在学习上，千万不要吝惜你的赞赏，应使其成为每一位做父母的常态和习惯。我出身贫寒，父母根本不可能辅导我任何功课；我童年唯一的记忆，是他们总在夸我；这里最经典的一夸是在抗美援朝时，那时我刚上小学。一次天下大雪，我父母就叫我别去上学了。但你知道当时才六七岁的我怎么回答？我说："难道志愿军叔叔大下雪了，就不上前线打仗了吗？"朋友，就这么个经典的小故事，后来我听我父母和我姐姐们不知说过多少遍，尤其是当着别人的面夸我，因此我至今记忆犹新。没想到就这么夸来夸去，最后竟把我这个乡下孩子夸到了清华。因此我深信，好学生一定是夸出来的，而不是骂出来的。可惜许多家长不明此理，让自己和孩子走了许多弯路，往往会教训沉痛。

三、学得少，习得多

学习上"学得少，习得多"也应成为一种习惯。人之所以"好学"，最重要的不是外因而是内因，是其在学习过程中所产生的成就感。而"学得少，习得多"，你所学的东西就很容易掌握，大脑就很容易因成就感而产生兴奋灶，也就很容易形成你学习上的良性循环。相反，如果学得太多，习得太少，那你学得一定极不稳固，拉下的一定会越来越多，这样就很容易产生学习上的恶性循环。

朋友，以上"好问""赞赏""学得少、习得多"，就是能助你养成"好学不倦"这个大习惯的几个颇为有效的小习惯，供你参考；你自己当然还可以多找几个类似的小习惯、小窍门加盟进来，使其成为你"好学不倦"的一个极妙的"习惯配方"。

5 管好时间

管好你的时间，一定是大幅提升你学习成绩的又一大习惯。前些日，我让我清华一位社会活动能力极强的学生宝莹然帮我推荐一位最让她佩服的"学霸"，没想到她一下子帮我推荐了两位——一对"清华学霸姐妹花"马冬晗、马冬昕。小宝说她们之所以让她从心底佩服，因为她们不仅是清华有名的"学霸"，而且文、体等各方面样样顶尖——她俩双双都是清华国旗仪仗队队员，又都是清华乒乓球队队员，姐姐马冬晗是精仪系历史上第一位女学生会主席，而妹妹马冬昕居然还当上了北京市海淀区第十五届人大代表。

那这对"学霸姐妹花"为何竟能如此出类拔萃呢？

姐姐马冬晗在一封信中自己总结为两点："一是有良好的学习

习惯，二是有坚忍不拔、奋勇拼搏的精神。"而据《中国青年报》报道，这对"清华学霸姐妹花"后来在网络上之所以会一夜暴红，关键是她们一张"最牛学习计划表"！

朋友，那这张"最牛学习计划表"是什么？不就是笔者此刻正在强调的"管好时间"这一大习惯吗？

因此朋友，"管好时间"，一定是大幅度提升你学习成绩的一大法宝，为此有以下几个小习惯可供你参考——

一、计划表

要管好你的时间，就应有计划，甚至要制定一份"计划表"。你看，以上我们清华学霸姐妹花的成功，很重要是不是就得益于她们那张"计划表"？而让我告诉你吧，我从1998年4月开始，就自创了一张类似的计划表——"月计划表"；这张"月计划表"近二十年来天天都软软地折叠在我的上衣口袋里，与我形影不离；需要时我会随时拿出来一展，一月的安排尽收眼底，用起来极为方便，我将其称为是我的"随身宝"。因此我强烈推荐你也能养成类似习惯，为自己精心设计这样一份"计划表"，这对管好你的时间一定大有裨益。

二、细密而周全

管好时间还有一个小习惯，要细密而周全，而不能粗疏。马冬晗、马冬昕这一对学霸姐妹花之暴红，大家惊叹她们的是那张"计划表"上"密密麻麻地写着从周一到周日各个时间段的安排"。这意味着她们把每天、每个时段的时间安排得既细密又周全；这比起粗疏，当然益处多多。你看，其一，这样肯定对时间很珍惜，不会去大把浪费；其二，肯定会考虑周全，使自己德、智、体等各方面能全面发展；其三，限时限点，做任何事效率就会极高；其四，随时转换主题，很容易不管做什么始终都能兴味盎然而没有枯燥感；其五如此安排，当然就不容易成为如今触目皆是的"低头一族"。

当然，有了这"细密而周全"，但有一条还请你注意——还要辅以"可行"和"弹性"。这道理很简单,如果你给自己制定了极为细密的时间管理表,但其中许多项执行起来是极勉强的,那长此以往,是不是就很容易放弃?因此这"可行"与否一定要细加推敲。此外,适当弹性也极为重要,因为"计划永远赶不上变化";否则,没有弹性,就很容易僵化,变成对自己的捆绑,那就很成问题了。

三、先苦而后甜

管好时间还应养成"先苦而后甜"的小习惯。这是什么意思呢?这是说每天的回家作业,先做完了再玩,而不是玩够了再做;每年寒暑假作业也是这样,先做完了再玩,而不是玩够了再做。试想,是"先苦后甜"好呢、还是"先甜后苦"好呢?一定是前者!为什么?就以我们人人喜欢的"玩"来说,究竟那种情况你玩得痛快、尽兴呢?一定是"先苦后甜"!否则你"玩"是不是也会玩得心里很不安稳、很不踏实!

6 专心致志

朋友,要大幅度提升你的学习成绩,"专心致志"务必也要成为你一大习惯。据说曾两次获得诺贝尔奖的居里夫人自小便是读书极专心的人。说有一次她读书时,顽皮的小伙伴们在她身后悄悄搭起了一张又一张凳子;这些凳子只要她稍一转身,便会轰然倒下;哪想到由于她过于专心,居然对这一切浑然不知!

而对此,我们清华不少高材生也是如此。

就以我的同班老同学高晋占为例吧,他当年可是我们清华典型的高材生。你看,他1964年刚进校,就被我们学校文艺社团相中,到了学校"民乐队";其后,他立刻又被我校体育代表队相中,上了"全能二队"；此外，那年十月我国第一颗原子弹爆炸，在中央电视台《伟大的胜利》播出的新闻中，一个几乎最显眼的镜头，就是他在我们清华园摇头晃脑吹唢呐的大特写。但你知道吗？就是这样一位高晋占，在我们尖子如林的清华，他第一学期期末的数学考试竟得了满分——一百分！

那就在我身旁的如此一位典型的清华高材生，在学习上他最重要的体验是什么呢？

多么暖人心脾的同窗情谊

没想到我打电话去一问，我这位古稀之年的老同学——现在当然已是清华退休的老教授，告诉我说："我读书时最大的特点，就是上课特别'专心'，而且这'专心'还是班里出了名的"。他说他上课时前排同学只要一回头，一定会看到我两眼瞪圆了盯着老师、盯着黑板。此外，如果这时有人给我在耳旁说什么，我根本就听不到，为什么？因为我的心全集中在了那听课上，其他就什么都听不见了。

朋友，听了以上故事你有何感受？这"专心致志"对学习是不是太关键、太关键了！而细想起来，上课"专心"的学生实际是最聪明、最占便宜的。你看，他上课专心，是不是课堂的知识就很容易掌握，那他完成作业是不是就很快？他很快完成作业，那他是不是会有很多时间去玩或做他的许多业余爱好？那相反呢？上课不专心，课上没听懂，本该半小时完成的作业，也许一拖就好几个小时，那他还有什么时间可玩呢？因此不专心的学生实际是最苦、最值得同情的，这里还没有加上家长整天骂、老师整天批！

朋友，听我以上这一分析，你现在清楚了培养"专心致志"这一大习惯的重要性了吧？那具体怎么办呢？——

一、预习

要专心听课，预习的习惯若能养成，一定大有帮助。因为一预习，你就可以带着问题听课；我相信一个带着问题听课的人，一定比不带问题听得更专心。那怎么预习呢？据有关专家研究，预习时间不必太长，每门课几分钟即可，知道个大概框架，找到问题点、难点就行，长了就会疲劳。

二、桌面整洁

桌面整洁，是指家长要尽可能让孩子养成做作业时桌面上整整齐齐、干干净净的习惯。试想，如果你孩子做作业时桌上堆的全是各种玩具、游戏机、《童话大王》，那他做作业能专心吗？而他做作业不专心当然就很容易把这种不专心带到课堂上。此外，做作业，你是可控的，就在你眼皮底下；可上课专心不专心，你是鞭长莫及、不可控的。那你究竟应抓你可控的还是不可控的呢？当然应抓可控的！

三、做作业计时

如果你能养成孩子"做作业计时"的习惯，对其专心也一定大有帮助。所谓"做作业计时"，是每天开始做作业时记一下，结尾也记一下，然后让他今天与昨天赛、这周与上周赛、这月与上月赛，我相信这一定既趣味无穷，又卓有成效。那这样的做作业计时每天要花多少时间呢？是不是连一分钟都不用？那你何乐不为呢？

朋友，以上就是有关"专心致志"我给你出的几招；当然你还可以在网上找，你一定能找到诸如"上课尽量坐前排"（这比坐后排完全不一样）、要养成踊跃举手的习惯（如不专心听课怎么敢踊跃举手）、玩一种专门计时的填数字游戏等。而在此我特别提醒你，如果你有学龄前儿童，争取让他在上小学前，务必早已养成了"专心致志"的学习习惯，这对他日后的学习一定有百利无一害，你相信吗？

备错题本

朋友，备错题本，可是我们清华、北大许多学霸、状元们夺冠的杀手锏；可惜我五十多年前读高中时对此一无所知，若知道了，说不定我当年也早就状元及第了。

那为什么这"错题本"对夺冠、对考高分如此重要呢？

对此我们只要细细一分析就清楚了。

实际细想来，我们读书为什么读不好，考分为什么考不高，往往就卡在几个有数的地方。这和一个城市的交通完全一样，问题不是出在所有地方，而是总卡在某几个地方。这些地方一卡，整个交通就瘫痪了。因此要读好书、能考高分，你就必须找出这些"坎"、打通这些"坎"。试想，当这些让你学习被动的"坎"、总能被你很快打通，那要学习好、读书好、考分高，对你而言还何难之有呢？

那这"错题本"具体如何做呢？我也试着给你介绍几招——

一、备本子

所谓"错题本"，当然要"备本子"。有了这本子，勤翻这本子，那对你该有多大帮助啊！实际所有错题不都是你常丢分的地方吗？而有了这"错题本"，你以后考试少丢5分，岂不等于增加了5分；少丢10分，岂不等于增加了10分；少丢50分，岂不就等于增加了50分。须知，所有考高分的人其本质一定是丢分最少的人，你说对吗？那这"错题本"你是一门一本，还是几门几本呢？从可行性的角度，我认为备一本即可！否则一门一本，六门六本，我估计对绝大部分同学来说是难以做到的。而我们一个习惯要真能做到，就必须考虑其可行性。

二、巧用活页

这"错题本"你还可以巧用活页。这有什么好处呢？因为错题的原因虽然各异，但有一点几乎是共通的，即熟练程度不够！好，现在有了这活页，你把错题记在这活页上并揣进口袋，走在路上、坐在车上、甚至上洗手间方便时，你都可以随时掏出来看一看。试想，一旦你拥有了这个秘密武器，而且已习而成惯，那你在学习上岂不就变成了所向无敌？而把这些活页将来订起来，不就成了你极有特色的"错题本"了吗？

三、集中力量打攻坚战

我们"备错题本"的本质，很重要是抓难点、抓重点、抓薄弱环节。因此，如果你在借助"错题本"的同时，还能养成一种"集中力量打攻坚战"的习惯，对你学习成绩的提高一定大有帮助。记得有一次，我到我的母校上海吴淞中学演讲，演讲完后负责接待的黄校长给我讲了一个给我印象极深的故事。他说他大一上学期期末时，数学在班里明显落后，心理压力极大。怎么办呢？最后他下决心那次寒假干脆不回家，用整个寒假强攻数学。没想到强攻的结果，一开学，他的数学马上就反超了过去，名列前茅。朋友，我坚信如果你也能用类似办法攻坚，那你的学习岂不就很容易从恶性循环步入良性循环？

而说到这里，有一个注意点我必须在这里加以补充和强调。我认为这错题本的应用一定要因人而异——对于那些学习轻松的同学，这一习惯一定能使他锦上添花；而对于那些学习困难的同学，这习惯用起来就要有些讲究了——首先，我认为对大部分学习困难的同学而言，这习惯可不必去养成。为什么？因为这部分同学本来就已被学习压得喘不过气来，而如果如今再给他加上这一负担，岂不很可能会把他们压垮！其次，我认为如果这部分同学要用，可采取这样的策略——先将这错题本用在一门课上，而且用在一门他最感兴趣、学得又最轻松的课上。为什么？因为对这部分的同学而言，此时最需要的是信心、是对整个学习的信心。而如果我们采取此巧妙的策略让其在一门课上有所突破、成为佼佼者，那岂不就整个提升了他的自信心，从而使他从学习上的恶性循环渐渐步入了学习上的良性循环？

当然，以上种种仅供参考。

8 巧于记忆

朋友，上面介绍了"备错题本"，下面我要谈到"巧于记忆"。

记忆力对我们学习当然是太重要、太重要了。试想，《最强大脑》之所以能倾倒全中国如此多信众，其核心之一，不就是那令人惊叹的记忆力吗？

那记忆力究竟是先天的还是后天的呢？

如果你不加努力，当然是先天的；但如果努力，后天的记忆力会潜力无限。对此，我的实例就颇为典型。因为我尽管考上了清华，但记忆力却平平——因为在外面碰到什么事，我爱人回家，总能对我有声有色地描绘；但要问我呢，却瞎了，只能大概说几句。

可事情也怪，我这么个记忆力平平的人，一站在讲台，就仿佛判若两人。记得有一次我在山东荷泽演讲。讲完后，一位局长在餐桌上带着钦佩的目光对我说:"周老师,对你的口才,我用两个字评价——惊人!对你的记忆力,我用三个字评价——更惊人!"

朋友,在我无数听众眼里、粉丝眼里,我似乎就属于这类人;实际我自知,就先天的口才和记忆力而言,我远逊于我清华的不少同学;只是一上台,还算可以。

那我这所谓"更惊人"的记忆力究竟从何而来呢?容我与你分享几条——

一、善把诀窍化为习惯

记忆力的提升一定是有诀窍的,而你如果能善于把各种有关记忆的诀窍化为习惯,这一定能极大提升你的记忆力。比如你要记住一个人名"邓隆平",如果死记,那麻烦了;但如果你能使用一种"联想记忆法"——把这"邓隆平"联想到"邓小平"或"袁隆平",你看这多好记啊!记得有一年我听了一次有关记忆的课,回家后我设法将其中一些要诀变成了习惯而天天苦练,没想到此后我竟记住了整整三百个电话和手机号码!因此我深信,提升记忆力的关键,是你一定要设法将其中的一些诀窍变成你的习惯;否则,这些诀窍再绝、再巧,也不是你的,而是别人的!

二、足够的重复

再好的记忆,也必须要有足够的重复;我从一些花絮知道,《最强大脑》的那些顶级高手们,即使当时快速记住了,也要做必要的重复。因此,必要而又足够的重复,对于记忆极为关键。也许正因为此,有专家说:"天才是重复次数最多的人,所有成功人士都是重复出来的!"而我在前面所谈到的用活页做"错题本"的方法,其本质,不就是"足够的重复"吗?

三、临睡过电影

"巧于记忆"当然少不了"复习"。而"临睡过电影"式的复习、对你记忆力的提升一定大有帮助。记得有一次我听了北京智新超越记忆力专家文欢的课,她说若利用这一妙法,记忆效率会极高。听后我立即回家试,将当天刚学的三句英文口语在睡前过电影。没想到由于此时是闭目躺在床上,没有任何外界干扰,因此真的效率极高。朋友,倘若你也能将此妙法化为习惯,那我坚信,你的学习成绩一定能"更上一层楼"!

当然,记忆力对我们每个人而言,可以说潜力无限。须知,它的提升、甚至是大幅提升,涉及的可是我们每个学生每一天、每一周、每一月、每一年所学的所有功课啊!它与知识的关系,岂不是典型的"授之以渔"、还是"授之以鱼"的关系?因此我希望有远见的家长们千万不要只盯住孩子眼前的功课,而应让你孩子的这种记忆力、思维力、学习力大幅度地提升,这才是最智慧的!试想,如果我们把这类学习能力比喻为一把刀,那你究竟是让你孩子总拿着他那把又破、又旧、钝得不能再钝的刀去喂马、劈柴呢,还是让你孩子随身带着一把时时磨得极为锋利的刀子去纵横驰骋、闯荡世界?

9 思维导图

朋友,谈了"巧于记忆",我们当然还要谈"巧于思维",因为记忆能力和思维能力,是我们提升学习成绩两大最基础而且是最重要的学习能力。

而要"巧于思维"依我之见,这"思维导图"几乎最为重要,因此我将其作为我的"七大'学习习惯'"之一,专门向你推荐。而一旦你掌握了"思维导图",不仅对你思维能力的提升大有帮助,而且对你记忆能力的提升也一定大有裨益。

谈到这"思维导图",不由得使我想起了三十多年前我曾在《中学生数理化》杂志上发表的一篇文章;记得当时是中止了十年动乱后高考刚恢复。而要高考,当然就要复习;可许多考生发现自己越复习,头越大。因为内容实在太多太多了,就像刘姥姥进入了大观园。

那怎么去对付这种海量的复习呢?

我在那篇文章中提出,要把厚厚几本书,变成薄薄几页纸;再把薄薄几页纸,变成薄薄一片纸;最后走进考场,脑子里只要装进这薄薄一片纸,就完全足够了;我似乎觉得,我们清华、北大的同学几乎都是这样走进考场的。而实质细想起来,这本质就是我要在此给你介绍的"思维导图"。

"思维导图"是由全世界几乎最著名的脑科学家东尼·博赞所首创的一种革命性思维工具。而告诉你吧,我迄今为止在全国各地所做的一千三百多场演讲,几乎全借助于这种"思维导图"。听众看着我站在台上不拿片页而口若悬河、滔滔不绝,还一讲就是半天、一天、甚至两天;实际我每次上台,无论上衣口袋里还是在脑海里,都装着这"薄薄一片纸"。

那这"薄薄的一片"是何情景呢?

它是一幅既形象、又简洁的如丛树状的图形(详细你可再在网上查询)——这丛树的根,是我演讲的主题;几根主杆,是我演讲的几大部分;每根主杆上的分枝,便是每一大部分的一个个论据……你看,有了这幅极简单的"思维导图",你的思路是不是就极为清晰?一切仿佛全在你居高临下、一览无遗的掌控之下!

因此朋友,若你能善用这种"思维导图",并将其化为你的思维习惯,那对你胸有成竹地走上任何讲台、进入任何考场、一定价值无穷。为此,我也教你几招——

一、用在每天

我前面所说的"临睡过电影",就可以利用这"思维导图"。你用它用来一归纳、一梳理，用不了几分钟，你一天所学的全部内容岂不立即就清晰、简明地呈现在你眼前，这多棒啊！而这样久而久之，这"思维导图"岂不就很容易成为你的习惯？

二、用在看每一本书

朋友，每本书前的目录，实际就是一幅"思维导图"。因此望你以后看书，要先看目录；而看完后，再回头看看这目录，这样你就很容易高屋建瓴去统驭全书所有内容，而不会被书中庞杂的内容所淹没。

三、用在每次考试前

朋友，你每次考试前务必要借用这"思维导图"。因为当你把所有内容都化为了这"思维导图"，你走进考场真的会胸有成竹、充满自信——这次考试无非是考几门；这数学无非是代数、几何等；这代数无非是几类方程、几类方程组；这种方程无非是几种类型；这种类型的题无非有几种解法……试想，这样一归纳，你脑子里是不是就再清晰不过、再简洁不过、再容易不过？

因此我们说："笨的人是把简单的问题复杂化；而聪明的人是把复杂的问题简单化。"而一旦善用"思维导图"成了你的一大学习习惯，你就很快会变成这样的聪明人，你信吗？

认真第一、聪明第二

朋友，以上我给你谈了好学不倦、管好时间、专心致志、备错题本、巧于记忆、思维导图等六大学习习惯。而我相信，这六大习惯中的每一个都会使你的学习加分；而如若你能将它们一网打尽，那你以后一走进考场，将会呈现出何样一种精神状态、竞技状态啊！

因此，朋友，现在的关键问题已转换了，已转换到了以上这六大习惯你究竟能不能养成。

而关于习惯的养成，这当然是一个深水区，对此我会在本《习惯学·践行篇》中详加阐述。而在这里我想将"认真第一、聪明第二"的理念赠送给你；因为一旦这一理念化为了你的习惯，那任何习惯的养成对你而言，一定不是一件难事。

那何谓"认真第一、聪明第二"呢？

朋友，先天的聪明对我们固然重要，但综观你的四周，你是不是会发现，很多人无论读书、工作之所以能"做什么、成什么，要什么、有什么"，关键不在于他们的聪明，而在于他们的认真；而一些人之所以"做什么、成不了什么，要什么、得不到什么"，关键不在于他们不聪明，而在于他们不认真；正因为此，我国最著名的执行力专家姜汝祥博士率先提出了"认真第一、聪明第二"的重要理念。

凡事专注和认真，是作者的两大特质

而回想我能由一个贫民子弟一步步考进我国最高学府的过程，实际就是如此。因为就先天的智力而言，我与我的同学、兄弟姐妹相比，似乎别没有什么出众之处；但就认真而言，却是比较突出的；因为我自小到大的学生手册中，我印象最深的评语是"该生学习认真，听课专心"；而我相信，我们清华、北大的绝大部分同学，自小老师所给的评语也一定也类似。

此外，这近二十年来，我养成了168种大大小小的习惯，这在国内、甚至是在国外，恐怕也为数不多吧！

那我如此多习惯究竟是怎样养成的呢？

关键靠的也是这"认真"两字！

你看，为了养成一个习惯，我通常都会做以下极详尽的分析——这习惯对我究竟有没有必要？这习惯我究竟能否长期坚持？这习惯究竟是否科学？这习惯究竟是否符合我的自身实际？我究竟应采取何种巧妙的策略去实施？我究竟应以一个多大的量开始起步？我究竟应如何及时、适当地加以调整？我究竟应如何天天极认真地提醒和监督自己，以确保这习惯一定养成？……

朋友，"窥一斑而知全豹，观滴水可知沧海"，仅就以上"极详尽的分析"这一点，我之"认真"你是不是看得再清楚不过了，而由此你是不是也清楚了我之所以能养成168种习惯的个中奥秘、个人缘由？

因此朋友，下决心把"认真"化为你的习惯、培养成你一个几乎最重要的学习习惯吧！须知，"世界上怕就怕'认真'二字"！这可是一条颠扑不破的伟大真理啊！而一旦"认真"化为了你的习惯，一旦你真的能以极"认真"的态度去养成以上每一个学习习惯、去对待你的每一个学习环节，那大幅度提升你的学习成绩对你而言一定不是一个梦，而将是一种完完全全的事实，你说对吗？

而以上便是我要奉献给你的第七大、也是最后一个学习习惯——

认真第一、聪明第二！

第九章
"习惯"与"形象、气质"
—— 习惯决定形象、气质

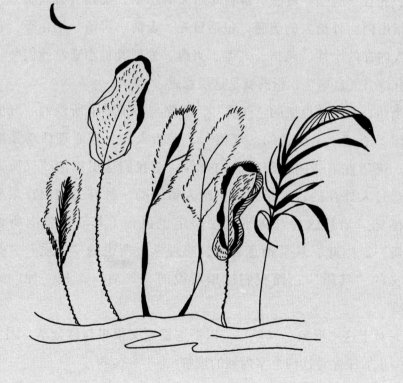

朋友，当我与你谈了"习惯"与决定我们命运的一系列最重要侧面的关系后，此刻，我就要与你谈谈你一定也备感兴趣的习惯与你形象、气质间的关系。

那谈到形象、气质，究竟何谓"形象、气质"呢？

所谓"形象、气质"，显然是指我们每个人在美感方面总体给人的外在感觉。比如最近有报道说某个国家的首脑夫人——"民众普遍对她印象非常好，认为她漂亮，有气质。"指的就是这层意思。

从以上这句话我们可以看出，一个人在美感方面总体给人的外在感觉通常由两部分组成——说其"漂亮"，显然是指形象美，包括头发、五官、脸型、皮肤、身材等给人的感觉；说其"有气质"，显然是指由内而外给人的美感，包括目光、表情、言谈、举止等，它们源自人内在的个性、风格、气度、兴趣、爱好等；而通常我们所说的"腹有诗书气自华"，指的就是这层意思。

当然，我们这里谈的"气质"，不要与心理学上所谈的"气质"相混淆。心理学上所说的"气质"，是指人先天在心理活动强度、速度、灵活性、指向性等方面的差异；而我们这里指的"气质"，是指透过人外在的言谈举止等，给人留下的一种有关她内在素质的总体感觉。当然这种总体感觉中一定也包含了其心理学上所说的"气质"。因此，从某种意义说，心理学上所说的"气质"，是一种狭义的"气质"；而我们这里所说的"气质"，是一种广义的"气质"。

而对于这"形象、气质"，以下这篇短文很想与你分享，因为它会进一步加深你对这四个字内涵的理解。

一个"穿黑貂皮大衣"的女人

这篇短文出自戴尔·卡耐基《人性的弱点》一书,我看了印象极深——

穿黑貂皮大衣的女人

"我最近在纽约参加了一个宴会,其中一位宾客———一个获得遗产的妇人,急于想留给每人一个良好的印象。她浪费了许多金钱在钻石、珍珠和她那件黑貂皮大衣上;但对自己的面孔,却没有下过什么功夫。她的表情看起来尖酸、刻薄、自私。她没有发现世上每一个男人都知道的常识——一个女人脸上的表情,远比她身上所有华贵的服饰都更重要。"

朋友,读完以上这段文字,你有何感触?——"一个女人脸上的表情,远比她身上所有华贵的服饰都更重要。"你说,卡耐基此话说得多发人深省啊!试想,如果你在社交场合碰到了如此一位"贵妇",她身穿着貂皮大衣,一身珠光宝气,却对你冷淡、轻漫、傲视,那你将是一种什么感觉?我相信她身上所有华贵的服饰、甚至包括她可能的光洁肌肤、如画五官、姣好身材,对你而言,一定一文不值!

为什么?

对此,你只要再看一下以下这段有关"形象、气质"的文字,你就能找到最正确的答案了。这是朱自清笔下的"女人",我相信,这也是他心中的"女人",也是全天下所有男人们心中的"女人"——

"女人有她温柔的空气,如听箫声,如嗅玫瑰,如蜜似水,如烟似雾,笼罩着我们;她的一举步,一掠发,一转眼,都如蜜在流,水在荡;女人们的微笑,是半开的花朵,里面流溢着诗和画,还有无声的音乐。"

朋友,朱自清笔下的女人充满了何等的诗情画意啊!与上面那位"穿黑貂皮大衣"的女人相比,谁美、谁丑,谁讨人喜欢、谁让人厌恶,是不是再清楚不过了?也许正因为此,当年创业时的希尔顿曾说:"我宁肯挑选有着灿烂微笑的高中女生,也不愿意要有着一副'扑克牌面孔'的女博士!"

因此朋友,通过以上文字,请你注意,当我们谈到"形象,气质",我们千万不要只注重"形象"之美,而疏漏了"气质"之美,否则我们的所有"美"都会贬值、甚至会被贬得一文不值!

对于"形象、气质",我有发言权吗?

那朋友,对于"形象、气质"这个通常年轻女性最感兴趣的话题,我有发言权吗?我觉得我还是有一些的。

为什么?

一是因为某种机缘巧合,对于无数人所关注的"减肥",我曾是一位所谓的"专家";我居然曾在我国许多体育馆传授过一种"健美减肥"方法。你看,这就是我当年在广州体育馆传授这种方法的盛况。当时的《珠江体育报》还在头版头条以醒目的大标题予以报道——《肥人大聚会》!

90年2月28日广州《肥人大聚会》

二是也因为某种机缘巧合，对于无数年轻女性所特别关注的形象美，我也曾有所涉猎。二十多年前，我曾和北京电影制片厂化妆师左娅一起，在京城开创了第一家"'形象设计'中心"，当时的《北京晚报》还以醒目标题——《"形象设计"在北京悄然出现》予以报道。

三是也因为某种机缘巧合，对于无数年轻女子所追求的"S型曲线"，我也有所贡献。我曾亲自做媒，把我清华挚友李博元所发明的一项专利，介绍给了一位极有商业天赋的老板周枫（当年正好住在我家对窗），从而产生了"婷美"这个当年我国几乎家喻户晓的最著名女子内衣品牌。

朋友，从以上简历，让我来谈形象、气质，是不是还算"及格"？

此外，你还可以看看我一张摄于2011年的照片，地点是在澳大利亚塔斯曼海滨，其时我65岁。

从这张照片上看，作为一个65岁的典型老人，我的头发是不是还算凑合？我的肤色是不是还算可以？我的体型是不是还算合适？我总体的"精、气、神"和"形象、气质"是不是也还算过得去？而你要知道，这一切可都是纯天然的、原生态的、没经过任何人为雕琢和修饰过的。

看，一个65岁老人的精、气、神

因此朋友，请你相信，由我来与你分享有关"形象、气质"的种种，将是极有说服力的，而且一定会给你带来极大帮助的；而这里的有些帮助，也许还会出乎你的意料。

那根据我的研究和实践，习惯与你如此关注的形象、气质间究竟是一种什么关系呢？

习惯决定你的形象、气质

对此，我的结论依旧是——习惯决定形象、气质！

一是既然我们已经论证了"习惯决定命运"这一根本理念，那习惯当然也决定我们的形象、气质。因为你的形象、气质，显然是你命运的一个重要组成部分。就以女性为例，"男怕选错行，女怕嫁错郎"，全天下所有女性生命中几乎最关注的，不就是美满的婚姻和幸福的家庭吗？那试问，这美满的婚姻和幸福的家庭难道与我们这里所说的"形象、气质"无关吗？

一定有关！而且大有关系！

二是"三分长相，七分打扮"，这是我们几乎所有人都熟知的。那这是什么含义呢？这显然是说，一个人的形象、气质，固然有天赋的因素，有时这种天赋因素还很大；但就总体而言，这种天赋的因素只占三分，而最主体的部分、即那"七分"，靠的是后天的努力。而在这后天努力的所有因素中，最主要的当然非"习惯"两字莫属了。对此，事业是这样，学业是这样，健康是这样，人际关系是这样，你的形象、气质当然也是这样！

三是世界成功学鼻祖拿破仑·希尔对我们的形象、气质曾说过这样一段话。我觉得这段话说得太经典了，世上每个人都应把它背出来，尤其是全天下所有酷爱"美"、把"美"视作生命的女性们。

那这段堪称经典的话是怎样说的呢？

是这样说的——

"当你看到一个风度优雅、气质高贵的风云人物时，就应立即想到，她那优雅的风度和高贵的气质绝不是天生的，而是由许许多多严格的自我控制所造成的。而培养良好的习惯，剔除不良的习惯，正是这种人的修炼过程。"

朋友，你听，此话说得是不是太经典、太经典了！而实际情况难道不正是如此吗？试想，对你而言，如果你有着飘逸的秀发、迷人的容貌、婀娜的身材、得体的举止、高雅的谈吐……那这一切都是怎么来的？最关键的，不都是你从小到大不知付出了多少艰辛努力，不知经过了多少自我控制，不知培养了多少好习惯，不知剔除了多少不良习惯才获得的吗？

因此，朋友，我说"习惯决定形象、气质"，是不是一点都没有错，而且这也是一条颠扑不破的真理？

那理论是如此，实际情况是不是也能印证呢？

北京奥运会给我心中留下的一大遗憾

朋友，实际情况完全印证了这一点。

对此，你只要听我谈谈北京奥运会给我心中留下的一大遗憾，就能很清楚了；因为世界上的所有事情其内在的规律，往往是相通的

而要谈这遗憾，容我先谈一下几年前我心中的一次深深感慨。

那是在2008年北京奥运会后两三年的一个冬日，我前往山东讲学。其时，来京接我的小车在京沪高速上一路向南疾驰；因为是隆冬季节，极目四野，一派萧瑟。

小车进入了山东地段不久，驶出了高速，快到一收费站。

这时，我耳畔忽听到司机与同车的一个年轻人说到"微笑服务"四个字。

我开始没反应过来这是何意思。但就在此时，车已停在了那收费站。我无意间往窗外一看，猛地，我见到了收费窗口一张特别甜美的脸。那是一张年轻女子微笑着的脸，那甜美的微笑自始至终流溢在她整个收费的全过程。刹那间，我仿佛看到了严冬里一朵花，一朵在如此萧瑟的高速路畔盛开的醉人鲜花。那一刻，我似乎第一次从内心深处悟到了为何全世界那些最精明、最富智慧的商家总在那里不遗余力地推广"微笑服务"的真正缘由！

朋友，以上就是我内心的一次深深感慨。

那说到这里你也许会问，你这感慨与你上面提到的遗憾又有何关系呢？

这关系太大了！

关于整个2008年北京奥运会，用当年奥委会主席罗格的四个字——"无与伦比"来形容，一点也不过分。我们甚至可以把北京奥运会看成是我们中华"崛起"的一个里程碑式真正标志。因为正是通过北京奥运会，我们全体国人、甚至全世界仿佛突然发现我们中国实际并不差、还非常不错！你看，我们无论从整个的组织到金牌的获得都可以说是"无与伦比"，包括我们向世人所展示的有着我们强烈中华印记的精神风貌等，也都是"无与伦比"的。

那既然如此，你心中还有什么遗憾可谈呢？你也许会问。

那就让我把我心中这遗憾、甚至是巨大的遗憾和盘托出吧。如果我所说属实，且言之有理，那就请你有机会转告给北京市政府所有官员、甚至转告给我们全中国所有官员。

朋友，作为北京市的一个普通市民，你知道北京奥运会前期天天轰炸式的宣传中，给我留下印象最深的一句宣传语是什么？

"北京人的微笑，是2008年北京奥运会一张最好的名片"。

是的，"北京人的微笑"确实是我们2008年北京奥运会向全世界展示的一张"最好的名片"，尤其是作为北京市窗口和门面的所有北京高速公路的收费口。

然而，时至今日，你再经过这些高速公路的收费口，你知道这张"名片"怎么样？还在展示吗？

告诉你吧，如今，身在北京的我可以说无数次地驾车经过这些高速公路收费口，因为我家的住宅小区就紧挨着八达岭高速公路；但当年的这张"名片"早就消失得无影无踪了，甚至可以说消失得一干二净、连一点痕迹都没有了！

朋友，你现在明白了我心中的巨大遗憾和那次经过山东高速收费口为何如此感慨的缘由了吧？是啊，回想当年，为了"北京人的微笑"、为了那张"最好的名片"，2008年北京奥组委、北京市政府、北京所有媒体、我们北京市所有百姓曾为此付出了多么巨大的代价啊！但没想到转眼间，一切竟荡然无存了，竟毫无踪影了，竟一点痕迹都没有了，这多令人遗憾啊！

这遗憾的根源究竟何在？

朋友，那这遗憾的根源究竟何在呢？

在北京高速公路收费口的所有收费员吗？

在高速公路领导吗？

在北京市领导吗？

在2008年奥组委吗？

我认为都不是。

那究竟在哪里呢？

以我之见，这根源在"习惯"两字上！

为什么？

因为我们全社会对"习惯"两字研究得太不够、重视得太不够、宣传得太不够了！试问，这"微笑"、这"北京人的微笑"是不是一种习惯、一种能展示一座城市"形容、气质"的极好习惯？但请你回想一下，在当年天天卷地毯式的轰炸中，我们奥组委，我们北京市政府，我们所有媒体，何时将其作为一种全社会极为重要的"习惯"加以宣传、加以弘扬、加以培养呢？

没有，绝对没有！因为倘若有的话——

首先，我们的目标就会很清晰、很明确。我们的目标不是搞突击、搞运动、搞一时的大轰大嗡，而是要借北京奥运这千载难逢的良机，使如今我们中华民族最受世人诟病的软件——国民素质有一个根本性的提升。而这根本性提升的标志，当然非"习惯"两字莫属。因为倘若"北京人的微笑"等不是从"习惯"出发、最后成不了"习惯"，那一切充其量只不过是一时的热热闹闹、一时的花拳绣腿、一时的做做表面文章而已，你说对吗？

同时，既然我们的目标是"习惯"，那"习惯"自有其内在规律；而这重要规律之一，便是我们前面提及的"百动"——即任何旧习惯的征服、好习惯的养成，必须像烧开水一样，一直烧到一百度方可，这是一条十分严酷的客观规律，差一度、差半度都不行！否则一切将功亏一篑、前功尽弃、复归为零！

朋友，谈到此，你是不是更能体会到我内心那深深的遗憾了？因为通过奥运全过程我们全体北京市民如此不遗余力的努力，很可能"北京人的微笑"已像烧水似的，已烧到了近一百度，但由于我们心中没有"习惯"这目标、不了解"习惯"这规律，结果我们戛然而止了，那自然一切就前功尽弃了！

而说到此，我极想对如今深受全国百姓拥护的反"四风"、反"腐败之风"说几句中肯的话。因为以我的眼光，无论是反对"四风"还是反对"腐败之风"，其本质面对的，也是"习惯"两字！

那既然是"习惯"，从"习惯'百动'"理论来看，我们如今的反"四风"、反"腐败之风"已烧到一百度了吗？显然没有！那如果因种种原因到某一时候也戛然而止了、不再烧了，情景将会如何？我相信，这反"四风"、反"腐败之风"不管你前面作了多大努力、付出了多么巨大的代价，它们也一定会像北京所有高速公路收费口的"微笑"那样，一切将功亏一篑、功败垂成、前功尽弃！

朋友，如果真是这样，那岂不成了我们整个中华民族天大的遗憾？

因此借此机会,我要向我国全体奋战在反腐第一线的将士们送上一句孙中山先生的话加以勉励——

"革命尚未成功,同志仍需努力!"

因为所有的"革命",其本质都是"革"旧制度的"命","革"旧习惯的"命";既然我们面对的又是习惯,那必须遵循习惯的种种客观规律,谁也不能例外,你说对吗?

6 我似乎也有一丁点"逆生长"?

朋友,谈到你如此关注的"形象、气质",我居然大谈起以上感慨和遗憾,你没生我气吗?但请你原谅,这实际全为了你。因为在我看来一座城市的"形象、气质"和一个人的"形象、气质",其本质是完全一样的,面对都是"习惯"两字。试想,如果在这方面你化费了巨大的代价和努力,但最后也像北京高速所有收费口的"微笑"那样消失无影了,那你怨不怨、悔不悔呢?

肯定怨、肯定悔!

因此朋友,从这个意义上,我说"习惯决定形象、气质",是不是一点也没错;离开了"习惯"去谈"形象、气质",一定是一种侈谈!

而对此,我本人也可以为你作证。我相信,我之见证将在"形象、气质"上给你以极大的信心!

为什么?

因为俗话说"四十岁以前的相貌是前世带来的,四十岁以后的相貌是你自己修的";林肯说"一个人过了四十,就应该为自己的相貌负责"。我完全同意以上这两句话,而且感到这两句话仿佛完全是针对我说的。

那四十岁以前的我是何种"形象、气质"呢?

让我如实告诉你吧——

一是我刚进清华体检时,体重才46.5公斤,你就可以想象我当时的模样、形象了!

二是我清华上学期间因健康原因,体育课被打入另册——没资格上正常的体育课,只能上"体疗课"。

三是诚你所知,我在25岁以后的十年间,又成了清华园有名的重病号,先后病休四五年、住院二三年、身上开了三刀,几乎九死一生。

四是我四十岁前所照的相,没有一张是自然的、面带着微笑的,这你恐咱难以想象吧?但这却是百分之百的事实!

朋友,由以上四条你就可以大致判断我四十岁以前的"形象、气质"了。

那四十岁以后如今的我、古稀之年的我,情形又如何呢?

告诉你吧,四十岁以前,有关我的"形象、气质",我几乎从未听到过什么好话;但四十岁以后,尤其是近十年,我听到的好话似乎越来越多了——有人夸我的头发、有人夸我的皮肤、有人夸我的气色、有人夸我的身板、有人夸我的谈吐……而比较集中的一点是,我的不少熟人见了我会不无惊讶地说:"你怎么老这样,多少年没变?!"

那这是什么意思呢?

这是说,这近一二十年我也仿佛像台湾的林志颖,有点"逆生长"的味道;只不过他是属于二三十岁、三四十岁的"逆生长",而我则是属于五六十岁、六七十岁的"逆生长"。当然,这中间也不能排除通常的恭维。

四十岁前的作者　一介书生

朋友，听了我以上介绍，你现在兴趣变浓了吧？为什么？因为关于这"逆生长"，一定是我们所有人所向往的。

而如果我这许多年真有那么一丁点"逆生长"的味道，那奥妙究竟何在呢？

我当然不知道林志颖之"逆生长"的底细和奥妙；但我对自己，当然很清楚，这奥妙可以说几乎全来自后天的努力；而这后天的所有努力中，最关键、最根本、最应归功的还是这两个字——

"习惯"！

为此，让我先从我的一种独特的养颜、养生妙方说起；我也要在此赠予你。

7 一种独特的养颜、养生妙方——"冰火浴"

朋友，那我要赠予你的这种独特的养颜、养生妙方是什么呢？

是我在前面已简略提到过的"冰火浴"；而有关这"冰火浴"，还有一段颇有意思的故事。

大概是在2006年的一天，我碰到我家楼上的一位健美专家——北京外国语大学体育舞蹈教练李力副教授；她小巧的身材、精致的五官、光洁的皮肤，再加上她爽朗的笑声，仿佛其本身就是位十足的女性版林志颖。

那天，她向我透露了一个秘诀——洗脸时一边用热水洗，一边用冷水泼，对皮肤好处极大。

我听后并没有在意，因为自己毕竟是个大老爷们。

但就在此后没几天，我在报上看到香港大老板霍英东的一件轶事。说他60岁得了淋巴癌经各种治疗后，每天练一种"冰火浴"。这种"冰火浴"既能提升人体的免疫功能，又能通过扩张-收缩、收缩-扩张，使全身血管练一种"血管操"，还有极好的排毒和疏通全身气血的功能。文中说霍英东因洗这种"冰火浴"和其他保健手段，得癌症后居然又活了二十多年！

朋友，看到如此一篇报道，再加上几天前李力告诉我的那个秘方，使我对这种"冰火浴"产生了极大的兴趣。而正巧，我们小区会馆就有洗这种"冰火浴"的绝佳条件，于是我就开始了尝试。尝试时为安全起见，我先用淋浴试，两头热、中间冷；中间用冷水洗时，起初只一二秒，往里一冲，旋即又闪出。

这样试了一段时间后，我就转移阵地，转移到了桑拿屋和冷水池。我采取的也是两头热、中间冷的"三明治"模式——先进桑拿屋，蒸出一身大汗；尔后一头猛扎进桑拿屋外四五米长的冷水池，游两个来回，约二三十秒；最后又回桑拿屋，出一些汗。整个流程很有些像打铁中的"淬火"。

朋友，如今这"冰火浴"我已洗了差不多十年了，其效果我用"好极了"三个字来形容，也一点都不会过分。因为我每次洗完这"冰火浴"，都有一种神清气爽的感觉，周身的疲劳仿佛一下子被一扫而空似的；而我估计，我的血压、血脂、血糖之所能像我前面所说的那样至今保持不错，一定与这"冰火浴"大有关系。

而我觉得使我受益最大的，莫过于我的气色和皮肤。我仿佛眼看着自己的气色和皮肤随着这年复一年的"冰火浴"在渐渐蜕变，以至我如今古稀之年，脸上的老年斑也好像一个都没有，尽管这衰老的进程在我身上依然在难以阻挡地行进着。

那我也有条件洗这种"冰火浴"吗？你也许会问。

当然有！你完全可以用淋浴冷热交替、甚至仅用冷水都没有什么大问题。据说被称为"东方维纳斯"的秦怡用冷水洗脸、洗澡洗了半个多世纪,其皮肤反而光洁、雪白、令人艳羡;刘晓庆身陷囹圄422天,她天天只能用冷水洗脸、洗澡,但出狱后人们却惊叹她的肤色;而最近我知道,连全世界球迷们最崇拜的励志帝C罗也用类似办法洗澡——先在热水中泡五分钟,随后在冷水中泡3分钟,这样冷热交替约半个小时,这是他迅速恢复体能的一种极妙办法……朋友,既然如此,那洗这种"冰火浴"对你而言,还何难之有呢?为此,我特地为你摘录了日本甲田光雄医生在《神奇的少食健康法》一书中所推荐的《温冷浴法》,以供你参考——

"这是一种以强身健体为目的的温冷浴法,适合普通的健康人练习。这种方法先从手、脚开始,逐渐上升至膝、大腿根、腹部、胸部,最后达到全身。普通的温冷浴,是先冷水浴1分钟,再温水浴1分钟交替进行(病弱者应先温水、后冷水)。一般以总计7次为宜;如果进行5次,则效果较差;如果进行11次以上,对部分人来说,又显得过多,反而容易引起疲劳。当然,这种温冷浴对于严重的心脏病、高血压患者,不宜实行,但手脚洗这种温冷浴还是可以的。"

朋友,以上便是我要赠予你的一种独特的养颜、养生妙方——"冰火浴",你此刻是不是也跃跃欲试了?但请你注意,这一定要因人而异,循序渐进,千万不能操之过急!

全天下最美、最廉价的化妆品

朋友,前面我已给你介绍了一种经过我亲身体验的养颜、养生妙方——"冰火浴"，而此刻我要给你再介绍一种也是经过我亲身体验的"全天下最美、最廉价的化妆品"。

那这种化妆品是什么呢？你一定急于想知道。

朋友，请你别急，让我先给你讲一个很有趣的故事。

2009年4月，我和我爱人作为贵宾，曾有缘乘坐海洋神话号邮轮，应邀去台湾观光。临行前，我精心挑选了一份礼物，准备送给我们从未谋面的台湾表姐家。

邮轮是从我上海家乡的邮轮码头起航的。顺便说，我家乡上海宝山，现已成为国际邮轮港，而且将发展为国际邮轮城。而那天起航前，我大弟春园特地赶来送行。见面时他手中拿着份也经他精心挑选的礼物，希望我们代他送给台湾表姐家。

他当着我们的面，颇神秘地里三层外三层地打开那礼物。没想到当那礼物一露真容，我和我爱人几乎同时惊叫了起来——这与我所精心挑选的礼物竟完全一样，是我们全家的一张全家福！

朋友，这是不是很有点奇妙，为何兄弟俩精心所挑的礼物竟完全相同，是一张照片、一张全家福？

原来，这全家福是三年前我侄子潘志盛为我们照的。他当时照时突然打趣似地问我们："西瓜甜不甜？"；经他如此一问，我们全家人自然就应了声："甜——"

没想到我们就应了声"甜——"，那照片洗出后竟出奇地好、出奇地令我们满意；因为那照片上所有人的微笑都极其灿烂、极其自然，可以说前所未有！

朋友，你现在终于清楚了我们兄弟俩不约而同相中同一张照片作为礼物的缘由了吧？其核心自然就是我们人人脸上所洋溢出的那如此灿烂的"微笑"！

因此朋友，若问"全天下最美、最廉价的化妆品"是什么，这答案是不是再清楚不过了？是我当年在山东高速公路收费口所见到的那

有了"西瓜甜不甜?"留下了多珍贵的全家福啊!

醉人的"微笑";是我们全家在应答"西瓜甜不甜"时人人脸上展现的"微笑",是世上那些最温柔可爱的女孩在时时给我们带来的"微笑"!她无需你花一分钱、无需你用任何化妆品、无须你特地到韩国花巨资去做美容,却可以随时给我们带来扑面的春风、和煦的阳光和我们这世界上一幅幅最美的图画、一曲曲最美的乐曲和一道道最靓丽的风景线。朋友,也许正因为此,以下一首有关"微笑"的诗正爆红网络,我也在此向你奉献——

朋友
千万不要吝啬你无价的微笑
而应让她身价百倍
给失败者一个微笑
那是鼓励
给悲伤者一个微笑
那是安慰

给悔恨者一个微笑
那是原谅
给麻木者一个微笑
那是支持
给儒弱者一个微笑
那是勇气
给快乐者一个微笑
那是分享
朋友
让我们用微笑对待生活
让我们每天都生活在微笑中

9 为"烦恼青春痘"助你一臂之力

朋友,你一定知道,小小"青春痘",不知给我们无数的青少年带来了多少无尽的烦恼,因此我们干脆将其称之为"烦恼青春痘"。但没有想到一次偶然的机遇,使我发现对"烦恼青春痘"我竟也能助你一臂之力。

那是大该在七八年前,我网购了一本名为《不生病的智慧》的书,作者是马悦凌。她在书中写道——

"土豆能消脸上的"痘痘"。脸上长"痘痘"了,只要发现开始冒,有些胀痛的时候就赶紧用生土豆片贴在上面,半小时后再更换,连换几次,这小"痘痘"就再也发不起来了。如果小"痘痘"上已经开始有脓头,还是仍然用生土豆片贴在上面,一定要切得薄薄的,这样贴在脸上不容易掉,经常更换,这个已冒脓的小痘痘同样也可以消掉,只要多贴一段时间,多更换,脸上就不会留下色素沉着与凹陷。"

而事情也巧,正好那两天,我下颚处长了个小痘痘。而对于我这样年纪的人,当然早就没资格长什么"青春痘"了,但好奇心驱使我也要去试。我到厨房找了个土豆,用削水果皮的小刀,削了薄薄一片,贴在那小痘痘上。

唉,很奇怪,那薄薄的小土豆片贴在那小痘痘上后,凉凉的,很舒服。我生性认真,半小时左右换上一片。不料就在我一次次、一片片的认真中,很奇妙,那本已稍有脓头的小痘痘没两三天、三四天就收敛、干瘪、结痂了。

初次试验的成功,引起我极大兴趣,我就盼着自己脸上再冒出一两颗,好让我做试验。没想到过了两天,我突然感到下颚处痒痒的,一摸,真有细细的一粒。我欣喜异常,因为上次试验的,已有脓头;但这次试验的,可是刚冒出的。记得当时是傍晚时分。

于是,我又如法炮制。没想到第二天早晨我一摸,这小痘痘果然消失得无影无踪了!啊,一片片薄薄的小土豆片,竟有如此奇效,真令我感慨不已!

而恰在此时,我爱人下颚两侧突然淋巴肿大。她是医生,不愿意用药消炎,说那会有副作用。

这时,我突然想起马悦凌那书上用此方治疗甲状腺囊肿的一个病例。而当时我俩正好要出发去西欧六国游;于是,带着几个土豆,我们就匆匆上路了。

路上,尽管旅途紧张、疲惫,但那几个土豆和削水果皮的小卷刀却一直放在我背后的行囊里。我无论在飞机上、大巴里一有机会就偷偷给她两下颚各贴一片,没想到就在我这一天又一天极认真的坚持下，她下颚的淋疤肿大真越来越小了；大约到十天左右，竟给我们彻底征服了！这当然更使我惊喜不已、感慨不已；要知道，这不是小小"青春痘"，而是下颚的淋巴肿大啊！而此后又碰到一次，我又用完全相同的方法彻底解决了问题。

朋友，这一次次的成功，使我对这土豆片产生了很深的感情，于是我忍不住让其用在了一位女子身上。

那是一位年轻的助理医生，秀气的脸上带着青春女子特有的羞红。我是陪我爱人去扎针才认识她的。只可惜她脸上有不少细小的"痘痘"，这使她见了生人很有些羞怯；我几次想给她推荐那妙方，但总也开不了口。

但终有一次，我鼓足勇气，把我以上的种种都告诉了她。她静静听着，脸上泛起一阵又一阵的羞红；但我能感觉到，她完全听进去了，就像海绵吸水一样。

而这以后，我发现她脸上的"痘痘"越来越少了；而到了一个月左右后，几乎完全消失了。再以后碰到她，我惊讶她脸上竟变得光光的、红红的、润润的。我仔细一问，她说她不仅按照我的要求认真做了，而且既然贴了那土豆片，干脆就像做面膜似的，多贴一些地方，结果就产生了如此神奇的效果……

神奇的土豆美容养颜术

朋友，听我讲完以上一个个故事，你心中一定不胜惊诧——薄薄的土豆片竟能有如此妙用！而让我还告诉你吧，在一个极偶然的情况下，我发现这薄薄的土豆片竟还有极好的美容养颜功能，而这要从我

她的皮肤在同龄人中应该是很不错的

爱人说起。

我爱人刘雅冬是中国政法大学校医院的退休大夫，她的皮肤在同龄中应该说是很不错的，可几年前，她右下鼻翼处长了一个小痘，由于她不在意，一二年后竟长成了一粒硬硬的红小痘。我劝她去动个小手术，但她又怕疼。就这样，她这粒红小痘就成天在我眼前晃来晃去、晃来晃去，刺激着我脆弱的神经系统。

我是个很有些"完美型"性格的人，这成天晃来晃去的结果，终于有一天，突破了我的心理底线——我告诉她，如果你再不动手，由我来动手！因为通过我以上一次次实践，我认为土豆一定有一种极好的"活血化瘀、蚂蚁搬家"功能；将它贴在皮肤上，它就会像蚂蚁搬家似地，一点点锲而不舍、愚公移山地搬走你脸上的各种杂质、沉淀、异物。

可朋友，要真正借助土豆这功能，寻常人一定难以做到。为什么？因为我爱人那粒红小痘早已硬如石子，因此即便这土豆真有如此功能，这"蚂蚁搬家"要搬到何年何月啊，那你有这种韧性吗？但我知道我能！为什么？因为一旦我将其变成习惯，那这种坚持岂不易如反掌？我许多难题不正是通过这一妙法给征服的！

于是从前年——2015年7月10日晚开始（因我日记上有记载），我每晚利用她看电视的时间，给她削一片土豆片贴在她那粒红小痘上，每晚平均换三次。这样大概半个月左右，有一晚当我递给她那一片土豆片时，她突然对我说："你能不能再多给我几片？"我一听，心里甭提多高兴！因为显然见了效她才这样说的。而其话外音是，既然这土豆片有效，那我何不借机让脸上其他皮肤也天天感受它的脉脉温情呢？

这以后，大概坚持了二三个月，我发现那红小痘显然变小了；而到了半年左右，那小红痘竟感觉不到它的存在了。而最让我兴奋的是，半年后我猛然发现，她脸上的皮肤显然比以前白净了、红润了！而有一天我突然似乎想明白了——你想，既然她那粒硬如石子的红小痘通过这半年给消散了，那岂不进一步证明了土豆那"活血化瘀、蚂蚁搬家"的功能？那既然土豆有如此功效，作用在脸部其他皮肤上，岂不也会像蚂蚁搬家一样，锲而不舍地去搬走你脸上的各种杂质、沉淀、废物，从而使你整个脸部皮肤产生出种种奇妙的美容养颜功能！

朋友，这可是我们全天下所有女士所强烈渴望的啊！试想，在我们脸上所有器官中，哪个器官所占面积最大？一定是你脸上的皮肤！哪个器官改变对你的容颜影响最显著，一定是你脸上的皮肤！哪个器官最容易发生改观，也一定是你脸上的皮肤！须知人的皮肤细胞是我们体内各种细胞中再生能力几乎最强的一种，其更新时间平均为28天；而如今我们用如此廉价、如此简捷的妙法，在日复一日的坚持中，就能使你脸上的皮肤锲而不舍地旧貌换新颜，这对你如此渴望的美容养颜将有多大价值啊！

当然，话又要说回来，如果你真想采用此法，一是最好先去请教相关医学美容专家，这样更为稳妥可靠；而据我了解，许多医院的医生护士，都有用贴土豆片去缓解因长期扎针点滴所造成皮肤问题的经历。二是你用的土豆片一定要削、而不是切，因为其必须削得特别薄，才能在脸上贴住。三是没用完的土豆应用保鲜袋保鲜，最好存放在冰箱里保鲜。四是千万不能用发芽、发青、变了质的土豆！

而说到此，有一点我还想多啰唆几句。我们用土豆片去对付青春痘虽然有效，但这只是种辅助效果。因为我们解决一个问题，往往既要治"标"，更要治"本"。比如你发现有苍蝇，但拍了又有，拍了又有；原来这近处有个垃圾堆，它在不断滋生出苍蝇。那怎么办呢？显然应"标本兼治"，即既要拍苍蝇，又要把那垃圾堆搬走。而如今我们用土豆片对付青春痘，它起的作用显然是治"标"。因此你若要真正征服你的青春痘，还要下功夫去治"本"。

那假如这"本"一时解决不了，你怎么办呢？你当然只能靠这治"标"，也就是你一定要作好打持久战的充分心理准备。那这持久战怎么打呢？——将其变为习惯，一切不就变得再容易不过了！你看，我征服我爱人那粒硬如石子的红小痘，不就是一个典型的成功案例吗？！

而说到此，有一点我很想作一补充。如果有企业家能有眼光申请一种专利——土豆面膜，并大规模投产，那其一定效果显著，且市场广阔，说不定还能对我国全面脱贫做出贡献。因为据我所知，在一些穷乡僻壤，在云南等地一些3000以上的高山区，水稻和玉米等都已无法生长，但对于生命力极强的土豆而言，却依然长势旺盛，可以大批量种植！

为身材挺拔助你一臂之力

朋友，为你的"烦恼青春痘"、为你的"容颜不老"我也许能助你一臂之力；而你相信吗，为你的身材挺拔、为你的飒爽英姿我也许能助你一臂之力？因为说来也巧，我前面说到的"婷美"内衣，包括许多年前曾风靡全国的"英姿带""背背佳",实际全源于我清华四十多年的挚友李博元的一项项专利。而不瞒你说,当年"背背佳"的老总还特意将我请去,希望我能当他们的形象代言人,但被我婉言谢绝了。

那所有以上产品为何能如此风靡呢?

显然是人们对自己身材挺拔的强烈渴望。因此,关于身材问题,一定是我们许多人关注的。尤其是进入了"低头族"在我们的公交、地铁、餐厅、办公室触目皆是的时代,这个问题更成了一个既有损形象又有损健康的大问题。

那我们如何去破解这道难题呢?

告诉你吧,如果你信任我,还能按照我的指令去做,那有一个妙方就能轻易破解这道难题;而在正式向你揭晓我这独家妙方前,我先给你介绍两则有关身材挺拔的训练。

其一是我的挚友郭洁教给我们的"九点式"。顺便说,我的这位挚友可是个"万人迷",身材极好,曾是北京市中老年"十佳模特"。她这"九'点'式"是这样练的——可在每天看电视时背靠着

郭洁在印度洋之马尔代夫

墙，边看边练；练时后背有九个点应尽量挨着墙：后脑勺、两肩、两臀、两小腿肚、两脚后跟。练一两分钟、两三分钟即可。为认真起见，你可给自己作个规定，如默数到一百、二百、三百等；如九"点"挨墙不能全做到，也不必过于勉强，循序渐进。

其二的训练是，你可用我总结的"四微微"——你走路时，胸微微挺一挺、腹微微收一收、臀微微抬一抬、脖往衣领微微靠一靠，也不必勉强。你也可以给自己作个规定，比如一天要这样练三次。

朋友，请你想一想，以上练习如果你真的去做了，而且做到了，那半年后、一年后，你的身姿将会如何？

"问题是难以坚持！"你一定会这样说。

是的，一点没错，问题之关键就出在这"难以坚持"上！好，现在我那独家妙方就要正式登台亮相了——

请你此刻就掏出手机按我的指令操作——打开你的手机；找出手机上的"闹钟"；找到后在闹钟上按你自己的要求设定，如挺胸收腹一天练三次，分别在8点、12点、18点正走在路上，那你就设定在这三个时间点上；此外如果你还要练一次"九点式"，在20点电视连续剧刚开始，那你就设定在20点上；上面设定好后再设定是每天提醒，同时设定你所喜欢的提醒方式。

好，朋友，作了以上设定后，你现在可以想一下，你这"英姿飒爽、身材挺拔"的梦能不能实现了。试想，你的关键问题在于"难以坚持"；而坚持最关键的是养成习惯；养成习惯最关键的是要有人天天提醒你。而如今有了这手机闹钟，你正走在路上或正在看电视，突然"啵啵啵"地仿佛有人在提醒你，这样一天四次，一个月岂不就120次，那你这挺胸收腹的习惯难道还养不成吗？如若一个月不成，那两个月240次、三个月360次……难道这习惯你还养不成吗？

朋友，以上就是我要奉献给你的能助你身材挺拔的独家妙方！你说我这独家妙方"妙"不"妙"，是不是太"妙"了、太"妙"了？！

为拥有一头秀发助你一臂之力

朋友,当你听我介绍了以上种种妙方,你是否发现,有关这"形象、气质",我是不是还真有那么一点发言权?

而此刻,我还要给你介绍一种有关妙方。顺便说,我这些妙方你甚至还可以通过微信等方式去介绍给那些常出镜的大腕们。因为有时我在荧屏上看到一些耀眼的文体明星,脸上却有那么些小痘痘,心里直为她们感到惋惜;我心里想,如若她们也能获此信息,该有多好啊!

好,闲话少说,下面就让我给你介绍那个能助你拥有一头秀发的妙方。对此请你关注我国的一位中医大家——吴大真。我之所请你关注,因为这位年逾古稀的中医大家,至今依然拥有一头浓密的秀发,以至我每次在荧屏上见到她,都会羡慕不已。而有关她护发、养发的精萃,你不妨在网上查找一篇《美丽从"头"开始》的文章。从文中看,要真正拥有一头秀发,绝不是一件轻而易举的事,必须全方位下功夫;这里起码的一点是,如果你天天熬夜、夜夜失眠,那要拥有一头秀发,恐怕一定是一件难而又难的事。

那在为助你"拥有一头秀发"所采取的全方位措施中,哪一条措施、哪一种妙方,我要在此特别向你推荐呢?

这就要说起我一个颇有点经典意味的小故事——

几年前我去我家附近的"金剪子"理发。没想到刚理完,吓我一跳——我猛地发现自己右鬓耳廓处有一簇刺眼的雪白,而这是我以往从未觉察到的!

怎么会是这样?必须立即采取对策!

那怎么去对付这"一簇刺眼的雪白"呢?

我不由得又想起了吴大真那一头令人羡慕的浓发。记得有一次她在节目中讲,她每天要梳头十分钟,我当时听了感到很吃惊。但从她的身份,我深信她这样做一定既健脑又美发,是极有科学依据的。于是,我决定立即行动。

我原本就有每天梳头的习惯,一天三次,每次八八六十四下;现在我决定翻一倍,每次变为一百二十八下。此外,为了重点对付右鬓那一簇雪白,我要求自己从今往后,每天由上而下梳两鬓三次,每次也一百二十八下。由于我极为认真,当然这两条措施很快又成了习惯。

不料这样的结果,没多久就产生了奇迹——二个月后我第二次再去理发,没想到"金剪子"那小伙子突然好奇地问我:"你这两边的头发怎么那么厚?"

天哪!我从小到大理了近千次发,从未有理发师问过我类似的问题;可偏偏在我加强两鬓梳理并变为习惯后,却立竿见影似地发生了如此奇事,这怎能不叫我感慨万分呢?

因此朋友,请你相信,为了助你拥有一头秀发,在你全方位所采用的各种措施中,每天认真梳头,一定是一种既简单又有效、既能美发又能健脑的妙方。至于梳头的时间,你可以分多次进行,尤其是利用看电视的时间边看边梳;而按吴大真大夫的说法,你的双手就是两把最好的梳子;力量不宜过大,轻轻即可,"抚摸传达你的爱",其本质是唤醒你头皮天然的养护功能;而我深信,我如今年届古稀,无论头发的密度、色泽尚还可以,我每天那数字化了的、极其认真的梳头习惯一定功不可没,你说对吗?

为减肥健美我也助你一臂之力

朋友,介绍完了以上种种,在压轴之时,我特别想为我们许多朋友所特别渴望的减肥健美也助上我一臂之力。

关于肥胖的危害,当然不言而喻,其既有损于你的形象,又有损你的健康;对此你只要在网上找一篇《每年胖死280万人》的文章,就知道得再清楚不过了!

而在这个领域,我似乎更有发言权。因为我不仅曾在全国许多体育馆传授过一种独特的健美减肥术,而且自己的身材也始终保持得不错。

那作为这样一位"准"减肥专家,我如何为渴望减肥健美的朋友也助上一臂之力呢?

以下是我为你提供的几套减肥方略,供你根据你自己的实际情况来参考选择——

我的方略之一,你当然尽可能到大医院的减肥门诊或去一些知名减肥机构,这样肯定会更安全、更有效、更可靠而且服务也更周到。

我的方略之二,可以借鉴我一位学员王辉的"减肥习惯配方"。因为他用这种并不十分复杂的"配方",居然从一个原本218斤的大胖子,通过1年零1个月,蜕变成了一个150多斤的精壮小伙子!

那王辉成功减肥的具体"习惯配方"究竟是什么呢?——一是"累断腿不如管住嘴",减肥最有效的方法是管住自己那张嘴;二是每顿再也不像过去那样非要吃饱、甚至吃撑,只要吃到不饿即可;三是吃饭不再狼吞虎咽,而要变得细嚼慢咽;四是像广东人那样"先喝汤、再吃饭",这样一定有利于减肥;五是过去家里剩下的汤汤水水全由他"包圆",现在他坚决不做此等傻事了;六是碳酸饮料,他坚决不喝;七是不再大鱼大肉,尽量吃得素些。朋友,实际这减肥只要真能像王辉一样下决心管住你的嘴,根本就不难!

我的方略之三,是你每天由三顿饭变成两顿(甚至在一段时间内变成一顿)。你看,这是不是更简单了!而少吃的那顿你去干什么?正好去做你最感兴趣的运动,而且边运动还可边沉浸在各种你自选的乐曲之中，这该多美啊？

那这样可行吗？

当然可行！为什么？一是我们现今是营养过剩，这可以说是许多现代文明病的罪魁祸首，既然如此，那我们为何还非一天吃三顿呢？二是佛教徒两千多年来始终过午不食，他们不也习惯了吗？三是据日本医学专家甲田光雄在其《神奇的少食健康法》一书中介绍，美国科学家曾对正常饮食的耗子和限制饮食的耗子作过对比试验，结果发现后者的寿命反而比前者长；五是我和我爱人每天吃两顿饭已四五年，但一切都安然无恙……

我的方略之四，是请你打开百度，观看一段视频。这是英国BBC拍摄的纪录片《进食、断食与长寿》。其拍摄的是一位有着医学背景的记者到美国调查有关减肥的最新进展。而其中有一套方略我也试过——一星期中，5天正常吃，有2天基本断食，但可以吃相当于平时四分之一的食量；而我给你再添上一条，这两天内西红柿、黄瓜可随便吃，因为其既可解馋，又可饱腹，热量也低得可以忽略不计。

以上，便是我推荐给你的几套助你减肥健美的方略，供你参考。那当你达到了理想的体重后如何保持呢？一是要找到你维持体重不变的平衡点，变成你的习惯；二是去买一个可靠的磅秤，养成经常称体重的习惯……

朋友，你看，说来说去我们又回到了"习惯"——保持你的理想体重要靠"习惯"、减肥过程中的阶段性坚持要靠"习惯"、使你秀发飘飘要靠"习惯"、使你身材挺拔要靠"习惯"、使你养颜美容要靠"习惯"、使你脸上时时能展现出迷人的微笑要靠"习惯"……朋友，由以上种种，本章我们所说的——

"习惯决定形象、气质！"是不是真的一点也没说错，而且还特别确切？！

第十章
"习惯"与"心态"
——习惯决定心态

朋友，探讨完了"习惯"与我们"命运"中各种最主要侧面的关系，最后我们要进入的，是一个如今越来越受到我们每个人关注的重大领域，那就是——

"心态"！

那一提到"心态"，你也许会问，何谓"心态"呢？

我认为所谓"心态"，顾名思义，就是"心理状态"；也就是你的心理状态究竟如何？——究竟是恐惧的、紧张的、自卑的、阴暗的、不求上进的、患得患失的，还是勇敢的、镇定的、自信的、开朗的、勇于进取的、心胸开阔的等等。通常我们把各种负面的心理状态统称为消极心态，把各种正面的、有正能量的心理状态称为阳光心态、积极心态等。而美国当代著名心理学家马丁·塞里格曼所创立的一种在世界范围内影响力正越来越大的心理学流派——"积极心理学"，其研究的核心也是"心态"两字。

那心态对我们人生的重要性究竟如何呢？

对此我们只要想一下得癌症的人怎么死的，你就十分清楚了——三分之一是因癌而死的；三分之一是被治死的；而其余三分之一是被吓死的！

那为何竟有三分之一都是被吓死的呢？

这显然就是心态的问题了——心态一垮，整个人自然都垮了；这正如古人所云"夫心者，一身之主，百神之帅"；也就是说，我们的心、心态是你全身所有器官的统帅和总司令。试想，大敌当前，作为前线的统帅和总司令早已吓得魂飞魄散，那后面的千军万马怎么样呢？岂不只能丢盔卸甲、溃不成军、落荒而逃？！

朋友，你听到过以下这则最典型的心理学试验吗？——

"把一个死囚双手捆绑着关在一间黑牢房里，然后对他说：'我们准备换一种方式让你死——把你的血管割开，让你的血滴尽而死。'说完后,打开水龙头,让死囚听到滴水声,并说:'这就是你的血在滴。'第二天早上打开牢门,死囚死了,脸色惨白,一副血滴尽的模样。其实他的血一滴也没有滴出来,他是被吓死了。"

朋友,听完这则故事,你现在明白了心态那不可思议的可怕力量了吧!而以下故事,则是我的挚友赵玉萍亲口告诉我的——

"她说她一个熟人前几年出了经济问题,被判了两年。两年后那人出来,她见了大吃了一惊。为什么?因为他40多岁,没想到关了两年监狱,再一见,竟变成了一个三十多岁的年轻小伙子!那这是怎么回事呢?原来,他说他在监狱里开始也受不了,但关了二三个月左右,他悟,悟,悟,突然有一天,他终于悟出了一个道理。

什么道理?

他说:'如果你认为这是监狱,那这就是监狱;如果你认为这是学校,那这就是学校!'"

朋友,你听,这话说得多富有哲理啊,简直可以堪称经典——"如果你认为这是监狱,那这就是监狱;如果你认为这是学校,那这就是学校!"是啊,如果你认为这是监狱,那这两年你怎么过?出来将是何样?但如果你认为这是学校,那你这两年怎么过?出来又是何样?难怪被誉为"美国孔子""美国文明之父"的爱默生曾说——

"不同的大脑,对于同一个世界,可以是地狱,也可以是天堂!"

为何决定我们心态的依然是习惯？

朋友，通过以上两则故事，你现在清楚了心态对我们的极端重要性了吗？同样一种境遇，你可以如在学校，也可以如在监狱；可以如在天堂，也可以如在地狱！

那心态对我们如此重要，决定我们心态的关键因素究竟是什么呢？

你一定清楚我的答案依然是习惯！

为什么？

一，常识告诉我们，心态本身就是一种习惯。你看，有些人总是很自信，有些人总是很自悲，那这是先天的吗？一定不是！而是一种后天逐步形成的心理定式、心理习惯。同样，有些人总是忧心忡忡，"吃着地沟油的命，操着中南海的心"；但有些人总是乐乐呵呵"不高兴是一天，高兴也是一天"，那这不也是一种后天逐步形成的心理定势、心理习惯吗？

二，我们前面所提及的那本风靡全球的《高效能人士的七个习惯》，其置于第一位的习惯是"积极主动"。那"积极主动"是什么？不就是一种心态，一种我们工作、学习、为人处世的几乎最重要的心态吗？

三，我国最著名的"阳光心态"专家吴维库博士将"阳光心态"的内涵概括为四句话：1."不能改变别人，就改变自己"；2."不能改变环境，就适应环境"；3."不能向上比，就向下比"；4."不能改变事情，就改变对事情的态度"；我对此很认可。那请你想一想，这四句话再好、再妙，如果你只是知道，而没有设法将它们化为你的心理习惯，那它们岂不依然是书上的、是吴博士的，而不是你的吗？

四，让我们再回顾那置于《论语》之巅的"学而时习之，不亦说乎?"你看,这话的前半句在强调什么?是在强调"习",即"习惯";那后半句在强调什么呢?是在强调那"说"("悦"),即愉悦、快乐。那这愉悦、快乐是什么?不就是我们如今所说的"阳光心态"吗?足见我们《论语》一开篇第一句就在强调习惯对于心态的重大意义——即一个人只有时时在"习惯"上下大功夫,他的人生才能愉悦、快乐,他的生命才能拥有真正的"阳光心态"!

因此你看,这"习惯决定心态"的真谛是谁发现的?不是我发现的,而是我们中华民族的师圣孔子早在两千多年前就早已发现的!

而看到这里,你也许会问:以上你列举的都是理论,那事实果真是如此吗?事实果真能证明你的"习惯决定心态"吗?

而一说到事实,我可要给你拿出我们这世上一个几乎最有说服力的"心态"案例来作见证。

一个世上几乎最有说服力的"心态"案例

那这个世上几乎最有说服力的"心态"案例究竟是谁呢?

不瞒你说,这个"世上几乎最有说服力的案例"不是别人,依然还是笔者本人,为什么?

你想,四十多年前,我已经毕业于人人向往的清华,而且还有幸留在了这座风光如画的大花园里,但我却因得了严重抑郁症而痛下决心,要离开这个世界;那你说,我这不是一个世上心态最阴霾的典型又是什么?!

而你再想一想,我决意离开这世界的方式——在那个清华园的深夜,我居然三次用绳子结束自己而幸免,后嘴吞沙子、头撞石壁,最

年轻时的作者，一度心态阴霾到了极点

与我家老八周小妹一起，陪老父畅游清华园

后居然又将百分之九十八的浓硫酸倒进了自己年轻的生命，那这种情况不是世属罕见又是什么？！

那年轻时心态阴霾到极点、精神痛苦到极点的我，如今心态如何、精神状态如何呢？

告诉你吧，如今我的心态，用常常是"阳光灿烂"来形容都不过分，而且这样的状态已持续有近二十年了。

而对此，你只要回味一下我以上所有文字所洋溢出的气息，是不是处处洒满了阳光？

此外，我这个当年心态阴霾到极点的人，如今居然在清华讲了十多年《阳光心态》等课程，这是不是也是一种见证？

而说到这儿，让我干脆拿出我们继续教育学院为我整理的、来自我学员们的综合评价——

"老师的热情极大鼓励了我们；有激情；传播正能量；让人敬佩；周教授职业道德非常强，有亲和力；结合自身经历，阐述阳光心态作用，效果明显，具有正能量；有才，意志力强；以己为例，有说服力；老师风趣，自信……"

朋友，当我出示了以上种种，我说自己在心态方面是"一个世上几乎最有说服力的案例"是不是一点也不为过？！

那我的心态为何前后竟能有如此天地之别呢？

如果要我回答，我会毫不犹豫地告诉你——关键还是在"习惯"

两字上!

下面请允许我出示我之见证。

"习惯决定心态"我之见证

谈到我之见证,首先我要谈我对"心态"两字一种非常独特的看法,希望你能认同。

我认为如果我们这世界可分为物质、精神两大部分,那"心态"无疑属于精神范畴。

但我要问,如果我们只抓精神,我们的心态能阳光、能阳光灿烂吗?

我觉得很难!起码常人是如此,神仙当然除外。

为什么?

因为一个显然的事实是,如果我们穷得叮当响,如果我们问题一大堆,如果我们整天病怏怏,那我们要心态阳光,是不是会很难?!

因此我认为,心态总体虽属于精神范畴,但我们真正要拥有阳光心态,还必须两手抓——一手抓"物质建设",一手抓"精神建设",你说对吗?

朋友,如果你能认同我以上看法,那一切是不是就很清楚了——我的心态之所以能发生如此巨变,绝不是我得了什么灵丹妙药、仙丹妙方,依据这些妙方,我只要把脑子一转,心态就一下子变得阳光灿烂了;而是我这么多年来下了大功夫,既狠抓了"物质建设",又狠抓了"精神建设"所结出的硕果。试想,如果我至今事业上依然是废墟一片、健康上依然是重病缠身、经济上依然是穷得叮当,那我的心态能这样阳光灿烂呢?

肯定不能!

那我的命运、事业、健康等究竟是如何发生如此奇妙变化的呢?我前面的文字不已告诉了你一个个真理——"习惯决定命运""习惯决定事业""习惯决定健康"……你看,所有这一切的背后是什么?不就是"习惯"两字吗?!

因此,让我发自内心地告诉你吧,在我看来,除了"习惯",世界上仿佛很难找到其他两个字,能使我们人生发生如此质的、全方位的、根本性的巨变。而当我们人生的所有方面都因"习惯"而发生了如此匪夷所思的质变,那"心随物转",你的心态岂不自然就变得阳光灿烂了吗?

以上是为何我的心态如今能变得如此阳光的第一大原因——是我通过习惯狠抓了"物质建设"所获得硕果。

既要抓"物质建设",又要抓"精神建设"

那我的心态如今能变得如此阳光的第二大原因是什么呢?

是我在狠抓"物质建设"的同时,又狠抓了阳光心态的"精神建设"!

那为何还要狠抓"精神建设"呢?

因为"物质变精神,精神变物质",精神的力量也是伟大的,这是其一。

其二是,物质与心态,仿佛还隔着一垛墙,还是邻居;但精神与心态,却是一家人,没有任何间隔。因此通过抓"精神建设"来调整我们的心态，往往会收到立竿见影的效果。也许正因为此，全世界几乎所有的宗教都在强调一个"心"字。

那通过"精神建设"来抓心态如何具体去抓呢？

告诉您吧，我的具体的抓法也是靠"习惯"两字。

为什么？

因为道理很简单，诚如我已谈到过吴维库博士"阳光心态"的四句话，如果你仅仅是知道而没有成为你的习惯，那这四句话再好、再妙、你再拍案叫绝也不是你的。

因此依我之见，有关调整心态的各种极有价值的至理名言、仙丹妙方你都应将其修炼为你的习惯！试想，当一句极好的箴言早已成了你的心理习惯，你一碰到相应问题，它立即从你的内心深处主动跑出来，热情地抚慰你、温暖你、帮助你、开导你，使你那问题很快化解，那你的心态岂不一下子云开雾散，又变得晴空万里、阳光普照了？

朋友，我以上所说言，是不是很有道理？

因此对于心态问题如果也有治标、治本这两方面的话，那我认为狠抓"精神建设"，偏于"治标"；狠抓"物质建设"，偏于"治本"。因为如若你的实际状况不尽人意、甚至很糟，而你硬挺着胸要自己"阳光""阳光""阳光"，那这种"阳光"岂不是空的、虚的、仿佛建立在沙滩上的？

而在这两者中，最终让我们能落地生根、接上地气的，不都是"习惯"两字？因此我说"习惯决定心态"，是不是并没有说错？

而谈到这里，你也许会问：周老师，那这许多年来，哪些至理名言、仙丹妙方早已化为了你的心理定式、心理习惯，对调整你的心态起到了至关重要的作用呢？

这类至理名言、仙丹妙方当然很多，对此容我为你精选出七句金句，与你共享。

七句调整心态的金句

那我为你精选的是哪七句调整心态的金句呢?

第一句——"只选择阳光,不选择阴霾"!

我认为心态好坏,关键在"选择"两字。碎了一只碗,你可以选择心痛不已,也可以选择"岁岁平安";遇到挫折,你可以选择"我就是无能",也可以选择"塞翁失马,焉知非福";得了癌症,你可以选择自暴自弃"十个癌症九个埋",也可以选择激励自己"宋美龄为何88岁得了乳腺癌,还能活到106岁?!"孩子得了倒数第二,你可以选择责骂"怎么这么没出息?!",也可以选择赞赏"上次你倒数第一,这次居然能倒数第二,太棒了,如果总这样下去,一定前程无限!"

可见心态好坏,关键在你自己,在你自己的选择,你说对吗?

第二句——"有勇气改变可以改变的事情,有胸怀接受不能改变的事情,有智慧判断两者的不同。"

此话来自《圣经》,对调整心态价值巨大。遇到任何难题,先冷静理智分析,究竟能否逆转。如能逆转,以最大的勇气千方百计去逆转;如回天乏力,那就去达观地接受,这是一种人生大智慧。

第三句——"当一切很顺利时,往窗外看,把功劳归于自身以外的因素;当事情进行得不顺利时,往镜子里看,承担责任,而不是埋怨运气不好。"

此箴言摘自《从优秀到卓越》这本超级管理畅销书。研究表明,世界500强中那些最卓越的CEO们几乎都有这一显著的共性。请你细细品味此话,并努力将其化为自己的习惯。试想,如果你也能像他们一样,"顺利时,往窗外看;不顺利时,往镜子里看",那你的心态、你的为人处世将进入怎样一种勇于担当、挥洒自如、魅力十足的境地？

第四句——"人性中最大的悲哀是，我们许多人老是拖延着不去生活，我们总梦想着天边那一座奇妙的玫瑰园，而不去欣赏今天就盛开在自己窗口的玫瑰。"

这是戴尔·卡耐基的一句名言。回想过去的我，总是"梦想着天边那一座奇妙玫瑰园"，因此败笔连连；而如今的我，总在"欣赏今天就盛开在自己窗口的玫瑰"，因此仿佛感到人间处处欢声笑语，人生也仿佛总在流光溢彩。

第五句——"有多少水，和多少泥！"

这是我们中华古老的智慧——有多大能力，做多大事；有什么样的收入，过什么样的日子，这多踏实、多舒坦啊！但我们许多人却不明此理，尤其那些贪官们！也许正因为此，《圣经》上说："贪是万恶之根"；而佛教更是把一个"贪"字，放在了世间"三毒"——"贪、嗔、痴"之首，告诫人们要知足常乐。朋友，也许正因为此，通过对十万个家庭的入户调查及互联网大数据分析，我国《2016年最具幸福感的城市》排在榜首的不是北京、上海、广州、杭州、深圳，而竟是"拉萨"！

第六句——"一颗红心，两种准备！"

这是一句你一定耳熟能详的话。一件事来了，只一种准备，而且是顺的，那多危险啊！但如果相反，对每一件事都有两种准备——既争取最好的，又想到最坏的，更想到最坏情况下的一、二、三，如此一来，你的心态岂不就安置在了一个极稳固的磐石上，能经受得住任何狂风暴雨的洗礼？

第七句——"一切都是无底洞！"

这最后一句话可是我发明出来的。你看，世间一切，是不是都是无底的？高了还有高，好了还有好，大了还有大，多了还有多——

你一百万身价，可他一千万；你好不容易过了亿，但一对比马云、李嘉诚，还是小弟弟；你即便成了世界首富，可能依然会不满足。为什么？因为美国前副总统戈尔在荣获诺贝尔和平奖典礼上播放了一段视频——摄像机在遥远的太空捕捉到一粒淡蓝色的微尘，哪知这微尘不是别的，竟是我们地球！那你想，作为世界首富，自己只是这粒微尘上的首富，那又怎么样呢？是不是又会对自己不满足？

因此，这最后一句——"一切都是无底洞"如今会时时闪现在我脑海，对调整我的心态可以说功不可没。因为它总在告诉我，金钱、名誉、地位，包括所谓的成功，这一切都是无底的，都是个"无底洞"；为这"无底洞"去活、去拼命，是傻的、是近乎愚蠢的。那既然"一切都是无底洞"，我们应怎么办呢？我觉得我们应"为而不争"；应"活在当下"；应"知足常乐"；应"只计耕耘，不计收获"；应"谋事在人，成事在天"；应"快快乐乐每一天，潇潇洒洒每一天，阳光灿烂每一天"！

而朋友，为了让你的"快快乐乐每一天，潇潇洒洒每一天，阳光灿烂每一天"真能做到，下面请允许我向你隆重推荐转自2015年7月10日《人民日报》的《哈佛大学推荐的20个快乐习惯》。

《哈佛大学推荐的20个快乐习惯》

一、要学会感恩

变慢脚步，看看你的四周，当你的感恩之心能够欣赏生活的美，思考和祝福，你自然就充满了幸福感。

二、慎重择友

影响个人幸福最重要的外部因素是人际关系。所以如果你想变得开心的话，要选择和乐观的朋友在一起。

三、培养同情心

当我们代替别人，站在另一个角度看问题，我们就能更客观和有效，生活中就会少一些冲突，多一点快乐。

四、不断学习

学习让我们保持年轻，我们运用大脑的时候，就不大会想不开心的事情，我们会变得更开心和满足。

五、学会解决问题

开心的人是会解决问题的人，他们直面挑战，调动全身力量寻找解决办法，通过解决问题去建立起自信心。

六、做你想做的事情

做自己想做的事，或在工作中寻找快乐和意义，或培养一个你喜爱的兴趣，对你的幸福感有很大的影响。

七、活在当下

你感到沮丧、担忧，是因为你活在过去和未来，当你感到满足、开心和平和时，你才是活在当下。

八、要经常笑

笑是对抗生气或沮丧最有力的的东西，不要把生活看得太严肃，要学会在每日的奋斗中寻找幽默感和笑声。

九、学会原谅

学会原谅自己和别人，每人都会犯错，只有通过错误，我们才慢慢学会如何成为一个更好、更强大的人。

十、要经常说谢谢

要学会说谢谢，向那些让你生活变好的人，无论或大或小，都要表达出你的感激，让"谢谢"不离嘴。

十一、学会深交

我们的幸福感会在和另一个人的深交中不断猛增，专注、聆听是加强这种关系纽带的两个最重要的方面。

十二、守承诺

高度的自尊和幸福感有直接关联，我们的自尊是建立在我们对自己守承诺的情况下，所以要遵守承诺。

十三、冥想

上过8次冥想训练的人要比控制狂多开心20%，这样的训练可以导致大脑结构变化，对学习和记忆很重要。

十四、关注你在做的事情

当你全身心投入一件事的时候，你就会处于一个开心的状态，你就不大会关心别人对你怎么看，会更幸福。

十五、要乐观

每当你面对一个挑战时，如果你倾向于最坏的想法，那就自我转换这种情况，乐观肯定能驱动成功和幸福感。

十六、无条件的爱

接受你所有不完美，也要这样对待别人，无条件的爱意味着接受真实的他们，让他们自己摸索。

十七、不要放弃

如果你决定做某事，在成功之前，都不要放弃，要记住失败是暂时的，只有当你放弃时，你才会被打败。

十八、做最好的自己，然后放手

有时候尽管我们很努力做一件事情，但总会事与愿违，做最好的自己，当你尽了全力，你就没有遗憾了。

十九、好好照顾自己

一个健康的身体是幸福的关键，如果身体不好，无论如何都很难快乐，好好照顾你的身体、大脑和精神。

二十、学会给予

人们做好事,大脑就会变得活跃,就好像获得了奖励,所以那些关心别人的人要比不关心别人的人更开心。

7 如何介绍自己的姓名?

朋友,关于阳光心态的精神建设,以上我为你精选了七句金句和哈佛的20个快乐习惯,你听了感觉如何?是不是确有道理?

那如何使这些金句对你的实际生活真正发挥其奇妙的价值呢?

那当然要通过不断训练使它们化为你的思维习惯、心理习惯,即你一碰到相应情景,你立刻会条件反射似的拿出来加以运用;否则,这些金句对你又有何意义呢?

而为此容我给你举一些实例。

先给你谈谈如何介绍自己的姓名,因为即使这样细微的事,你不同的介绍会产生截然不同的结果。就以介绍我的姓名"周士渊"为例,你来感受一下这之间的差异。

你先仔细听我介绍——

"我姓周,叫周士渊。"

"'周'是什么周呢?是周恩来的'周',周总理的'周'。"

"'士'是什么士呢?是硕士、博士的'士'。"

"'渊'是什么渊呢?是学问渊博的'渊'。"

朋友,你这一听,是不是很可能即刻会暗想,这周老师不是出身书香门第,便是出身官宦之家,因为这姓名是不是起得太棒了、太棒了?!说不定一下子还会对我肃然起敬。

但对"周士渊"这个姓名，我还可以这样介绍，你听听感觉如何？

"我叫周士渊。"

"'周'是什么周呢？周扒皮的'周'。"

"'士'是什么士呢？嬉皮士的'士'。"

"'渊'是什么渊呢？罪恶深渊的'渊'。"

朋友，你听，经这么一介绍，我一下子是不是变得简直灰头土脸了？什么书香不书香，连一点边都沾不上了！

因此你看，同样一个姓名，同样"周士渊"三个字，用不同的方法介绍，最后的结果是不是差别太大了，太大了！

那这里的奥妙何在呢？

这奥妙与心态当然不无关系——你凡事选择阳光，你不管说什么话、做什么事，肯定会给人以明媚、以和煦、以温暖、以阳光；相反，你凡事选择阴霾，你不管说什么话、做什么事，肯定会给人以灰暗、以肃杀、以冷漠、以阴霾。那一事当前，你究竟应选择阳光还是选择阴霾呢？显然应选择阳光！为什么？因为且不说这样做对国家、对民族将如何，但起码对我们自己的心情、自己的健康一定有益，你说对吗？

而顺便给你说个笑话，也是件真事。很多年前我到山东去出差，碰到一个工人，我问他姓什么。他说——

"俺姓'寇'。"

由于他有口音，我一时没听清，又问他。

他还说姓"寇"。

我还没听清，又问他。

他最后一个大红脸，很不好意思地说——

"俺姓'寇'，日寇的'寇'呀！"

朋友，听了这个回答你感觉如何？是不是很有点让人哭笑不得、啼笑皆非？

我们当然不能怪他，因为他文化程度不高，既没有听过我的课，也没有看过我的书。那现在你明白了，该如何去介绍呢？

当然会介绍是"'寇准'的那个'寇'"，或者是我国男高音歌唱家"寇家伦的'寇'"，这总比你介绍是"日寇的'寇'"，是不是要强上百倍？

8 如何变自卑为自信？

朋友，要训练你心态，使它习惯性地变得越来越阳光，还有一种方法，就是你要换一个角度看问题，也就是要换一副有色镜，使你戴上这副眼镜所看到的世界，始终是明亮的、光鲜的、使人充满了正能量的，而不是相反。而告诉你吧，一些人之所以心态总是那么好，就是这样做的，它能使本来仿佛"应该"自卑的人会变得极为自信。

这方面典型的例子就是一大批笑星们。你看，我们许多人明明有许多优点，却反而误认为那是自己足以自卑的证据。但那些笑星们可不是这样，比如葛优、陈佩斯、潘长江等都是这样。按一般的眼光，他们的长相实在不敢恭维，用他们自己的话说——"长得很有点对不住人"。但没想到在他们手里，他们的形象反而使人感到神采飞扬、光彩夺目，这是不是很让人叫绝？而这里台湾笑星凌峰尤为出类拔萃。

朋友，你还记得当年凌峰第一次是如何在央视登台亮相的吗？

他一出来就不无自豪地说——

"你们看，我的脸是不是长得很'中国'？"这一句话就把大家给逗乐了。

接着他又得意洋洋地开腔了——

"有人说，我们中华民族五千年的沧桑好像都写在我这张脸上了。"说到这儿，他话锋一转"但实话告诉大家，我到全国各地去，男士们对我都兴高采烈；但女士们却对我忍无可忍。实话告诉大家，根据科学的研究，实际丑的人分两种，一种越看越难看；还有一种呢？越看越耐看，我就属于这第二种！"

朋友，听了凌峰这段自我介绍，你有何观感？是不是让人从心底里对他心生佩服！而实际细想起来，所有这些高人不都是这样的吗？

你看，潘长江是如何解释自己的身高的？——

"凡是浓缩的都是精品！"

陈佩斯是如何解释自己的光头的？——

"每人都有闪光点，我剃光了头的脑袋就是我的闪光点。"

马云是如何解释自己的长相的？——

"一个男人的才华与他的形象，往往是成反比的！"

朋友，你看这些高人多有智慧啊！而一对照他们，我们这些常人是不是简直太呆、太傻了？

就以我自己为例。当年我好不容易考上了清华，但一进去却反而特别自卑，为什么？因为我尽管来自上海宝山，但五十多年前的上海宝山是一个默默无闻的地方，是上海郊区；在许多城里人眼中，我们都是赤了脚的"乡下人"。此外，我家里很穷，姐妹兄弟8个，父母工资加起来才40元，而且他们又没有什么文化，是种地出身。

但现在半个多世纪过去了，当我经过了如此多人生的历练，尤其当我习惯性地戴上一副处处阳光灿烂的眼镜看世界，我的内心似乎完全变了。还以我的出身为例，我父母那样穷，但居然培养我考上了竞争如此激烈的全国最高学府清华，那我父母多不容易啊？而就我本人而言，我能"朝为田舍郎，暮登天子堂"，是不是也属不易？那我不是属于天资聪颖的一类，是不是也一定属于勤奋好学的一类，你说对吗？

因此朋友，如果你从此也想变自卑为自信，请你从今天开始，也换上一付能永远让你心里亮堂的眼镜看世界、看自己！

如何征服忧虑？

朋友，当我们换一副明亮的、洒满了阳光的眼镜看世界，我们就能变自卑为自信。

同样，当我们习惯于用这样的眼镜看问题，我们就很容易去征服自己心中的各种忧虑。

而生活中我们是不是一定常常会伴有各种忧虑——

高考了，多少年寒窗，目标瞄准的是清华、北大，但万一考不上，怎么办？

想留学，好不容易过了一关又一关，但万一最后签证被拒，怎么办？

谈恋爱，现在是热火朝天，不分你我，但万一她碰到更帅的，把我甩了，怎么办？

怀孕了，总算还顺利，但万一生出的孩子缺胳膊短腿，我又该怎么办……

朋友，我们生活中是不是总会冒出各种各样莫名其妙的忧虑？就如杞人忧天，总担心着天哪一天会塌下来。

那我们有没有办法去征服这种种忧虑呢？

办法当然是有的。而在这其中，有一种办法你不妨一试。这就要说到一个真实的故事。

多少年前美国有一个叫艾尔·汉里的人,因常常发愁,愁出了胃溃疡。后来病情越来越恶化,胃出血不止,人瘦得皮包骨头,每天只能靠半流质维生,最后连说话、抬头都感到困难了。看到这种情况,医生也认为他无药可救了,于是他陷入了绝望。

在绝望中,有一天他突然产生了一个近乎荒唐的想法——既然自己来日无多,那为何不趁有限的时日去乘邮轮周游世界,以了却自己多年的夙愿呢?

当他把这想法告诉医生后,医生们大为吃惊。但他决心已定,无可挽回。因为最坏的结果无非是葬身大海。为此,他在购买亚当斯总统号邮轮船票时,把自己的棺材也买好了。他吩咐邮轮上的人,万一自己死在旅途中,就把他的尸体装进棺材放进冷冻舱里,返回后,让他的亲人把他葬在自家的墓地里。

就这样,汉里踏上了环游世界的旅程。

但说来也奇怪,当他随着邮轮向东方航行时,他觉得情况似乎一点点改善了——他渐渐可以不吃药了;慢慢也不必再给自己洗胃了;再以后,他什么东西都可以吃了,甚至可以抽上长长的雪茄并喝上几杯老酒了。他在印度洋遇到了季风,在太平洋又遇到了台风。但这种冒险使他充满乐趣,使他完全忘记了自己是个病入膏肓、没有指望的危重病人。他在船上与其他旅客游戏、唱歌、交友;在星空下,他常常沐浴着海风,坐在甲板上和新朋友一聊就聊到深夜。最后,他的健康竟奇迹般地恢复了,而且此后又健康地生活了几十年。

朋友,你看,这是个多奇妙的故事啊!

那这故事能给我们什么有益的启示呢?

我前面不止一次提到的、二十世纪全球最杰出的人生导师戴尔·卡耐基据此为我们总结出了一个征服忧虑的万灵公式——

一、问你自己,可能发生的最坏情况是什么?

二、如果你必须接受,那就准备接受它。

三、接受后，很镇定地想办法改善最坏的情况。

朋友，卡耐基这三条忠告、这个万灵公式请你务必记住，并使其化为你的心理习惯。而让我如实告诉你吧，我如今每晚都能像我爱人所形容的那样——"一沾枕头就着"，这在很大程度上与此心理习惯有关！

10 如何征服烦恼？

朋友，上面我谈到了如何征服忧虑，而此刻我要给你谈如何征服烦恼。

忧虑和烦恼有很相似的一面，但也有不同的一面。以我之见，忧虑主要是对将来的事总担心、害怕；烦恼更多的则是对现在处境的不满。

那怎样有效地去对待这种烦恼呢？

让我们还是来听卡耐基以下这段极妙的箴言，虽然我前面已提及，但值得你我一听再听——

"人性中最大的悲哀是，我们所有的人都拖延着不去生活，我们总梦想着天边那一座奇妙的玫瑰园，而不去欣赏今天就盛开在自己窗口的玫瑰。"

朋友，卡耐基这段话是不是很有点一针见血，戳到了我们种种烦恼的痛处？因为细想起来，我们许多人不正是这样，整天梦想着天边那一座奇妙的玫瑰园——老婆是别人好，老公是别人帅，外国的月亮比中国圆，出国疯抢人家的马桶盖；而对自己的孩子、自己的爱人、自己的工作、自己的环境却处处看不惯，以至牢骚满腹，怨气冲天，弄得自己心中也常常不胜其烦。

那如何去征服我们心里这各种各样的烦恼呢？

这又要回到我们老祖宗的智慧了——"知足常乐"！

为什么？

因为我们之所以常烦恼不已的核心原因之一，是欲望的增长率远高于你能力的增长率、收入的增长率、GDP的增长率。须知，你能力、收入、GDP的增长率是受种种客观条件严格限制的；而欲望的增长率却是你脑袋一热就可以往上猛窜的。据中国科学院心理所王极盛教授调查，仅在北京的一所中学，就有17个中学生想将来当总统。这说起来当然也无可厚非，但由此不也反映出当今社会的一个普遍的问题——欲望的提升率过快、过强、过高、过猛。

因此，朋友，要征服和减少我们的各种烦恼，对我们的欲望是必须加以适当控制的。而这其中，"降低我们'快乐的门槛'"一定是一种有效的方法。这是我一次在听我国著名营销学专家孟昭春老师的课时学到的。

那何谓"降低我们'快乐的门坎'"呢？

这是说，你对你获得快乐的标准，即"门槛"，千万别定得过高。过高，你一定很难有什么快乐；而低些，你当然总能收获各种快乐！就以我近八年来乐此不疲地创立这《习惯学》为例，就是如此。我当年对自己"快乐门坎"的要求是——如果我的《习惯学》发表后，得不到任何社会认可，但只要我能作为礼物送给我的亲友，能对他们有所帮助、能得到他们的认可，我就能获得最起码的满足和快乐！

而朋友，现在看来，我这一快乐的最低标准已经实现了。为什么？因为当我以"习而成冠"的公众号在微信上用天天诵读一小节的方式推出我之《习惯学》后，那些几乎天天为我点赞的铁杆粉丝、钢杆粉丝，便是我妹妹周小妹、我弟弟周春园、我外甥王燕春和我近邻蔡淑琴大姐等；因此光凭这一点，我如今对我之《习惯学》充满了信心！而想到此，我当然要再次深深感谢在我如此坎坷的生命历程中，一次又一次对我不离不弃、宽容有加、温暖有加的我的所有亲朋好友们！

从今天起，我要拥有阳光心态

朋友，以上便是本章我要给你介绍的"习惯决定心态"。

而行笔至此，我们"习惯决定心态"这一章和我们《习惯学》之第二篇《见证篇》就要收尾了。在这行将收尾之际，请允许我把以下这首小诗送给你——《从今天起，我要拥有阳光心态》。这是我多年前写下的；写下后自然进入了我"天天念经"系列，对我的心态阳光起了极大作用。有鉴于此，我要将这首小诗作为最珍贵的礼物，赠送给你和你的所有亲朋好友们。我衷心祝愿你和你的亲友们也能像今天的我一样，尽管已是七十岁的年纪，但却有着五十岁的身体、二十岁的心气，心灵永远洒满了阳光！

以下，便是我这首小诗的全文——

从今天起，我要拥有阳光心态
从今天起，我要拥有阳光心态。
这是我生命的点金石，
这是我生命的魔术师，
这是我生命的北斗星，
这是我生命的诺亚方舟，

这更是我生命中一盏无比奇妙的神灯。
有了它，
黑暗将化作黎明，
阴霾将化作蓝天，
严冬将化作煦日，
冰雪将化作甘泉，
山穷水尽将化作柳暗花明，
凄风苦雨将化作霞光万丈。

从今天起，我要拥有阳光心态。
我从此不再轻视自己，
而要百倍、千倍地提升自己的价值。
桑叶既然能变成丝绸，
泥土既然能变成高楼，
树木既然能变成殿堂，
羊毛既然能变成霓裳，
甚至当年一个憨态十足的弱智孩童，
既然也能变成一个
气宇轩昂、神采飞扬、令人惊叹的交响乐指挥，
那我为何还在那里
妄自菲薄、自轻自贱、自怨自艾？！

从今天起，我要拥有阳光心态。
我从此明白了一个真谛：
弱者任思绪控制行为，
而只有强者
才能用行为控制思绪。

沮丧时，我引吭高歌；
苦痛时，我加倍工作；
自卑时，我换上新装；
恐惧时，我勇往直前。
从今往后，
我再也不会做情绪的奴隶，
而要驾驭起自己情绪的风帆！

从今天起，我要拥有阳光心态。
我从此更要掌控一种智慧，
它的名称叫"选择"。
主动和被动，我选择主动；
赞赏和指责，我选择赞赏；
关爱和仇恨，我选择关爱；
热情和冷漠，我选择热情；
合作共赢和明争暗斗，我选择合作共赢；
信心百倍和杞人忧天，我选择信心百倍。

从今天起，我要拥有阳光心态。
我从此将告别消沉、烦恼和沮丧，
我的词典里将只有信心、力量和希望。
遇到挫折时，
我告诉自己，
风雨过后必是彩霞；
碰到危机时，
我告诉自己，
没有过不去的火焰山；

面临挑战时，
我告诉自己，
一颗红心两手准备；
遭到重创时，
我告诉自己，
天将降大任于斯人也，
必有千般砥砺、万般磨难！

是的，
从今天起，我要拥有阳光心态，
它将如影随形，
与我的生命同在。
有了它，
我的心灵将洒满阳光；
有了它，
我的周身将充满力量；
有了它，
我的激情将永远燃烧；
有了它，
我的生命一定能迸发出
最迷人、最耀眼、最夺目的光彩！

第三篇
践 行 篇

第十一章
把目光聚焦在"习惯"两字上

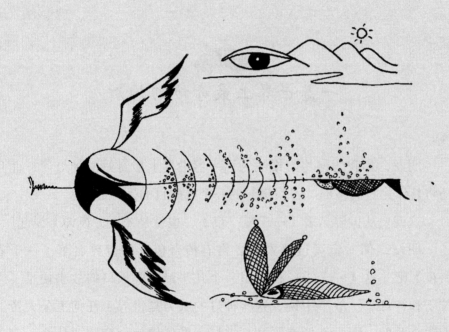

朋友，我以上第二篇——《见证篇》从人生的各个侧面、为你列举了如此多详实的案例，此刻，你是不是已从内心深处领悟到了"习惯"两字对你我人生、对我们这世界的极端重要？

那我们用"极端重要"来评价"习惯"两字是不是够了呢？我觉远远不够！因为如今就我内心最真实的感受而言，"习惯"两字不仅重要，而且神奇；不仅神奇，而且简直就是一盏神灯、一盏世界上最奇妙的神灯！

一盏世界上最奇妙的神灯

朋友，那我为何将习惯喻为"一盏世界上最奇妙的神灯"，而且还将其作为我们整部《习惯学》的一个极醒目的副标题呢？

这就要从世界名著《一千零一夜》，也就是《天方夜谭》说起。

朋友，你一定读过迷人的、富有传奇色彩的世界名著《一千零一夜》吧？这《一千零一夜》里一个几乎最脍炙人口的故事便是《阿拉丁和神灯》。故事中说，这盏神灯的威力是世界上任何王公大帝所无法企及的，因为谁拥有了这盏神灯，谁仿佛就会变成要什么、有什么，做什么、成什么。而奇妙的是这《一千零一夜》尽管讲的都是发生在阿拉伯世界的各种传奇故事，但当讲到这盏神灯时，书中却说，这盏神灯就"埋藏在中国中部"！

那埋藏在我们"中国中部"的这盏神灯究竟是什么呢？

我认为似乎非"习惯"两字莫属！

为什么？

因为我亲身实践告诉我，"习惯"仿佛真的就是一盏能使你变得

"要什么、有什么，做什么、成什么"的神灯，它能使你在人生的几乎所有方面都发生奇迹般的变化——

人生可以美得如此意外

你看，我当年因严重的抑郁产生了如此悲剧，但如今我居然能在我国最高学府讲授《阳光心态》，那相对于我本身而言，这不是奇迹又是什么？

你看，我当年败得如此之惨，但如今我的《人生可以美得如此意外》竟成了2014年我们清华学子最喜爱的三本文学书之一，那相对于我本身而言，这不是奇迹又是什么？

你看，我当年病得如此之重，几乎九死而无一生，但如今我古稀之年居然还能劈叉、还能在一个66米来回的游泳池一口气游60个来回，那相对于我本身言，这不是奇迹又是什么？

你看，年轻时的我是个很内向、很自卑、甚至是个讷于言表的人，但2006年，我竟被网民评为了"中国十大金口才"，而且还将我置于这"十大金口才"之首，那相对于我本身而言，这不是奇迹又是什么？

而朋友，请你再看，我想征服我那迁延难愈的肛漏；我想征服我那折磨了我几十年的"腰、髋、肩、背多发性筋膜炎"；我想征服我那嗓子一讲就哑、一讲就哑的"短板"；我想在古稀之年拿下《英语口语九百句》，以攻克我的哑巴英语；我想在人类世界创立一门全新的学问——《习惯学》，以给世界上千千万万人带去信心、智慧和力量……朋友，这一切在寻常情况下是不是都是难而又难事的事，但结果怎么样？是不是仿佛全被我借助"习惯""习惯配方"那神奇的力量给征服了、攻克了、实现了！那这一切相对于我本身而言不是奇迹又是什么？

因此朋友，在童话世界里有一盏神灯，但我发现，在我们现实世界中仿佛也有一盏神灯,这盏神灯便是"习惯";不仅如此,我还发现这盏神灯谁都可以拥有,不管你出身如何、学历如何、肤色如何、曾有过什么难以启齿的以往、曾有过什么不堪回首的经历……

为什么?

因为既然我一个如此高龄、各方面曾败得如此之惨、可以说已跌至社会最底层、最低谷的人,因拥有了这盏神灯而发生了如此奇迹般的变化,那你为何就不能呢?!

2

把目光聚焦在"习惯"两字上

朋友,习惯是一盏神灯、是一盏世界上几乎最奇妙的神灯,读了我以上所有文字,你现在内心是不是也得出了这一结论?

而如果我们在这方面达成了共识,那现在问题的关键就发生了转移——我们就要把目光、把我们的注意力聚焦住在"习惯"两字上!

为什么?

因为我们的命运、健康、学业等肯定是许多因素的综合体;而所有这些因素就像一棵树,有的是叶、有的是杈、有的是枝、有的是杆;那"习惯"是什么呢?"习惯"是我们这棵人生大树的根!你何时听说过浇水要浇在叶上、杈上、枝上、杆上,是不是从未听说过?我们全知道浇水一定要浇在这根上!

朋友,如此一来,你对我们《习惯学》以上所有文字是不是有了更进一步深刻的理解?——

为何在西方世界看来,习惯是只有历史上寥寥无几的智者才能领悟的成功奥秘?

为何习惯是我们中华五千年文化那一顶皇冠上一颗几乎最耀眼的明珠？

为何我要不厌其烦地谈习惯与我们人生如此多侧面的关系？

为何我要不厌其烦地列举出古今中外如此多名人的经典案例？

为何我还要不厌其烦地拿出自己亲身经历的如此多最真实的案例来作强有力的佐证？

因为所有这一切都聚焦到了同一处——习惯是我们人生之根，抓住了习惯这个根，就等于牵牛牵住了牛鼻子，打蛇打中了七寸；习惯是我们人生之纲，抓住了习惯这个纲，就等于抓住了我们人生所有侧面，纲举而目张！

而说到这里，我不由得想起了我上海的外甥王燕春。他年过半百，是一个日资企业的中层干部。这许多年来，他不仅对我所研究的习惯充满了兴趣，而且还极虔诚地将其应用在自己的所有方面；没想到这样的结果，他这个当年的初中生如今变得干什么都仿佛得心应手、游刃有余，以至不少人见了他大有"士别三日，当刮目相看"之感，对他心生佩服。

那为何我此刻会突然想起了他呢？

因为我这个外甥对自己的变化、对我这个舅舅之所以能发生如此巨变的原因当然了解得再清楚不过了。记得有一次他在电话中用他那地道的家乡话不无感慨地对我说："娘舅，我现在总在琢磨你的习惯。琢磨来、琢磨去，我发现，习惯相当于一副扑克牌中的大鬼——'百搭'——把这张'百搭'和什么弄在一起，都可以变成炸弹！"

朋友，你听，这多有意思啊！外甥经过自己的体验，发现习惯是一张大鬼、是一张能使我们人生所有方面都变得如炸弹般威力无穷的"百搭"！而舅舅经过自己无其数的体验，发现习惯是人生之根、是一盏世界上最奇妙的神灯！俩人的体验何其相似啊！

那这是一种偶然的巧合吗？

当然不是！这再一次告诉我们，为了使你我的人生更幸福、更成功、更健康、更快乐，我们一定要把我们的目光聚焦到"习惯"两字上！如若离开了这两字、我们再好、再重要的伦理、道德、原则、态度、价值观、世界观、精神状态、社会风气都是浮在了半空，都将变得虚无缥缈！而有了它，所有这一切就落了地、就接了地气、就有了极好的抓手，最后就一定能开出最绚丽的花朵，结出最丰硕的成果，你说对吗？

培养习惯之"三难"

朋友，从现在开始，我们就要把我们的目光聚焦到"习惯"两字上，这可是我们人生的一种大智慧！

但这却是个难点、甚至是天大的难点！

为什么？

因为培养好习惯、克服坏习惯一定是我们这世界难而又难的事，否则我们这世上就不会有如此多的悲剧、苦痛和灾难。

那培养好习惯、克服坏习惯何难之有呢？

我觉得起码有"三'难'"——

一是难在"起动"。

这我们前面实际早已讲过。因为"明日复明日，明日何其多""听着感动、听完冲动，回去一动不动"式的惰性，是我们几乎所有人的通病；有此通病，我们再好的习惯是不是也会在一开始就被挡住去路？因此如若你在习惯问题上现在已经开悟，请你务必要立刻"起动"，从今天就"起动"、甚至从此刻就"起动"！

二是难在"前三天"。

对此，我本身就有过一次极深刻的体验。记得又一次，我几个同学从清华园举着红旗、发了誓，准备学当年红军长征徒步到延安。没想到"长征"第一天晚上脱下袜吓了一跳——满脚都是泡！而第二天晚上呢？天哪，满脚泡变成了血泡！因此，第三天、第四天我是咬着牙、拄着棍坚持走下去的，差点没成了逃兵。

但万万没想到，这咬着牙坚持的结果，是情形很快就变了：五六天、七八天以后，一切简直有了一百八十度的逆转，我们变成每天背着包走六七十、七八十里，好像什么事都没有一样，而且越走越精神，越走越抖擞。

朋友，这段体验对我的印象真是太深了、太深了！因此我认为习惯养成最难在前"前三天"；这"前三天"就如我们当年长征，先脚底起泡，后变成血泡，等熬过了"前三天"，你那血泡变成了老茧，那你的脚板岂不就变成了铁脚板、钢脚板？这一定是一种规律！

那我们培养习惯的第三难、也就是最难的一关是什么呢？是难在"前三周"、即"21天"——这是西方研究的结果，说一个习惯的养成，平均要用"21天"；我认为这是有道理的，因为有的习惯养成很容易，而有的习惯养成却很难。

那这难具体又难在何处呢？

首先，是难在我们每培养一个新习惯，几乎都有一个相应的"旧习惯"会出来挡道。还是以我们的最新照相术"西瓜甜不甜"为例吧。你看，你学的时候，是不是感到奇妙无比？但真要照了，很可能脱口而出就是"钱""茄子""一二三"之类。为什么？因为这些"旧习惯"是你不知重复了多少遍才形成的，因此可以说它们已根深蒂固，决不肯轻易退出历史舞台，你说对吗？

其次，我们做一件事坚持二三天，通常并不难；坚持七八天，就有点难了；坚持二十一天，就很难了；而这二十一天还要持续不断，这是不是就难上加难了？而正是在这过程中，一批又一批人遗憾地被淘汰出局了！

朋友，以上就是我们培养习惯人人都会遇到的"三难"——难在"起动"，难在"前三天"，难在"前三周"！

但朋友，让我兴奋地告诉你吧，由于这近二十年来我一直痴迷于"习惯"，更由于这近二十年来我养成了168种以上的习惯，因此我发现培养习惯是完全有规律可循的，一旦你掌握了这些规律，那培养习惯将变得极其简单！而这规律我将其概括为"培养习惯的四步魔法"——

第一步，必要性；

第二步，可行性；

第三步，策略性；

第四步，操作性。

下面，就敬请你听我一一细述。

第十二章
"培养习惯的四步魔法"
——第一步：必要性

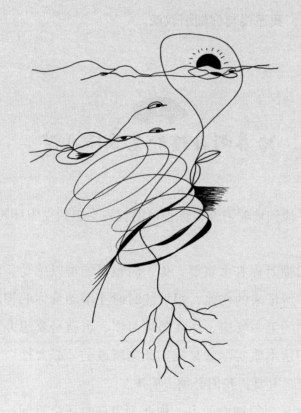

朋友，我精心为你概括的"培养习惯的四步魔法"第一步是——必要性。

所谓"必要性"，其本质也就是重要性，也就是这个好习惯的养成或这个坏习惯的克服对我究竟重要不重要。如果是重要、甚至是十二分重要，当然就会激发出你极大的内在动力。我们前面不已谈到习惯培养有"三难"吗？因为难，我们就必须有强大的动力，这就像所有航天飞船冲破大气层必须要有火箭的强大推动力一样；而我们这必要性分析，就可以给你以极强的推动力！

而由于这第一步"必要性"对我们整个习惯培养事关重大，因此有关它的种种，我还要与你细细叙谈。

1 培养好习惯和克服坏习惯

朋友，一谈到培养习惯，你很可能首先会想到克服坏习惯。

为什么？

因为好习惯对你有多重要，你一时很可能难以感受；但坏习惯对你或对你孩子所带来的伤痛，很可能时时在牵动着你的神经；因此一谈到习惯，你的第一反应，往往是坏习惯，也就是要想办法去克服那些坏习惯。而这本质实际就是我们此刻所说的"必要性"，即这件事重要、这个问题重要，我们必须去解决！

可如果你是个很细心的人，你此刻也许会还会追问——周老师，你的"四步魔法"是"培养习惯的四步魔法"，而我现在最想要的，是克服那些坏习惯的方法，那怎么办呢？

朋友，你这个问题提得特别好。而根据我的研究和实践，培养好习惯和克服坏习惯虽然听起来感觉一定是不一样的，但在相当多的情况下，仿佛又常常是同一件事。

这你也许会十分好奇，对此让我举例说明。

你看——

一旦你养成了早起的好习惯，岂不自然就克服了懒床的坏习惯？

一旦你养成了好学的好习惯，岂不自然就克服了厌学的坏习惯？

一旦你养成了热情的好习惯，岂不自然就克服了冷漠的坏习惯？

一旦你养成了守信的好习惯，岂不自然就克服了失信的坏习惯？

一旦你养成了助人为乐的好习惯，岂不自然就克服了自私自利的坏习惯？

一旦你养成了清正廉洁的好习惯，岂不自然就克服了贪污腐败的坏习惯？

……

那以上种种给我们什么启示呢？

这启示就是，当我们要去克服某种坏习惯时，你只要把注意力集中到培养与其相应的一种或几种好习惯上就可以了；而培养好习惯比起克服坏习惯，起码从你主观感觉而言，是不是就容易得多了？

而我克服自己的一些坏习惯正是这么做的。

比如小狗随便拉屎是许多养狗人的陋习；一些小区环境优雅，但走在路上处处都是这东西，是不是很让人不爽、甚至反感？而我自己当年便是有这种陋习的人，但又总下不了决心去改。直到有一天我明白了以上道理，这个陋习就很快被我征服了。我要求自己将克服这个坏习惯转化为培养两个好习惯、小习惯——一是我口袋里要随时揣着五六张餐巾纸，因为我总不能用自己的手去捡这脏东西；二是一见自家小狗拉了粑粑，一定要下决心立刻去捡，决不能在乎什么面子不面子！而当我认真这样做以后，那陋习自然就很快被我克服了。

因此把克服坏习惯转化为培养一个或几个相应的好习惯、小习惯，一定是征服我们各种陋习的妙方，你不妨也去一试；而从这个意义上讲，我们本篇所谈"培养习惯的四步魔法"中的"培养"两字，既包含了培养好习惯，也包含了克服坏习惯，望你一定注意。

与你的人生理想、人生大目标挂钩

朋友，这"必要性"我们除了要注意培养好习惯与克服坏习惯的关系外，还应注意些什么呢？

我认为还应注意与你的人生理想、人生大目标挂钩。

为什么？

因为人生的理想、大目标一定是你所强烈渴求的。因此当我们一旦将要培养的习惯与这些理想、志向、大目标挂钩，其重要性和必要性当然就不言而喻了，你也自然会产生极大的动力。对此，请看以下案例——

"据说泰国正大集团老板年事已高，决定急流勇退，在自己三个儿子中选一个当接班人。他思来想去，觉得二儿子最合适，无论是学识、为人、才干。于是有一天，他把二儿子找来了。

谈话一开始，他自然表示了对其的欣赏和信任，但说到唯一的忧虑，是二儿子抽烟的习惯。因为根据他的经验，一般抽烟的人到45岁左右，健康就开始走下坡路。而45岁正是一个男人事业上坡的时候，如果此时健康出问题，自然重任难当。当然，他还有一个顾虑，说到此，他目光严肃地盯着儿子说："我认为，一个人如果连抽烟这样的事都管不了自己，还奢谈管理其他什么！"

他儿子聚精会神地听着，手里正点着一支烟。当他听完父亲最后那句话时，内心仿佛刹那间受到了强烈的震动。他一语不发，把手中正点着的烟往烟灰缸里猛地一掐！

而从那一刻起，他再也没有抽过一支烟。"

朋友，以上案例是不是极为典型？一旦我们把要培养的好习惯或克服的坏习惯与我们人生的理想、大目标挂上了钩，其产生的力量是不是极为惊人？简直在刹那间就跨越了我们许多人也许一辈子都无法逾越的鸿沟！

而你知道吗，关于这一点竟也体现在了如今还在称霸的世界头号强国美国的一位前总统——小布什身上，其案例十分典型，被置于了其自传《抉择时刻》之一开篇第一章《戒除酒瘾》，请看——

……当我跟朋友参加聚会时，我都喜欢喝上几杯。到了三十五六岁，喝酒成了我的规定动作，我偶尔也会烂醉如泥。

有一次，我们一行打完高尔夫后就聚在一起吃晚饭。我玩得很渴，于是就灌了几瓶波旁和七七解渴。晚餐时，我把头转向父母的一位漂亮朋友，醉醺醺地问了她一个傻问题："那你告诉我，人到了50岁后，性生活的感觉如何？"

大家都默不作声地看着盘子里的食物——除了我父母和劳拉，他们怒视着我，惊讶不已。第二天起床后，我得知自己前一天晚上的言论，立刻感到宿醉的懊悔。我给那位女士打了电话，向她道歉；同时，我也开始扪心自问，这是否是我希望的生活方式。多年之后，当我满了50岁，这位温厚和善的女士寄了一张纸条到得克萨斯州长官邸，纸条上写道："乔治，那你现在的性生活又感觉如何？"

1986年，在布罗德莫度假胜地度过那个庆生之夜后，我就再也没有沾过一滴酒。如果当时我没有做出戒酒的决定，我无从得知自己的生活将驶向何方。但是我可以确信的一点是，如果我当时不决定戒酒，我现在肯定不会坐在这里撰写一个前得州州长和前美国总统的回忆录了。

朋友，请记住以上这句话——"如果我当时不决定戒酒，我现在肯定不会坐在这里撰写一个前得州州长和前美国总统的回忆录了。"你看，在这里，这位当年全世界最有权势的人把戒除一种坏习惯与一个人的人生理想、人生大目标挂得多紧密啊！

尽管他任内所做的一些事至今仍广受诟病和谴责！

与你的人生难题挂钩

朋友，培养习惯除了与你的人生理想、人生大目标挂钩外，还可以与你的人生难题紧紧挂钩。

为什么？

因为我们人生的每道难题，都在时时困扰着你、折磨着你、甚至会给你带来极大的痛苦。因此从这些难题下手培养相应的习惯，一定是动力极大的；此外，这些难题往往也是我们人生的"短板"；而征服我们人生的这些"短板"，当然是一件极重要的事，对我们必要性极大。

而细想起来，我所养成的168种习惯，许多与我要征服的各种人生难题息息相关。比如我前面谈及的"提肛"习惯，就是为了征服我那"肛漏"的难题；我那"十二分注意保暖""每次演讲都换两身内衣""每星期请杨大夫给我按摩三次"等习惯，都是为了征服我那"几十年腰、背、肩、髋疼痛"的顽疾。

因此，你想培养什么习惯，不妨也从你的各种人生难题出发，提炼出相应的习惯。比如英语是一门你最头痛的课，是你现阶段的一个人生难题，那你不妨为其设计几个相应的小习惯，如每天必须背多少个英文单词；随身携带英语书；每星期到"英语角"去训练自己口语等。试想，一旦你这些措施设计得非常合理、科学；一旦你通过开头几天、一二十天的认真将这些措施变成了习惯；一旦成了习惯你一定能一月两月、一年两年地坚持不懈，那你外语这一弱项怎么能不由弱而强、反败为胜呢？

而在这一方面，我征服"哑巴英语"的故事就十分经典。

那这究竟是怎么回事呢？

关于我的外语，以往我实在难以启齿。为什么？因为我张口闭口"清华"，但我的外语水平为零，岂不很丢面子？

当然如果你清楚了我的经历，就能理解我——我年轻时，学的是俄语；我清华毕业留校，我们一起留校的同学几乎全上了研究生、全出国留了洋，但我却依然是清华园有名的重病号，失去了一切最宝贵的学外语机会。

可没想到我这个外语为零的人，如今已先后去了二十多个国家和地区；而见了老外，连一句最简单的话都不能讲，岂不尴尬？！

因此，如何能与老外作几句那怕最简单的交流，如何能征服我这真正的"哑巴英语"，就成了我的一块心病，也成了我内心强烈的愿望。

但这可是个真正的难题！为什么？你看，我们很多年轻人学了那么多年英语，但到头来不还是个"哑巴英语"吗？可我是个年届古稀的人，这难题我能攻克吗？此外，学英语是一件多枯燥的事啊，需要旷日持久的坚持，那你能坚持下来吗？再则，学一门语言需大量记忆，而对于像我这样年纪的人，记忆力早就大大衰退，那要重新去学一门外语，岂不难上加难？

可朋友，没想到借助习惯那神奇而又伟大的力量，如此一道难题，居然又给我攻克了，这你一定难以置信吧！

那我古稀之年究竟是如何攻克这"哑巴英语"的难题呢?你一定又十二分好奇。

我古稀之年究竟如何攻克了"哑巴英语"

朋友,以下便是我最真实的经过——

2013年初的一天,我打电话给我学生黄泰山的爱人赵英莉。她是北京语言大学英语专业的硕士毕业生,曾在某大学教过英语,我想请她当我的英语口语老师。

没想到英莉在电话里对我这老学生既兴奋、又热情,于是我把我想借助习惯来突破我"哑巴英语"的设想和盘托了出来——每晚8点,由我准时给她打电话,在电话中向她学10分钟左右英语口语;而在第二天白天,我则利用各种空余时间,复习巩固已学的内容;目标不高,是使我见了老外能简单侃上几句。我俩决定从1月31日那晚正式开始实施。

2013年1月31日晚,当我家闹钟的秒针准时移到了八点,我就给英莉拨通了电话,开始了我们第一堂别开生面的、也许是一种开创性的英语口语电话教育课。电话一边,是一位年近古稀的老学生;电话那边,是一位三十多

我的学生黄泰山和我的英语老师英莉

岁的年轻教师；我们的口语学习规定每晚只十分钟左右，以便双方都能长期坚持。我决心用习惯那奇妙的力量，再次去征服我人生道路上的又一道难题！这也就是说，我要先努力将这一学习模式变成习惯；而成了习惯后，我深信我们一定能日复一日、月复一月地坚持；而只要能坚持，我相信我那目标一定能达成！

朋友，就从那一晚开始，我们真那么做了，而且很有些一丝不苟的状态。

那结果怎么样呢？

告诉你吧，一切仿佛完全在我的预想当中——由于我俩一开始就一丝不苟、极为认真，则这一学习模式没多久就成了我们的习惯；而成了习惯，我们自然就天天坚持、乐此不疲。

那效果究竟如何呢？

对此，容我举一个实例。

一年后的一天上午，我在清华园宾馆出席了一个主题为"习惯情·中国梦"的教育产业发展高峰论坛。没想到正式入场前在贵宾室，坐在我身边的正好是一位老外；而经介绍，他是同为本次论坛嘉宾的我们清华八十高龄的外语教授蒋隆国先生的朋友，也是该论坛主办方——北京智新超越教育公司的顾问哈维，据说他还曾担任过美国有一位前任总统的顾问。

朋友，按以往的情况，此类场合我一定会十二分尴尬，因为与这样的老外相互点头一笑后，就不能说任何话，只能大眼瞪小眼——干瞪眼。

但这次我却判若两人，我们互打招呼后，我便作了自我介绍；介绍后我对他坦白地说，我只能说一点点英语——"I speak English a little"；而有了这句既坦诚又真实的话垫底后，我就大胆地与他聊，不懂就是不懂，不清楚就是不清楚，但话还可以继续；我们足足聊了差不多一二十分钟，以至我们对面那位显然是"哑巴英语"的贵宾看了不胜羡慕；因为在他眼里，我俩聊得既热乎又投机，很有些"酒逢知己千杯少"的味道……

朋友，以上就是我用习惯征服人生难题的又一个最真实的案例。而在这案例中，习惯的力量是不是再一次显现了它的无穷魅力？而据说俄罗斯总统普京当年就用类似方法——每天向老师学15分钟，结果征服了他英语口语的短板，而如今，他竟还能用英语作简短的演讲，足见这一方法对于突破我们无数人的"哑巴英语"，有着普遍的意义，你说对吗？

而以上，也就是我要向你介绍的"培养习惯四步魔法"中的第一步——必要性。

第十三章
"培养习惯的四步魔法"
——第二步：可行性

朋友，培养每一个习惯我们研究了"必要性"后，还必须认真研究其"可行性"。

为什么？

因为世界上许多看似十分"必要"的事，真正实行起来未必"可行"。因此如果说"必要性"是热的，那我们还要通过"可行性"来作冷处理，这样才能使你要培养的习惯放在踏实、可靠的基础上。而我们许多习惯培养最后之所以中途夭折、流产，不少可能与此有关；因为那是凭着你脑子一时发热做的决定，而真正一实施，问题就很可能会一一暴露出来了。

那这可行性分析我们究竟应怎么做呢？

我认为当你准备着手培养某一习惯前，除了前面的"必要性"外，一定还要仔细分析这习惯设计得合理吗？科学吗？能长期坚持吗？符合我自己的实际情况吗等等。比如我们前面讲到，为了提升人际关系，李开复刚到微软时设计了一个"每星期请一个有影响力的人吃饭"的习惯。可对此我们千万不要盲从、跟风。为什么？因为起码你要想一想，这样做对我有必要吗？我能每星期拿出这时间吗？我能半年、一年地长期坚持吗？我有经济能力承受这一周一次的请客吗？……

而我之所以能养成168种习惯，几乎每一种都作过这样的可行性分析；真因为此，我所培养的习惯，通常成功率极高；不信，我给你试举几例。

1

天天吃十个小枣的"可行性"分析

朋友，每天吃枣，是不是一个小得不能再小的小习惯？但要做到天天吃，一吃就是十年、二十年，这就不大容易吧？而实际我的168个习惯绝大部分都是这类小习惯。

那培养天天吃枣这类小习惯要不要进行可行性分析呢？

我认为要！为什么？因为尽管这只是一个小习惯，但如若这习惯真养成了，很可能会跟随你一辈子、陪伴你一辈子，因此对于它的必要性、可行性等我们都应进行认真研究分析；而我对天天吃枣的习惯就是这么做的。

我这习惯是从1998年12月开始的。记得当初我在报上看到的一篇短文，题为"每天十枣，长生不老"；我觉得文章写得很有道理，说红枣是"十全大补"，每天适当吃一些，一定有益于健康，于是我决心养成这习惯。

我生性认真，是我的一大特点，因此在此习惯培养前，我决定对其进行认真的可行性分析。

那如何进行这可行性分析呢？

当然你要对自己提一系列有关问题，而且要全面，否则，有一方面没想到，很可能会中途卡壳。顺便说，我开始吃枣是吃十个小枣，而且是德州小枣；但现在经济条件好了，我改吃新疆那种个头最大的大枣，不过只吃一个，决不贪嘴。

好，现在让我们一起来做这可行性分析吧——

你看，我每天吃十个小枣，根据我的经济实力买得起买不起？

当然买得起。

这小枣好买不好买？

好买。

好保存不好保存？

好保存。

好吃不好吃？

当然好吃！

你看，我分析了这习惯养成的几乎所有环节，是不是没有一环会卡住的？而我相信，我们很多习惯的培养之所以会流产，与事前没有认真做这种可行性分析一定大有关系。

而对此容我再举一例，因为此例还颇有意思。

天天吃三个核桃的可行性分析

朋友，你一定熟知鲁豫关于"六个核桃"的广告词吧？——"经常用脑，多喝六个核桃！"我虽然至今没喝过这"六个核桃"，但天天吃核桃的习惯却也已坚持了快二十年了；我最初是每天三个，现在改为两个。而我相信，我这二十年来天天吃核桃的习惯一定有益于我的健康；起码我古稀之年，还有如此一头还算过得去的头发，一定与此有关。而正因为此，我如今在荧屏上每当见到鲁豫那关于六个核桃的广告，尤其见到她那宽宽的、高高的脑门，我心里似乎感到特别亲近。

那我这天天吃核桃的习惯当初究竟是如何养成的呢？

现在回想起来我这习惯的养成，起码一半也要归功于当年我很有些书生味的可行性分析——

记得当年有一天我爱人从超市买回了两斤核桃。

我问她多少钱？

她说12元。

那这12元总共多少个呢？

我认真数了数；一数，是60个；实际是61个，不小心给我们家小毛毛抢走了一个。

那我俩每人每天3个，这60个一共能吃多少天呢？

一天6个，总共60个，则可以吃10天。

那这样一个月要花多少钱呢？

10天12元，那一个月30天，就花费36元。

朋友，你看，经我如此认真一分析，心里岂不就有数了？一个月花36元，对我家而言，经济上自然问题不大，于是此方案可行，我这习惯又几乎二十年如一日地坚持了下来……

清晨四点起床写作的可行性分析

朋友，关于可行性分析，以上两例当然只是一些小习惯；而对于那些既难又重要的人生大习惯，我们当然更应作认真的可行性分析。

而我如今每天清晨四点起床写作的习惯，对我整个人生而言，当然是一个重要的大习惯。你看，正因为有了这一习惯，才有了此刻呈现在你眼前的《习惯学》，才有了我之《人生可以美得如此意外》《知道，更要做到》《终生的财富》等一本本著作，也才会有我一定会继续奉献给你的一部又一部新作！

那对于此类难而又难的大习惯，我们如何去攻坚、如何去啃下这块硬骨头呢？这里的可行性分析当然绝不可少。

而实际我从2000年11月8日开始，就养成了每天清晨写作的习惯，只是开初时间上很随意。后来我获知我们清华国宝级的老学长季羡林有每天清晨四点起床写作的习惯，进一步我又从我学兄张龙宝大使那里知道，古今中外许多大学问家、甚至康熙大帝等不少以勤政著称的帝王都有此习惯，于是我就跃跃欲试。

但要每天清晨四点起床，这当然是件难事；更何况一旦这习惯

每天午休后会双盘腿打坐

养成，就意味着你一年四季都要清晨四点起，终生都要清晨四点起，这岂不是对人生的一大挑战？那这究竟可行不可行呢？

没想到经我认真的分析，这完全可行！

为什么？

你看，这一习惯的核心难题，是要保证睡眠时间的充足，那怎么去解决呢？

我决定这样做——清晨四点起，那晚上我就要九点半睡，这样就有六个半小时左右；此外，每天我午休是雷打不动的，约一小时，这样总计就有七个半小时；再则，我每天午休后会双盘腿打坐半小时，这效率会远胜于半小时睡眠。朋友，如此一来，你看，我的睡眠时间不仅够、是不是还很充裕？

那这样做对健康究竟是有益还是有害呢？

告诉你吧，这样做起码就我而言，是利大于弊。为什么？一是老年人通常会早醒，那早醒了是在床上辗转反侧好呢、还是干脆起来好？当然是干脆起来好！二是"早起早睡"是我们中华传统的养生之道，而正是这"晚上不睡、早晨不起"不知毁了我们多少人的健康，以至得了癌症后的李开复为此发出了大声呐喊——"与其熬夜、不如早起！"；三是全世界的所有佛教徒都有每天清晨4点左右起、晚上10点左右睡的传统；而我深信，之所以如此，一定是历经千年，证明这样做有益于健康、有益于他们最为关注的修身养性，他们才这样做的，你说对吗？

朋友，经我以上如此这一分析，对我天天清晨四点起床的习惯，你是不是也快要投赞成票了？

那我每晚九点半上床，大量精彩的电视连续剧无福消受了，那怎么办呢？

这实际也很简单——一是你为何每晚非要一部接一部地把自己看得天昏地暗、晕头转向才上床呢？二是如今有了网络，你完全可以挑最精彩的看，而且想什么时候看就什么时候看，这有多爽啊！三是就我而言，我每天清晨坐在荧屏前写作，四野万籁俱寂，屋内独我一人，没有一丝纷扰、没有一丁嘈杂，而我完全沉浸其间，仿佛忘却了世间所有的一切，那这是什么？这不正是哈佛《幸福课》所特别指出的那种如在看一部最精彩的好莱坞大片式的"沉浸体验"吗？试想，我如今天天清晨都"沉浸"期间，这岂不等于我天天清晨都在看一部大片、一部我亲手自导自演的好莱坞大片，这该有多美、多酷、多幸福啊！

朋友，以上便是我对清晨四点起床写作所做的"可行性"分析，你看，我之分析是不是入情入理，有根有据，没有一丝勉强？而这也就是我们"习惯培养的四步魔法"中那不可或缺的一大步——

"可行性"分析！

第十四章
"培养习惯的四步魔法"
—— 第三步：策略性

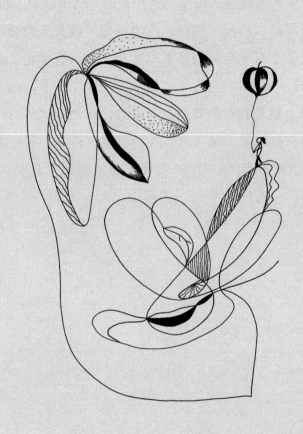

朋友，培养习惯除了作必要性、可行性的分析外，我们还特别要注意策略性。因为在习惯上的改变，是我们人一种质的、根本性的改变，是我们人生变革的"深水区"，是我们人生幸福的一个潜力几乎最为巨大的宝库；而要挖掘和打开如此一个宝库，其难度之大可想而知。而越难的事情，我们当然就越要注意策略，也就是越要讲究智慧。

那通过我近二十年所养成的168种习惯，我为你精心总结和提炼出的智慧和策略究竟是什么呢？

是——

易

少

小

这"三字诀"！

下面容我一一为你细述。

策略性之"易"

朋友，我们策略性"三字诀"——易、少、小，所用的第一个字是"易"。

你千万可别小看这"易"，这可是我们老子早在两千多年前就发现的一种人生大智慧——

"天下难事必作于易！"

那这是何意思呢？这显然是说，天下所有的难事，都应从容易处开始、从容易处入手;既然我们培养习惯难度如此之大,起码有我们前面所讲的"三难",那我们当然就更应从容易处入手了。

那何处是我们习惯培养的"容易处"呢?

其一,从培养好习惯入手。

培养好习惯当然远比征服坏习惯容易。比如现在摆在你面前的,一是想养成用"西瓜甜不甜"照相的好习惯,一是要征服天天睡懒觉的坏习惯,那你应如何选择呢?

当然应选择前者。因为后者难度太大,而前者几乎没有任何难度,马上就可实行。你可立即拿出手机,给你身边的同事、同学、家人一张张照、不停地照。试想,用这种方法照的结果人人都十分满意,而且都仿佛有意外的收获,使原本镜头前很难做到的"微笑"变得极为容易、自然,那这种照相法是不是很快就会变成你的习惯?而这第一个习惯养成了、第一炮开门红,那你从此对培养习惯是不是会变得兴趣盎然、甚至一发而不可收……

朋友,以上便是"容易处"之一,从培养好习惯入手。

其二,从变化明显处入手。

因为同样培养一个习惯,其所产生的变化常会有天壤之别,因此从策略上讲,先从变化明显的习惯入手,就很容易打开局面。比如

用这种方法照的相人人满意,能一炮打响

抓城市文明建设，有两个选项，一是抓排队上车，一是抓不能随地吐痰，怎么选？如若是我，肯定会先抓前者。为什么？因为若先抓后者，很难看到改观；试想，谁走路总会低着头去看这地上痰是多是少呢？但抓前者就大不一样了。本来每个车站上都是乱哄哄的，你嚷我叫，拥挤不堪，但现在经你努力一抓，很快就变得秩序井然，那这多让人提气啊！

因此从变化明显处入手，是我们"容易处"之二。

其三，从改变自己入手。

为什么？因为我们人有一个通病，谁都想改变别人、甚至改变整个世界，却唯独不想改变自己。试想，是改变别人、改变整个世界容易呢，还是改变自己容易？显然是改变我们自己！因此请你看了我的书后，千万别先拿自己爱人开刀、先从自己儿子下手，而要先从自己做起；也许正因为此，我们古人在"修身""齐家""治国""平天下"这四个方面，把"修身"置于首位；是先"修身"，再"齐家"、再"治国"、再"平天下"，而不是相反，你说对吗？

朋友，以上便是我们习惯培养的三个"容易处"，从培养好习惯入手，从变化明显处入手、从改变自己入手。

而关于这"容易处"还有两点极为关键，对你培养习惯将大有裨益——一是"三定"；二是"弹性和灵活性"。

下面，容我先给你介绍这"三定"。

"三定"——定时、定点、定量

朋友，习惯培养如果能注意"三定"，我们培养起来就会容易得多。

这"三定"是——

定时、定点、定量。

所谓"定时",是指培养一种习惯,要尽可能安排在一个固定而且合适的时间。因为如若时间不固定,没有规律,起码就无法记住,也就很难养成习惯;而如果时间固定,但不合适,实行起来很别扭,当然也难以养成习惯。而一旦这时间既固定、又合适,当然就很容易成为习惯。

对此,我们清华的校庆就非常典型。我们校庆日为每年四月最后一个星期天,你看,这多智慧啊——首先,这日子很容易记,很难忘;此外,星期天是休息日,谁都不会因上班而无暇抽身;再则,每年四月最后一个星期天,正好是北京、也是我们清华园春光明媚、繁

昔日的同窗相约返回清华母校

花似锦的日子。试想，年年此时，昔日的同窗好友相约返校，携手漫步在母校清华满园的花香鸟语之中，回忆着当年求学时的点点滴滴，这该有多美妙、多浪漫、多富有诗情画意啊！

因此朋友，把一个习惯尽可能安排在一个固定而合适的时间，这一定是我们培养习惯的一种极好策略。

所谓"定点"，与以上"定时"的道理几乎完全一样。你将一种习惯安排在一个固定而合适的地点，当然有利于这习惯的养成。

记得当年由于某种机缘巧合，我曾推广过一种效果显著的减肥方法；由于媒体的竞相报道，我常接到各种读者的来电来信，但当问及如何面授时，我却苦于不知如何答复。后来突然有一天，我脑海闪出一个主意——让这种面授固定在同一时间、同一地点，这难题不就解决了吗！于是经过与我的挚友、曾任我们清华校医院副院长的韩旭大夫等一起商讨，我们决定把时间固定在每星期日上午九点，地点固定在我们清华二教401教室。

没想到这时间、地点一固定，而且固定得又很合适，没过多久就形成了一道独特的风景线——每当星期日清晨，你总会看到一支特色鲜明的队伍，像朝圣似地从我们清华南门络绎不绝地鱼贯而入，有的是丈夫携着颇为丰腴的妻子，有的是母亲拉着颇为敦实的女儿，有的是一群有着类似体型、有着类似烦恼结伴而来、希望满怀的善男信女，以至我每每见了，内心都会感动不已，因为当时我家恰巧就住在这南门内。

朋友，以上就是我们的"定点"。你看，这地点一固定、一合适，这习惯养成的效果是不是马上就立竿见影？

那为何除了"定时""定点"还要"定量"呢？

朋友，"定量"不"定量"对习惯培养可大不一样！为什么？因为我们人有一个奇怪的特性，一旦有了"量"、一旦定了"量"，就一下子会变得特别认真，就好像有了一个目标似的，就非要实现不可；而相反呢，就很容易变得随意、不认真、似做非做，这样这习惯就很难养成。你看，我书中谈到的我的许多习惯，是不是许多都是有"量"的？——每天吃一个特大红枣、吃两个核桃、清晨四点起床、每天练"八八六十四"下提肛等。

但对于这"定量"，有几点请你务必注意。一是这"量"要因人而宜，因为人的差异性极大，你一定要根据你的实际情况；二是这"量"要因时而宜，因为你的各种状态是在随时变化的，因此你要根据你的实际变化作适当调整；三是这"量"要"尽可能"有"量"，而不是非有"量"不可，因为有些意识性习惯、精神类习惯往往很难量化，那也不必过于勉强，你说对吗？

以上，便是我们"易"之"三定"——定时、定点、定量。我深信，有了这"三定"，你培养习惯就容易多了，成功率也一定会高多了。

弹性和灵活性

朋友，有关"易"，我最后要给你谈的是"弹性和灵活性"，对此，容我从我每次演讲中的一个真实场景谈起吧。

我至今一千四百多场演讲，场场都是不拿讲稿，在台上台下走动着演讲的，而且都是全身心投入、慷慨激昂地讲的。而在我如此投入、如此慷慨激昂的演讲中，每当我谈及这策略性之"易"，我常会习惯性地问全场听众——

"我有'天天游泳'的习惯，你们说，今天我要不要再去游？"

"要！"众人异口同声地回答。

"要不要？"我再问。

"要！！"众人声音变大，语气肯定！

"究竟要不要？"我再问，也提高了嗓音。

"要！！！"众人不仅没有丝毫怀疑，而且声音更大，语气更坚定！

那我的答案是什么呢？——

"我说'不要！！！'"我微笑着一字一句地说，但语气比众人更坚定！

朋友，听到此，你可能也会与我的所有听众一样，心生疑惑——你说你有"天天游泳"的习惯，但那天你为何就不"天天"了呢？

对此，你只要听我稍加解释，就会恍然大悟了。

你想，我们通常讲的"天天"，实际是一种文学上的"天天"，而非科学上的"天天"。从科学上讲，那天我一个半天、整整约三个小时在那里来回走动着演讲，而且还是慷慨激昂地演讲，如果我还去游泳，我那天的运动量是不是显然就过了？

朋友，听我如此这一解释，你是不是立即就清楚了？

那这个案例告诉我们什么呢？它告诉我们，培养习惯固然需要坚持、成了习惯更会坚持，但我们一定要把这种"坚持"与适当的"弹性""灵活性"结合起来，否则，岂不变成了一种捆绑？因为就根本上而言，我们是习惯的主人，而非它的奴隶；我们应主宰习惯，而非让它来主宰！这正如倘若有一天中央办公厅突然给你家来电，说今天下午习总书记要到你家拜访，你总不能回答说："不行，不行！今天下午我要游泳，请习总书记明天再来吧！"……

朋友，以上就是我们"易"之"弹性和灵活性"。你看，有了这"弹性和灵活性"，我们无论培养习惯还是践行习惯是不是就变得容易多了？因此你别看我养成了168种之多的习惯，但实际我生活得很潇洒、很自如、很快乐、很充实。为什么？因为一旦这些习惯之间有冲突，我会随时进行调解；一旦有事，我会随时给自己请假；要知道，我们的生活本来就应该是丰富多彩的、灵动活泼的、有滋有味的,而不应是教条的、刻板的、一成不变的,你说对吗?

那这是一种什么状态呢?

我觉得这种状态,也许就是孔子所说的"七十而从心所欲,不逾矩"——"到了七十的时候,我既是自由自在、随心所欲的,又是不超越各种应遵守的规范的。"那这种状态像什么呢?我觉得这种状态很像一扇弹簧门;这弹簧门平时总关着,这就是习惯的常态,也就是我们常说的"坚持性""原则性";但与此同时,你该进就进、该出就出,一点都不受拘束,这也就是我们此刻所说的"弹性和灵活性"。

朋友,我们的习惯一旦与这种"弹性和灵活性"结合起来,那我们的《习惯学》岂不就不仅是一门科学,而且还是一门极优雅、高超、迷人的艺术,你说对吗?

而以上就是我们策略性"三字诀"——易、少、小之第一个字——

"易"!

4 策略性之"少"

朋友,我们策略性"三字诀"——易、少、小的第一个字是"易",那第二个字是什么呢?

是——

"少"!

所谓"少",是指从战略上讲,我们每个阶段培养的习惯不要太多,要"少"一些、集中一些。这诚如拿破仑所言——"战略的全部奥妙在于'集中'"；也诚如毛泽东之所以能打败蒋介石的关键智慧之一——"集中优势兵力打歼灭战"！

那我们为何要如此强调这"集中"、这"少"呢？

因为习惯培养的弊端往往与一个"多"字息息相关。

就以一个典型的中年家庭而言，家中有一个十来岁的孩子。由于你不知道"三岁看大、七岁看老"的古训，由于应试教育的大环境，使你只关注孩子的分数，而疏漏了从小对自己孩子人格和习惯的培养，其结果就导致了你孩子的那棵小树越长越歪、越长越歪了。

那通常你会怎么做呢？

你肯定会想各种办法去"纠歪"。而由于此时你孩子的问题已经很多，而且越来越多，你就会东一榔头、西一锤子，今天骂这个、明天骂那个；而对待同一个问题呢？你通常是想着了就骂，想不着就不骂……朋友，你想，你如此"纠歪"——针对的是一大堆问题，而且是想着了就管、想不着就不管，那怎么会有效呢？

可以说一定无效，而且是百分之百无效！不仅如此，你的家庭教育还很容易由此进入一种可怕的"恶性循环"。

那如今明白了这"集中"、这"少"，我们该怎么办呢？

我们就应在众多习惯中精心为你孩子先选出几个；这几个你应尽量选那些容易培养的、容易引起他兴趣的、容易使他发生明显变化的；选完后，你再让你孩子自己在其中任选其一；须知，他自己选的与你强迫他的，其效果一定截然不同、大相径庭！

那你孩子选定后又怎么办呢？

当然就要"集中优势兵力"去打这歼灭战；也就是说你要和你孩子一起，咬定目标，锲而不舍，以"不达目的决不收兵"的精神，去打赢这场攻坚战！

朋友，你试想一下，现在，通过你坚持不懈的努力，你孩子终于养成了第一个好习惯或攻克了第一个坏习惯；而由此他在某方面一定会变得越来越好、越来越好、越来越令你满意、也越来越令他自己满意；那这样的结果是什么呢？是不是你的家庭教育很快就会从当初的"恶性循环"步入"良性循环"？而你和你孩子岂不自然而然就走上了一条心里越走越亮堂的金光大道？！

"少"妙用在政府和企业管理

朋友，以上我讲的便是我们策略性"三字诀"——易、少、小中的第二个字——"少"，你听了感觉如何？

那听到此你也许会问，这"少"究竟是如何个"少"法呢？

我觉得这"少"，首先要看是什么范畴——是国家范畴？企业范畴？还是个人范畴？

容我先从国家和企业范畴来谈。

我认为就国家和企业范畴而言，这习惯似乎应既"多"又"少"。所谓"多"，就是随着社会的不断发展，国家的法律法规、企业的规章制度一定会越来越多、越来越细、越来越完善；因为以我们"广义习惯"的眼光看，所有这一切，其归宿都是为了养成某种相应的"习惯"。而所谓"少"，是指就某个时期、每个阶段所抓的重点而言，一定不能"多"，而要"少"、要"集中"。

对此我认为十八大以来所抓的"反'四风'"就极为典型。你看，在众多陋习中，就选了领导干部身上四种群众最反感的陋习来抓，这不是典型的"少"吗？

那这"抓"又如何个"抓"法呢？

是不抓则已，一抓就要抓到底！就要非抓出实效、抓到将这水烧到"一百度"、抓到将这些歪风邪气真正扭转为风清气正的朗朗乾坤不可！而绝不是搞"一阵风"、做做表面文章！我觉得这种抓法，才是科学的、得民心的；因此作为一介草民，我坚决拥护和支持这种抓法，并再次呼吁"革命尚未成功，同志仍须努力！"

而除此以外，我觉得这几年抓"酒驾"的陋习，也完全可以作为我们"少"之经典；因为起码就我周围而言，现在敢于再去踩这条"红线"的，已属凤毛麟角。那为何会有如此显效呢？一是在相当一段时间内就集中力量抓这一件；二是不抓则已，要抓就坚决抓到底！

朋友，谈到此，使我不由得联想到我们种种备受世人诟病的不文明陋习，我希望我们的文明委不要泛泛地抓，而应像抓"酒驾"一样，每一两年在普遍抓的同时，用举国之力集中狠抓一个；我深信，如果真这样抓，五年以后、十年以后，全世界也许都对我们中国人的素质刮目相看，你说对吗？

那对于国家是这样，对于企业应如何智慧地"少"呢？我认为这道理是一样的。国家范围太广了，因此征服一种陋习、养成一种好风气很可能需一年、两年，甚至三年、五年，但对于企业，这周期当然可大大缩短。

而我认为在近阶段，企业把"创新"作为一个最重要的习惯来抓，将是明智的；而在这其中，我特别希望把"抓住灵感"作为一种核心习惯来抓；因为就我本人而言，就是这一习惯的巨大受益者，我即使刷牙时脑海闪出某种灵感，也一定会带着满嘴牙膏沫去快速将其记下。朋友，也许正因为此，才有了此刻呈现在你眼前的《习惯学》、才有了我在《习惯学》中一个又一个新奇而又重要的发现、才有了此刻我正在向你吐露的一个又一个培养习惯的良方妙策，你说对吗？

而让我顺便告诉你吧，我的笔记本上有一页，就专记我脑海随时闪出的、极妙的、类似《人生可以美得如此意外》的绝佳书名。朋友，你知道我迄今为止已记下了多少个这样的书名吗？告诉你吧，我已累计记下了80个！那这是什么含义呢？这是说光借助这一小小的、随时记下绝佳书名的习惯，我要写的书恐怕写到一百岁都写不完了！因此你看，在如今我们"大众创业，万众创新"的时代，如果我们千千万万企业、千千万万企业人都能把"抓住灵感"化为习惯，我们中华大地上将喷涌出何等惊天动地的伟大力量啊！

"少"妙用在个人的自我管理

朋友，我们上面谈了将这"少"的策略妙用在我们政府和企业的管理上，这当然仅供参考，因为我在这方面毕竟是外行。但这里有一点应是没有错的，一种习惯涉及的人越多、范围越广、难度越大，其所用的时间和周期也一定越长。

那我们"少"的策略如何妙用在我们个人的自我管理上呢？

我认为，"一月一个小习惯"，应是值得提倡和推广的。

为什么？

因为我这二十年来基本就是这么做的，平均差不多 就是"一月一个小习惯"。

此外，我国养成教育泰斗关鸿羽教授也有类似建议；哈佛主授《幸福学》的沙哈尔博士也有类似建议。

那这"一月一个小习惯"具体又如何着手去做呢？

我建议你首先要把培养习惯作为你要终生走的人生 "大道"来对待。那既然如此，你当然要对其作一个总体规划，比如说五年计划、三年计划、一年计划。而在此基础上，在第一个月，你就要精心挑选出"第一个"小习惯。而对待这"第一个"，你的态度和方式就要与我们前面所说的完全一致，要么不抓，要抓就要一抓到底，争取在一个月内一定将其养成！

朋友，请你想一想，现在通过一个月的不懈努力，你这"第一个"小习惯已经养成；而其一旦成为习惯，你已无须为它操心，它会自动自发地为你效劳；而在此基础上你就完全可以腾出手来，集中力量再用一个月的时间去养成第二个小习惯；之后又可用同样的策略去养成第三个、第四个、第五个、第六个……

朋友，你可千万别小看了以上这"一月一个小习惯"，如果你就这样不急不慢、不慌不忙、优哉游哉地持续下去，你一年岂不就养成了十二个小习惯，十年岂不就养成了一百二十个小习惯，二十年岂不就养成了二百四十个小习惯……朋友，回想我这二十年来所走过的路，不正是这样一步步走过来的吗？而没想到我这样一步步走的结果，竟匪夷所思地从当年败得如此之惨、病得如此之重的人，变成了如今这般光景、如今这番模样，这怎么不令我感慨万千呢！

因此朋友，古语云："积少成多""积水成渊""聚沙成塔""集腋成裘""不积跬步，无以至千里；不积小流，无以成江海"……我觉得这些话讲得实在太有道理、太有道理了！而倘若你与我一样，也能悠悠然走上如此一条以"习惯"为导向的康庄大道，那对你而言，还何愁快乐、成功、健康、幸福不来拥抱你、亲吻你，你说对吗？

而谈到此，我不由得想起了广东罗浮山的苏华仁老道长。感谢他多年前曾光临我家，还赠送了我一整套由他主编的六卷本《中国道家养生与现代生命科学系列丛书》。而这许多年来他对我帮助最大的，莫过于他当时对我说过的以下这句话，他说——

"老子的形象是骑牛的。"

朋友，我请你也能记住这句话——"老子的形象是骑牛的。"并能将其深深印在你的脑海。因为它告诉我们，人生有时固然需要策马扬鞭、奋蹄驰骋，但最智慧的恐怕还须像我们老子那样，骑着牛慢悠悠地走、不慌不忙地走、脚踏实地地走、一步一个脚印地走。

而以上，就是"少"在我们个人自我管理上的妙用，供你参考；我认为在通常情况下一月养成"一个小习惯"应是一种不错的选择。当然，这不是死的、绝对的，如果你对自己把控能力较强，而且对此兴趣巨大，甚至还掌握了某种绝妙的工具，那你同时去培养三个、五个、甚至更多的习惯也不是不可以；对此，我会在后面详细介绍，请你留意。

策略性之"小"

朋友我们策略性"三字诀"——易、少、小的第一个字是"易"、第二个字是"少"，那第三个字是什么呢？

是——

"小"！

为什么？

因为这智慧同样来自老子的《道德经》——

"天下大事必作于细！"

这"细"当然就是我们此刻所说的"小"。也就是说天下所有的大事都必须从"细"、从"小"做起，这与"天下难事必作于易"一样，同样是一种人生的大智慧。

那这"小"和我们上面所说的"少"是何关系呢？

我认为这"少"，更多是从战略上而言；也就说，从战略上考虑，我们每一阶段培养的习惯千万不要太多，要"少"一些、集中一些；而我们现在所说的"小"，更多是从战术上而言；也就说，从战术上考虑，我们在具体培养某个习惯时，开始时量千万别太"大"了，一定要"细"一些、"小"一些；这也就是我们通常所说的"循序渐进"。

那为何在战术上开始时量一定要"小"一些呢？

这与我们前面所谈的培养习惯的"三难"——难在"起动"、难在"前三天"、难在"前三周"——就大有关系。起码的一点是如果开始时量太"大"，你就很容易望而却步，变成"明日复明日，明日何其多"；此外，当我们好不容易迈出第一步后，这量一"大"，又很容易因遇到极大的阻力而败下阵来。对此，我试举一种情景，你就能理解得十分清楚了。

朋友，假设你是位六七十岁、体重一百七八十斤的老年肥胖体形人士。由于肥胖，你已患有不少慢性病，因此无论从健康还是形象出发，你都极想减肥。但减肥的"不二法门"是"管住嘴、迈开腿"；而要"迈开腿"你就要跑步，而且每天还要跑上足够的"量"才能奏效。

那在这种情况下，你通常会采取什么态度呢？

我想，在通常情况下你往往会采取放弃。

为什么？

因为这难度对于你一定是太"大"了！——你想，你之所以肥胖，很重要是因为没有运动习惯；而现在突然要你跑步，还要天天跑，还必须跑够足够的量，而你还有不少慢性病，还上了年纪，也许性格还很内向，那在这种情形下，要你天天拖着沉重的躯体在众人面前大气不接小气地跑，是不是确有点勉为其难了？

那假如你下决心鼓足勇气，开始迈出了第一步，情景又将如何呢？

你很可能没跑几天就会败下阵来了！为什么？因为当你拖着如此沉重的身躯勉强开始跑步后，很快，各种不良反应立马就会向你袭来——吃也吃不香，睡也睡不好，腰酸背痛，浑身乏力，整个人就像要瘫掉了一样。于是在咬牙坚持了几天后，你好不容易所下的决心很可能一下子崩溃了——"胖点就胖点嘛，有什么？！胖总比瘦更有福相！"你在崩溃的同时，很可能还会这样自我安慰。

朋友，我以上描述得有没有错？是不是没有什么大错，还很真实？那这里的核心问题在哪里呢？不就出在这一个"大"字上吗？——这量一"大"、难度一"大"、一下子变化太"大"，通常人肯定难以接受、难以适应！

那不能"大"，要变"大"为"小"，具体怎么个"小"法呢？

由于这一策略极为重要，容我为你试着多举几例。

好习惯加法

朋友，我们变"大"为"小"的策略之一，是"好习惯加法"；也就是当你要培养一个好习惯时，开始的量要"小"一点，应循序渐进，那这习惯就很容易养成。对此，以下一实例我很想告诉你。

朋友，你一定不知，我曾担任过北京市未成年犯管教所的顾问；而我现在要给你讲的，是2014年8月30日我第十次应邀到那里作公益性演讲的真实场景。

记得在那天演讲中，当讲到某环节时，面对着全场近二百位剃着平头、齐刷刷坐在小马扎上的极特殊听众，我突然随机点了其中一位问——

"你现在每天能练多少个俯卧撑？"

被我点中的那位穿着囚服的年轻人立刻从小马扎上站起身，毕恭毕敬地回答我说："老师，一百五十多个。"

我听了心中一惊，马上又问："那你一年前开始时是多少个？"

"老师，二十几个。"

朋友，听到这回答，我当时心里真是又惊又喜。为什么？因为一年前我在该所董世珍所长的全力支持下，在那里开始了"一月一个小习惯"的试验。而当时我们精心所挑出的"第一个"小习惯，便是这"俯卧撑"。

那我们为何挑这"俯卧撑"作为"第一个"小习惯来培养呢？因为其有太多特点———一是人人都能做，太简单、太容易了；二是能够计数，因此很容易看到变化；三是在他们这个年龄段，对此会极感兴趣；四是场地不受限制，在监舍也可以练；五是这"俯卧撑"看得见、摸得着便于监督和管理，不像有些隐性习惯……

朋友，你看，我们这"第一个"小习惯是不是挑得很妙、很科学？

那挑好后我们如何起步呢？

记得当时我为他们请来了一位专家——我前面已提及的身材娇小玲珑的体育舞蹈教练李力，由她来传授最标准的"俯卧撑"（李力后来告诉我，为防不测，她临来前专门在她们北京外国语大学选了几位身材壮硕的男生陪同，以暗中做她的保镖）。而在她讲授完后，我则在全场挑了三个上台，看他们究竟各能做多少个俯卧撑。

这三个一字排开趴在地上，身体一起一伏地在奋力练着；其中一个做了十来下，就气喘着趴在那里不动了；另一个勉强做了二十多下；还有一个勉强做了三十多下。

此时我走上前，对那个做了

逆生长的北京外国语大学体育舞蹈名家李力

十来下的说:"你从练五个开始";对那个做了二十多下说:"你从十个开始";对那个做了三十多下说:"你从十五个开始!"

朋友,你看,我这是在做什么?——本来可以做十多个的,现在只需做五个;本来二十多个的,现在只需十个;本来三十多个的,现在只需十五个,这不就是典型的"小"吗?那有了如此的"小",他们还会"明日复明日,明日何其多"吗?一定不会!他们还会过不了我们习惯培养最难过的"前三天"吗?一定不会!

朋友,现在你终于明白了何谓"小"、何谓"好习惯加法"的全部奥妙了吗?你看,一个走上了歧途的失足青少年,眼看着自己的"俯卧撑"由一年前的二十几个,一步一个脚印地变成了一年后的一百五十多个,那他对自己的自信心是不是在不断增强?他身上的正能量是不是在不断积聚?他是不是渐渐就走上了一条充满了希望、充满了阳光的重生之路?而这不正是他父母、他所有亲人乃至我们全社会所希望的吗?!

坏习惯减法

朋友,对于好习惯的培养,我们用加法;那对于坏习惯的征服我们用何策略呢?——用"减法"!其本质与上面的"加法"实际完全一样,就是一开始量要"小"一些,循序渐进。对此,容我也举一例,其来自孙云晓先生所著畅销书《好父母,好方法》——

梓豪是小学5年级的学生,他有个不好的习惯——写作业很拖拉,每天写作业起码要3个小时以上;因为他每写几个字必须围着屋子溜达一圈，即使有时候在母亲的强压下勉强坐在那里，可是母亲只要一离开房间，梓豪立刻我行我素；为此他母亲很伤脑筋。

但后来他母亲找到了一个很妙的办法，终于把梓豪这一坏毛病给彻底解决了。

那他母亲这妙法具体是怎样的呢？

首先，梓豪的母亲与他约法三章，如果他写作业时离座的次数能每小时减到3次之内，就允许他看晚上6点钟的动画片（因为动画片对梓豪有吸引力，是梓豪每天的必修项目）；否则，就坚决禁止。结果第一星期，他只有3天达标；但3星期后，他可以完全达标了。

好，等梓豪能完全做到每小时离座不超过3次的标准后，梓豪母亲又进了一步，把标准提高到2次。

等2次做到后，梓豪母亲又把标准提高到1次。

没想到就这样，经过连续3个月的不懈努力，梓豪终于改掉了他写作业拖拉的坏习惯。

朋友，你看，以上案例，不就是极经典的"坏习惯减法"吗？——在一段时间里别的坏习惯暂且不管，先盯住一个；盯住后，开始时量要"小"一点，用逐步递减的方法一步步去实行；而且要么不抓，一抓就要抓到底！你看，这样的结果多有效、多灵验啊！

而关于这"坏习惯减法"，云晓先生在他那书中还告诉我们，有一次他到荷兰阿姆斯特丹去访问，在大街上发现有店里竟公开在卖毒品。他很奇怪——全世界都在戒毒，你们这里怎么可卖毒品？没想到荷兰人告诉他说，那里的毒品规定只能卖给那些正在戒毒的人；他们戒毒一下子戒不掉，政府就允许他们微量吸，每次只能买一点点，用循序渐进的方法逐渐递减，直至最后戒毒成功。

朋友，你看，这"微量"、这"一点点"是什么？不也是我们的"小"、我们的"坏习惯减法"吗？

因此朋友，"坏习惯减法"对于征服我们的各种坏习惯、各种陋习，一定是一种极好的策略，具有普适的意义和价值。让我还以戒烟为例，你下决心立刻戒，当然也可以；但这样很可能很难熬过那反应最强烈的"前三天"；那怎么办呢？你也可借用此策略，每天减一支！一天减一支难吗？一定不难！反应大吗？一定大不了那儿去！朋友，如果你真能这样极认真地减二十天，那对你健康威胁如此之大的一种陋习，不就被你水到渠成似地征服了吗？

当然，说到此，你也许会说，这说起来容易，做起来就难了。

是的，征服一种坏习惯、一种陋习确是件难而又难的事，那怎么办呢？希望你把我们这策略还要与我上面所谈到的必要性、可行性结合起来。为了戒毒、为了戒烟、为了征服自己的某种陋习，你可以在你父母带领下、在你爱人陪同下，专程去看一次相关展览、去亲眼看看大量触目惊心的最真实的图片、影像和惨痛案例。我相信，如果你真这样做，你所下的决心就会极大，最后的成功率当然也会极大。

朋友，以上便是我们的"坏习惯减法"。而说到此，我要深深感谢关鸿羽、张梅玲、孙云晓、林格、孙宏艳等一大批我国习惯研究的先驱和专家们，因为如果没有他们的辛勤耕耘，也不可能会有我此刻正在向你传授的如此有效、如此易记、如此宝贵的"好习惯加法，坏习惯减法"，也不可能有我在本书向你奉献的其他种种，因此让我们一起向他们致以最崇高的敬意和最衷心的谢意！

迈小步，不停步

朋友，关于我们策略性"三字诀"之"小"，我最后要给你介绍的是——"迈小步，不停步"。因为有人总结说，我们中国改革开放之所以能取得如此巨大的成就，很重要的经验之一，就是"迈小步，不停步"。

那这"迈小步，不停步"在好习惯的培养和坏习惯的征服上能给我们什么有益的启示呢？我觉得完全可以将其用在我们很难养成的好习惯和很难征服的坏习惯上。试想，上楼没有楼梯，你当然就难以一步登上；但如果有了一级级你极易登的楼梯，那上楼岂不就变成了一件轻而易举的事？对此，你不妨看一下美国著名心理学家斯金纳所做的一个"小白鼠行为强化实验"——

"在一个实验箱内，有一套很轻巧的压杆装置；箱内的小白鼠如果能压下这杆子，一颗食物就会落到离其很近的食品盒内，小鼠便能吃到。此时一只饿了许久的小鼠正在箱内，它尽管饥肠辘辘，正在四处找食，却想不到如果能压下离自己不远的那杆子，就立即能得到美味食物。而实验的目的，当然是如何能让小鼠知晓这一点，并能很快变成它的一种技能、习惯，这当然难度极大。

那如何去破解这一难题呢？斯金纳决定分几小步去破。

第一小步，这小鼠在箱内的其余动作他不管，但一旦发现其头朝向杆子——这正是斯金纳所期待的，他就立即将一颗食物落入盒内，让小鼠吃到。这一刺激，当然会强化小鼠头朝向杆子方向的反应频率。（婴幼儿的习惯培养完全可以借鉴这一点，因为其初始的行为一定类似，是随机的、无意识的）

当这第一小步成功后，斯金纳就开始了第二小步——一旦小鼠接近杆子，就一次次让其有美味食物可吃，其结果小鼠接近杆子的频率当然也会越来越高。

第二小步成功后，斯金纳又开始第三小步——一旦小鼠碰到杆子，就立即有美食可吃。

而当这一小步也成功后,斯金纳就开始了最后一小步——只有当小鼠压下那杆子,它才可能吃到那美食,这对于那小鼠当然不难,因为原来遥不可及的目标,此时已近在咫尺……"

朋友,以上就是斯金钠极经典的"小白鼠行为强化试验",其最后结果当然不言自明!而这里斯金纳所采用的智慧,不正是"迈小步,不停步"吗?

因此朋友,"迈小步,不停步"一定是我们培养各种好习惯、征服各种坏习惯的极妙策略。而你知道吗,正是用了这种极妙的循序渐进的策略,我们家的小欢欢现在已成了我家所有客人眼中智商极高的"神犬"。因为每当客人到我家,它一定会兴致勃勃地在客人面前一展它的绝技——

"欢欢,一加一等于几?"我爱人发出指令。
"汪!汪!"极清脆的两声。
"一加二等于几?"
"汪!汪!汪!!"极清脆的三声。
"二加三等于几?"
"汪!汪!汪!汪!!汪!!!"极清脆、极准确、极高亢、极自信的五声……

而此时,屋里的气氛达到了最高潮,掌声、笑声还有所有客人的惊叹声都汇成了一片。而此时只有我心里最清楚,所有这一切实际都来自我们的"迈小步、不停步"、我们的"好习惯加法、坏习惯减法"……

而说到此,我不由得想起了一则已播放多年的关于垃圾分类的广告。这则广告中把垃圾分为四类,这当然无可非议。但我很怀疑其实效究竟如何？因为要分为四类，首先，每家厨房必须有四个相应容器；同时，每处垃圾筒必需起码有四个。但据我所知，起码我的亲朋好友中似乎没有一家现在是这么做的。而就我自己而言，我至今连垃圾分哪四类都还有些糊涂！

那为何会产生这种情况呢？

我认为关键是没有采用"迈小步、不停步"等策略，这类难道才难以解决。而如若我们分步走，先迈出一小步——把垃圾分为可回收的和不可回收的，这难题解决起来一定容易得多！由此也足见"策略性"之重要！

第十五章
"培养习惯的'四步魔法'"
——第四步：操作性

朋友，当我向你详细介绍完我们"四步魔法"之前三步——必要性、可行性、策略性后，现在我们可刺刀见红、真的要去培养一个个好习惯、征服一个个坏习惯了，也就是到了我们《习惯学》临门一脚的那一步——

"操作性"了！

但朋友，一到这临门一脚的一步，你和绝大部分人很可能都会万分遗憾地败下阵来了。

为什么？

因为"君子动口不动手"仿佛是我们人类的一种通病。对我们许多人而言，一"务虚"，谁都会说得头头是道、天花乱坠、吐沫横飞；但一到"务实"了，要真抓实干了，却往往就不见其踪影了，你说对吗？

此外，还有一个原因极为实际。当我们下决心去培养一种习惯时，往往是信誓旦旦、满腔热血、甚至有的人还会极认真地去"更衣沐浴"——换一身新衣，彻底洗一次澡，极庄重地去翻开自己人生新的一页。

但结果怎么样呢？

结果一到晚上要上床了,突然想起来——"怎么忘了？！"

到了第二天晚上呢？——"怎么又忘了？！"

到第三天晚上呢？——"怎么又给忘了？！"

朋友，就这样连续几天一"忘"，再加上你开头那天的一腔热血此时早已凉了大半，于是你自然就会大叹一口气——"算了吧，什么'习惯'不'习惯'！"

就这样，当初的信誓旦旦又被你心安理得地抛至了九霄云外……

朋友，我以上所说在实际生活中是不是一种最真实的情景？要说习惯对我们人生之重要，仿佛说什么都不过分；但一到实际，我们绝大部分人却收获寥寥，为什么？究其原因，我认为很重要就在于这

"忘了,忘了,忘了,算了吧!"这"四步走"了!

而想当年,我何尝不也是如此吗?我在前面提到,我曾患有几十年迁延难愈的严重"腰、髋、肩、背慢性、多发性筋膜炎",为此我可以说是吃尽了苦头,下足了功夫。你想,当我从各方面下足了功夫去对付它,那当然是有效的——在一段时期内它稳定住了,也就是不疼了。

但我却有个老毛病,不疼了,时间一长,就好像痊愈了似的,于是穿衣等各方面又忘乎所以了;而忘乎所以的结果,这老毛病自然又犯了。因此在那几十年间,这样的反反复复不知在我身上出现了多少回!

那怎么去对付自己这"忘乎所以"的老毛病、臭毛病呢?也就是怎么去解决自己这个坏习惯,让自己的脑子多长点记性?这对我可是个极现实的大问题啊!因为毕竟一次次犯了要疼、甚至会疼得一瘸一拐啊!

没想到,就在自己这一次次好了又犯,犯了又好的纠结、痛苦、无奈中,突然有一天,我脑海闪出了一道灵光,而正是这一道灵光,使我发明了一种简单得不能再简单、实用得不能再实用的工具,而正是这工具在我168种之多习惯的培养中发挥了决定性的作用。

那这一工具究竟是什么呢?你一定极想知道。

我的秘密武器——"一分钟傻瓜日记"

这一工具,便是我之所以能养成168种习惯的"秘密武器"——"一分钟傻瓜日记"!

朋友,我的这一"秘密武器"可以说既简单、又方便、还高效,我恨不能推荐给世界上所有上进心极强的人。因为记这种"日记",你每天所花费时间只需一分钟都不到,那它岂不简单到了极点?而使用起来又像傻瓜相机一样方便到了极点,那岂不人人可用?

那其效率呢?

实话告诉你吧,我所养成的168种习惯,绝大部分都是借助它养成的,你说其效率高不高?

而朋友,由于我这"秘密武器"对我们培养习惯的价值实在是太大了、太大了,因此请允许我把其发明当天的情景如实向你禀报——

时间倒回到十五年前的2000年12月9日。那天,因再一次的"忘乎所以",我那老病又犯了!在一瘸一拐的疼痛难忍中,我脑子里突然一闪——我不是天天都在记日记吗?那既然如此,我为何不用日记来天天提醒自己再也不能"忘乎所以"吗?试想,以此来天天提醒自己,那久而久之,其岂不就很容易成为习惯?而一旦成了习惯,那我之老病岂不就很容易被我拒之于门外吗?

朋友,当时我脑中越想越有道理,越想越有道理,于是我在当天日记上记下了——

"忘乎所以,一定要戒除这个坏习惯!"

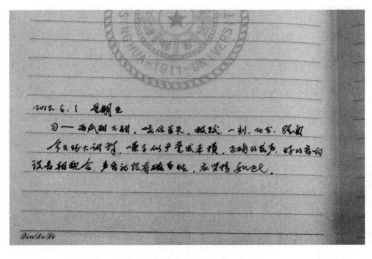

"习——"之后那一行,是作者这一天的"一分钟傻瓜日记",已记了有16年之久,而且作者将终生记下去

记下后，我又补充道——

"今天腰髋的旧病复发，原因是忘乎所以，这是我的坏习惯，一定要克服，因为它造成了太多的问题。从今天开始，我每天都要在'忘乎所以'四个字上反省，一共30天。"

朋友，以上所记，便是我2000年12月9日那天最真实的情景，而正是从那一天开始，我天天用这种方式来提醒自己所要养成的各种习惯，而且一直兴致勃勃地沿用到十五年后的今天。

而如今，我这种"一分钟傻瓜日记"已变得非常规范，这十多年来我天天是这样记的——

我日记的第一行当然是年、月、日、星期几。而第二行，则是每天我记"傻瓜日记"的地方。这第二行的一开头我先写下个"习——"字；这之后就记下我所要养成的各种习惯；每一种习惯用一二个字代表即可，为的是天天提醒。而上一天记了那几种习惯后，后一天记日记时我一定会重抄一遍，以再一次提醒和监督自己。

我的这种日记很像是"铁打的营盘流水的兵"，不断会有新习惯进来，又会有巩固得不能再巩固的老习惯离开。而我那168种习惯实际是我2011年的统计数字，现在早已突破了200种，而这也不足为奇。

为什么？

因为佛教里有一种"具足戒"，其规定比丘要受250条戒律；比丘尼要受348条戒律；而佛教中极负盛名的《六祖坛经》中更谈到——"夫沙门者，具三千威仪、八万细行"；也就是说，你要真正成为一个圣者，你必须在行、住、坐、卧等所有方面，具备"三千威仪、八万细行"。可见我们人的修行是永无止境的，好了可以更好，精了可以更精、细了可以更细、优秀了可以更优秀，卓越了可以更卓越，你说对吗？

而朋友，为了让你对我这种"一分钟傻瓜日记"了解得更具体、更详实，以下请允许我试举一例。

我某一天典型的"一分钟傻瓜日记"

朋友，以下这一行，你就可以看作是我某一天典型的"一分钟傻瓜日记"，你完全可以效仿和借鉴。我具体是这样记的，记在我那天日记的第二行——

"习——西瓜甜不甜、咬住舌头、极致、一刻、20分、经典"

这"习——"之后的一项项，就是我那一天、那段时间正在培养的习惯。顺便说，习惯既有共性，更有个性，因此望你千万不要去生搬硬套，而要根据自己的实际情况。那我以上这一项项具体究竟是指什么呢？——

"西瓜甜不甜"，是指我在本书一再提到的那种现今最妙照相术。那单凭脑子你能养成这种习惯吗？当然能，但成功率极低！为什么？因为"好脑子不如烂笔头"！而你一旦让其进入这种"傻瓜日记"，借此天天来提醒和监督，那这成功率岂不几乎是百分之百？因此朋友，如果你有强烈的进取心，那这种"傻瓜日记"请你务必像我一样，从今往后要天天记、月月记、年年记、一直记到老，这对你的人生一定价值无穷！

"咬住舌头"，是指我要求自己一旦与别人有不同意见，应立即咬住舌头；否则，接下来很可能就是争论；而争论的结果十有八九对自己有害无益。

"极致"，是指我要求自己养成做事要做到"极致"的习惯。这很像许多卓越企业家所言——"要把'利他'做到'极致'"、要让顾客"有一种'超值的享受'"、要让顾客"有一种'意外的惊喜'"，甚至像小米雷军所言，要让顾客见到你的产品后会"发出'尖叫'"！

"一刻"，是指当年我学电脑时要求自己养成的一个习惯——每天学"一刻"钟，即使傻坐，也要在电脑前坐一刻钟！没想到就因这小小的习惯，如今电脑已成了我除我爱人外最忠实、最可靠、最心仪的伴侣。

"20分"，是指我要求自己养成在电脑上自控的习惯。许多人因"网瘾"而毁，因此这"20分"是指当年我上网玩"拖拉机"游戏时，每次只能玩20分钟。那实际情况如何呢？实际情况我可以说是基本做到了，偶尔尽兴，也似乎没超过一小时；而到了如今，由于我醉心于我之《习惯学》，因此即使是那"20分钟"，也早已成了我的过去时了。

"经典"，是指我要求自己创立《习惯学》，一定要极虔诚地向"经典"学习。这是我2012年6月1日记入我之"一分钟傻瓜日记"的。而从那一天以后，这"经典"两字就天天记在了我这"一分钟傻瓜日记"上，一直记到了今天。

那这意味着什么呢？

这意味着在这三年多、一千多天的日子里，我天天都在提醒自己，要向"经典"学习，要向"经典"学习，要让自己的《习惯学》像所有"经典"一样，能经得起历史的检验！朋友，你说就此一点，这对我是一种多么巨大的鞭策啊！因此如若我之《习惯学》将来确能对我们这世界做出一点绵薄的贡献，那我之"一分钟傻瓜日记"是不是一点功不可没,我的军功章上是不是一定也应有它劳苦功高的一份?

朋友,以上就是我某一天典型的"一分钟傻瓜日记"——每天仅一行,仅寥寥一二十个字、仅用不到一分钟时间;但我从2000年12月9日开始,一直记到今天,从未中断过一次;不仅如此,我一定还会兴致勃勃、情意无限地一直记下去,直至我生命的最后一刻!

为什么?

因为它是不是简单得不能再简单、容易得不能再容易了?但它对我们人生的贡献却极其巨大——有了它,我们的自我管理就落到了实处,我们的终生学习就落到了实处,我们的"每日三省吾身"就落到了实处,我们的"三千威仪,八万细行"也落到了实处。朋友,你说,光凭这一条,你的人生能不越来越优秀、越来越卓越、越来越完美、越来越令你自己满意吗?

"真传一句话,假传万卷书"

朋友,当我给你介绍完了"一分钟傻瓜日记"这一如此简单、但又如此价值无穷的"秘密武器",我现在内心深处却感到一种隐隐的不安。

你知道我隐隐不安什么吗?

我隐隐不安我即使如此苦口婆心,你还可能与其擦肩而过。而我觉得如果真是这样,将是一种天大的遗憾!

为什么?

对此,你可以设想如下两种完全不同的情境——

一种是你从今天开始,下决心立即动手,用你的日记、电脑或工作日志，记这种"一分钟傻瓜日记"。朋友，一旦你真拥有了这一"秘密武器"，而且一辈子拥有了这一"秘密武器"，那我可以肯定地告诉你，你仿佛就真拥有一盏能使你"要什么，有什么；做什么，成什么"的奇妙神灯！朋友，这对你的一生将具有多么巨大的意义啊！而我的实践、我在本书给你列举的我所亲身经历的大量实例，不强有力地说明了这一点吗？！

一种是你即使读完了我们整部《习惯学》、即使你内心有再大的冲动，但到了最后这最关键的一步，你却戛然而止了！

朋友，如果你是个中老人年，我尚能谅解你；但如果你是个青少年，那我要为你感到深深惋惜！

为什么？

你想，此刻的你，是何等渴望成功，何等渴望品德高尚、学业优秀、身体健壮、形象气质人见人爱；而你已经几乎通读了我整部《习惯学》，你眼前呈现的是一种如此简单、如此高效、如此有杀伤力的、能助你实现你种种理想的"秘密武器"；而你却与其失之交臂，那我怎么能不为你感到深深惋惜呢？！

因此，朋友，如果你是个上进心极强的青少年，我建议你此刻就去买一本上好的日记本，开始你今天的"一分钟傻瓜日记"；如果你是位对自己孩子希望满怀的父母，我建议你此刻也去买一本上好的日记本，让你孩子或干脆你自己，开始今天的"一分钟傻瓜日记"。须知，父母是孩子的第一任老师，父母是孩子最好的榜样，其集中就体现在对"习惯"两字的态度和行动上！

朋友，那我为何要如此恳切地建议你呢？

因为我觉得我与许多同样知道"习惯"重要的人相比，我的人生之所以发生了如此匪夷所思的巨变，最主要的区别、最主要的分水岭，也许就是这"秘密武器"、就是这"一分钟傻瓜日记"！对此，我不仅记了，而且认认真真地记了，而且一记就是十七年，而且我还将永远兴致勃勃、乐此不疲地记下去!

朋友,现在我终于给你捅破了这一层窗户纸了吧!原来这秘笈、这法宝就在这几乎最不起眼的"一分钟傻瓜日记"上!难怪我们这世上有一箴言——"真传一句话,假传万卷书"!

而朋友,如果你从此真想当我的学生、甚至想当我极虔诚的好学生,那这里我还有一个极妙的秘笈要传授给你。

那这个"极妙的秘笈"是什么呢?你一定十二分好奇。因为你此时最想要的,就是能得到一种世界上最简捷的培养习惯工具,你说对吗?

如果真是这样,那就让我来毫无保留地告诉你吧。

一种世界上最简捷的习惯培养妙方

朋友,我把我这种秘笈称之为"世界上最简捷的培养习惯工具",是一点也不过分的。如果你不信,请你此刻就拿出你的手机,并找出其"闹钟"。

好,有了这"闹钟",你从今以后培养任何习惯都会变得易如反掌。下面请听我的指令——

请你先冷静想一下,为了使你自己的人生更健康、更快乐、更成功、更幸福,我从今以后要不要下决心让自己有所改变?要有所改变,要不要从习惯着手?要从习惯着手,要不要从最简单、最容易处入手?

如果以上答案是肯定的,请你不妨先从一些小习惯开始,比如"人走,桌面上一定片页不留"。这是一个我们许多人很想养成,又往往养不成,而一旦养成,又可以使你的生活立即发生显著变化的小习惯;而在决定养成此类习惯前,请你对其养成的必要性、可行性、策略性，务必先作逐一认真审查。

好，如果你认真审查过了以上诸项，请你就开始第一步——从你的"闹钟"上找到"标签""闹钟备注"或"闹钟名称"等，总之要找到一个能输入文字的地方；找到后你就把以上习惯用简单明了的文字输入——"人走，桌面上一定片页不留"！而如果你手机上此栏可输入的文字较多，你不妨还可以输入一些刺激性的话以激励自己，如"言必信，行必果""本君子'一言既出，驷马难追'""如果本人连这一点都做不到，还何为人父"等。

以上第一步做完后，再做第二步——你要认真思考一下，我这习惯究竟每天何时提醒为最佳。比如以上习惯，可设定为下午5：00，因为此时你正好要下班整理桌椅；当然，你也可以设定在其他你认为最合适的时间，甚至你还可以一天设定多次，以缩短此习惯养成的周期。

设定好时间后你进入第三步——找到"重复"，也就是这种提醒必须要天天重复、一天不落；这样你当然就应点击其中的"每天"或钩上从星期一到星期日的全部。

有以上第三步后，你进入第四步——选择最合适的提醒方式，是振动、是铃声、还是音乐，最好精选一段很有特色的音乐，然后将其设定。

好，完成了以上四步并一一设定后，你用手机培养习惯的妙方我就全教给你了；它简单不简单？是不是简单到了可以说不能再简单的地步？

那这种妙方叫什么呢？我的弟子王晓静建议我，干脆叫"习惯闹钟"！我也认同，这名称也简单利落。

朋友，有了这"习惯闹钟"，你现在要养成一个习惯难不难了，是不是一点都不难了？有效没有效？是不是太有效、太有效、甚至可以说有神效了？！为什么？因为通常我们培养习惯难的是忘、懒和坚持；但现在你忘，它会忘吗？你懒，它会懒吗？你坚持不了，它会坚持不了吗？是不是它一定会天天极忠诚、极精准地，而且是不达目标、决不罢休地提醒你。以"人走,桌面上一定片页不留"为例,它一天、二天、十天、二十天地而且是不厌其烦、苦口婆心般地天天提醒你,那你说,这习惯你怎么还养不成呢?

朋友,以上就是我要教给你的一种"世界上最简捷的培养习惯工具"——"习惯闹钟",你听后感触如何?是不是你简直要欢呼雀跃起来!是啊,有了这如此简捷、如此高效的最现代化的工具,你将来还有什么好习惯不能养成,还有什么坏习惯不能征服呢?!你此刻眼前所呈现的,岂不真的是一条一定能带给你无限信心、无限力量和无限希望的金光大道,你从此岂不真拥有了一盏能使你仿佛要什么有什么的世界上最奇妙的神灯?!

"习惯闹钟"之妙用

朋友,听我介绍完了如此简捷、高效的"习惯闹钟",你现在是不是跃跃欲试、想立即起而行动了? 那如此妙法,我们该如何去妙用呢?

倘若你是一个老板,那我希望你不仅自己要用,还要让你全公司每一个员工都用,这样做好处极大。比如你公司要执行一条新规,本来你为此不知要花费多少口舌、动用多少肝火,但效果依然不尽人意;而现在有了这"习惯闹钟",一切就变得再简单不过了——你身先士卒,先从自己开始;然后要求每一个员工都必须在自己的"习惯闹钟"上记下这条新规!朋友,如此一来,任何新规的落地对你公司而言,还何难之有呢?是不是几乎可以立竿见影!而随着一条条新规能如此高效地落地,你的执行力岂不将极大提高?你公司岂不很容易出现一种龙腾虎跃、你追我赶、蒸蒸日上的大好局面？！

而朋友，告诉你吧，以上情景决不是我的主观臆想，在"互联网+"如今正在我国如火如荼的燎原之际，我坚信，其完全可能成为现实，因为以下两个实例让我仿佛预见到了这一点。

一是最近我的一对老朋友周美瞳和她爱人吴金哲到我家拜访。聊天中我无意中谈到了"习惯闹钟"，这之后我们竟越谈越兴奋，以至最后话题全集中到了它身上。因为如何卓有成效地养成一个个好习惯，以高效地管理好自己和自己的团队，这正是一直困扰着他们的难题，也正是他们一直在苦苦寻觅的；而如今有了这"习惯闹钟"，他们简直如获至宝！

而没想到回家后第二天，美瞳就用她手机上的"截屏"功能给我发来了整整两屏她决定开始的"习惯闹钟"，我一数，她竟要开始十二种习惯的培养！

朋友，你知道我见了当时是何感觉吗？是太兴奋、太兴奋了！因为要立刻培养如此多习惯与我们前面所谈的"易、少、小"虽然不尽相符，但从这满满两屏的截图中，你不强烈感受到了如若一种新创举确能真真切切地造福他人，那它将受到何等巨大的欢迎啊！

而朋友，让我再欣喜地告诉你吧，几乎与此同时，我获知了前些天在海淀进修实验学校演讲的反响。我打电话给其中一位听课老师，没想到她一接电话，就在电话那头兴奋地告诉我说，听了我那天的演讲，这些天她们全校教师全动起来、热闹起来了——有的开始用"习惯闹钟"来提醒自己要天天记"授课日记"；有的开始提醒自己要天天"练劈叉"；有的开始提醒自己要天天"贴土豆片"；有的开始提醒自己要天天"过午不食"；有的开始到处给亲朋好友讲我的传奇故事；更有的把有关截屏发给自己的一个个族群和朋友圈，几乎天天都在那上面"晒"这、"晒"那……

朋友，听了我一场演讲，在一个单位竟能立即演化为如此一幅生机勃勃的图像，你说，作为一名演教师，作为一名再典型不过的传道、授业、解惑者，我内心能不兴奋、不激动、不油然升起一种巨大的幸福感吗？

是的，在《习惯学》领域里尽情地徜徉，我越来越感到一种巨大的幸福感！就以我们的"习惯闹钟"而言，它既然能使一对夫妇带来如此兴奋，能使一所学校的老师们带来如此兴奋，那它为何就不能造福于我们全中国所有夫妇、所有学校、所有企业、所有机关，甚至造福于我们这世界上所有强烈渴望自己能不断成长的人呢？

因此，朋友，如果你与我能有同感，那请你此刻就拿出你的手机，加入到我们"习惯闹钟"的队伍中来；如果你是位家长，不为自己、仅为你孩子，也敬请你尽快加入。因为对于你孩子德、智、体所有方面的健康成长，这世界上最关心、最在意的一定是你；在这方面能发挥最关键作用的也一定是你；而对此，我们的"习惯闹钟"一定能给你以最大的帮助！

而行笔至此，我不由得想到了微信、网购、网约车，尤其想到了似乎一夜之间突然出现在我们满大街的"共享单车"……我想，这些新发现、新创举为何会如此受青睐、为何会发展得如此之迅猛，是因为它们以最简捷、最有效、最廉价的方式，打通了人们出行、购物、人际交往等各种难题的"最后一公里"，而且都是插上了"互联网＋"的翅膀、登上了"互联网＋"的高速列车，才能得以实现。

而细想我们的"习惯闹钟"，它与以上种种不有着异曲同工之妙吗？它也是插上了"互联网＋"的翅膀、登上了"互联网＋"的高速列车，而且其打通"最后一公里"的方式也是如此之简捷、如此之有效、如此之廉价！

那请你仔细想想，如果我们家家户户、村村社社全都行动起来，甚至我们也能像以上种种"互联网＋"一样，得到各级政府的鼎力支持，那我们的"习惯闹钟"将助力我们打通哪些领域的"最后一公里"呢？它岂不可打通？——

我们所有人都知道、但又往往难以做到的培养自己各种优秀习惯、克服自己各种不良习惯的"最后一公里"；

我们所有父母都知道、但又往往难以做到的培养自己孩子各种优秀品质、克服自己孩子各种不良品质的"最后一公里"；

我们所有老板都知道、但又往往难以做到的培养自己员工各种优秀素质、克服自己员工各种不良素质的"最后一公里"；

我们党和国家的最高领导都知道、但又往往难以做到的培养自己所有官员各种优秀作风，克服自己所有官员各种不良作风的"最后一公里"。

……

一句话，我们的"习惯闹钟"一定能助力我们打通我们所有人都知道、但又往往难以做到的提升我们整体国民素质、以最大限度地引爆我们中华民族最可宝贵的人力资源潜能的"最后一公里"；

朋友，若真能如此，那我们人人手中的"习惯闹钟"，岂不可以在我们中华大地上引发出一场革命性的巨变？！

而这正是我内心深处最殷切的期望；除此以外，对于如今已是古稀之年的我，你说，我还何复他求？！

我现在就付诸行动！

朋友，当我把我之所以养成168种习惯的"秘密武器"——"一分钟傻瓜日记"、尤其是最后的"习惯闹钟"毫无保留地和盘托出以后，我们的《习惯学》就要正式降下帷幕了。那在这依依惜别之际，我要将什么作为最珍贵的礼物送给你呢？

我想，我们的《习惯学》，是因"十卷羊皮卷"第一卷中的那个"秘密"而拉开序幕的；那我想，在我们《习惯学》的帷幕即将降下之际，我要将"十卷羊皮卷"中的最后一卷、也就是二十年前曾给我以巨大推动力的一卷——《我现在就付诸行动》作为我最好的礼物临别赠送给你，以作为我们《习惯学》也许会永远令你回味无穷的尾声。

朋友，现在就付诸行动吧！为了你的健康、快乐、成功、幸福，请你从今天开始就在"习惯"两字上下大功夫！

朋友，现在就付诸行动吧！不为别人，为了你如此钟爱的孩子一生能茁壮成长，请你从今天开始就立即应用我们的"习惯闹钟"。

朋友，现在就付诸行动吧！你也可以想象一下，倘若从今天开始，你能将这种"习惯闹钟"立即付诸行动；倘若因此而有一天这妙法真的成了你的习惯；倘若因习惯，这妙法真能伴随你一生，与你形影不离，那你的一生将过得何等多姿多彩、如诗如歌、卓尔不群、幸福美满啊！……

朋友，以下，便是该卷羊皮卷——《我现在就付诸行动》的全文，请你像我当年一样，极认真地诵读、极认真地品味、极认真地领悟，并由此极庄严地去翻开你人生崭新的、令你心潮澎湃的、而且是让你永远充满了无限希望和力量的一页——

我现在就付诸行动！

我的幻想毫无价值，我的计划渺如尘埃，我的目标不可能达到。

一切的一切毫无意义——除非我们付诸行动！

我现在就付诸行动。

一张地图，不论多么详尽，比例多精确，它永远不可能带着它的主人在地面上移动半步；一个国家的法律，不论多么公正，永远不可能防止罪恶发生；任何宝典，即使我手中的羊皮卷，永远不可能创造财富。只有行动，才能使地图、法律、宝典、梦想、计划、目标具有现实意义。行动，像食物和水一样，能滋润我，使我成功。

我现在就付诸行动！

拖延使我裹足不前，它来自恐惧。现在我从所有勇敢者的心灵深处，体会到这一秘密。我知道，要想克服恐惧，必须毫不犹豫，起而行动；唯其如此，心中的慌乱方得以平定。现在我知道，行动会使猛狮般的恐惧，减缓为蚂蚁般的平静。

我现在就付诸行动！

从此我要记住萤火虫的启迪：只有在振翅的时候，才能发出光芒。我要成为一只萤火虫，即使在艳阳高照的白天，我也要发出光芒。让别人像蝴蝶一样，舞动翅膀，靠花朵施舍生活；我要做萤火虫，照亮大地。

我现在就付诸行动！

我不把今天的事留给明天，因为我知道明天是永远不会来临的。现在就去行动吧，即使我的行动不会带来快乐和成功，但动而失败总比坐以待毙好。行动也许不会结出快乐的果实；但没有行动，所有果实都无法收获。

我现在就付诸行动！

立刻行动！立刻行动！！立刻行动！！！从今往后，我要一遍又一遍，每时每刻重复这句话，直到成为习惯；好比呼吸一般，成为本能。有了这句话，我就能调整自己的情绪，迎接失败者避而远之的每一次挑战。

我现在就付诸行动！

我要一遍又一遍地重复这句话。

清晨醒来时，失败者流连于床榻；我却要默诵这句话，然后开始行动。

我现在就付诸行动！

外出推销时，失败者还在考虑是否会遭到拒绝的时候，我要默诵这句话，面对第一个来临的顾客。

我现在就付诸行动！

面对紧闭的大门时，失败者怀着恐惧与惶惑的心情，在门外等候；我却默诵这句话，随即上前敲门。

我现在就付诸行动！

面对诱惑时，我默诵这句话，然后远离罪恶。

我现在就付诸行动！

只有行动才能决定我在商场上的价值。若要加倍我的价值，我必须加倍努力。我要前往失败者惧怕的地方，当失败者休息的时候，我要继续工作；失败者沉默的时候，我开口推销。我要拜访十户可能买我东西的人家，而失败者在一番周详的计划之后，却只拜访一家。在失败者认为为时已晚时，我能够说大功告成。

我现在就付诸行动！

现在是我的所有。明日是为懒汉保留的工作日，我并不懒惰；明日是弃恶从善的日子，我并不邪恶；明日是弱者变为强者的日子，我并不软弱；明日是失败者借口成功的日子，我并不是失败者！

我现在就付诸行动！

我是雄狮，我是苍鹰，饥即食，渴即饮；除非行动，否则死路一条。

我渴望成功，快乐，心灵的平静。除非行动，否则我将在失败、不幸、夜不成眠的日子中死亡。

我发布命令，我要服从自己的命令！

我现在就付诸行动！

成功不是等待。如果我迟疑，她会投入别人的怀抱，永远弃我而去。

此时，此地，此人。

我现在就付诸行动！！！

行之卷

一个有关我的真实故事

一

　　那是四十五年前——1971年8月4日深夜，一个我永世难忘的深夜。就在那个漆黑的深夜，刚留校一年多的我竟感到了人生的绝望，在清华园一个水利实验大厅——文革中被改为汽车厂的总装车间，我决意结束自己年方25岁的年轻生命。

　　那是什么让我居然走上这样一条可怕的绝路呢？

　　这当然和当时的社会环境有关。因为在那个时代，我们清华的几千名教师竟被赶到江西血吸虫最严重的地方强迫劳改，而全国广大知识分子的惨状更可想而知。

　　但当历尽了几十年的风雨沧桑后再去内省，我觉得问题不能仅仅从外部去找，更重要的还应从自己的内部去找。因为当时与我一样命运的知识分子何止万千，数以千万计的知识青年上山下乡，他们所遭遇的厄运更要远远超过我。而我所在的是首都、是北京、是全国最高学府、是即便在当时也应该说是风光如画、人人向往的清华园。

　　因此，要找问题还要从我自身去找——由于以往自己过五关、斩六将，一路过于顺利，结果只因一个突然而至的、甚至是"子虚乌有"的健康问题，竟使自己得了严重的抑郁症；而得了严重抑郁症后，我猝不及防，一下子从原本的自信、自负变成了极度自卑，以至认为自己再这样发展下去，一定无药可救、一定精神崩溃、一定会得精神病了，于是就导致了那一晚悲剧的发生。

那晚，我在总装车间大厅值班。我被几个月来一天比一天严重的抑郁症困扰着，躺在床上翻来覆去，一分钟都难以入睡，脑袋像炸了似的。生活对我来说已变成了恐惧和煎熬。于是，就在那个深夜，我下定了最后的决心，决意离开这个我曾那样眷恋的世界。记得当时我在一张纸上留下了这样的遗言——

"我被无穷的矛盾包围住了，我努力挣扎，但怎么也挣扎不出来，我陷入了危机……"

我写完那份遗书后，便在阴森可怕的总装车间大厅里找了一根绳子，狠心地把自己挂在了一个高大的门框上。

万幸的是，绳子断了，我摔了下来！

我猛地吓了一跳，像被惊醒了似的——怎么真这样？！不，回去睡觉！怎么能这样？！

我内心在本能地搏斗着、挣扎着。

但我刚爬起来，随手一摸，手上黏糊糊的，满手是血，头摔破了！

头摔破了怎么办？去校医院？但这样深更半夜去校医院，医生肯定会问，那我怎么能说得清楚？更何况当时我已极度自卑，想起见人，都浑身哆嗦。

就这样，我已变得没有退路了，于是，又第二次、第三次。

但没想到，这第二、第三次的绳又断了！

到第三次摔下后，我已浑身血肉模糊，气息奄奄。我感到自己已只此一路，就吃力地往里爬。我知道，那边有漆，是汽车总装后喷漆用的，只要把漆倒进去，就足以致自己于死地。

但漆没找到。

地上好像是一个沙坑，我把沙子使劲往自己嘴里塞；

似乎还有一口气，我碰到一堵墙，把头使劲往墙上撞；

可生命力为何那么顽强，还有一缕游丝……

此时，我的手在黑暗中漫无目标地摸索，我似乎摸到一个瓶子，我不管里面装的是什么，就用尽最后一点力气，拧开盖，把里面的液体倒进了自己年方25岁的年轻躯体。

那液体刚倒进体内，我仿佛感到一下子烧了起来，我顿时失去了知觉……

第二天一早，工人发现了我，立刻把我送到北京大学第三附属医院。

而后来我才知道，我当时喝下的，竟是——

98%的浓硫酸！！！

当时，我的口腔、咽喉、食道、胃肠都受到强烈的腐蚀。等我大约第三天从昏迷中醒来，我发现我一个人躺在一个抢救病房里，气管被切开，屋里紫外线消毒，全身挂满了各种管子，戴着白口罩、穿着白大褂的医生、护士在病房内外穿梭忙碌，病房门口挂着一块白布——"谢绝探视"。

我的生命随时处在危险之中，我与死神仅咫尺之遥……

二

朋友，以上就是曾发生在我身上的最真实经历；而从那个不堪回首的清华园之夜开始，我的精神和肉体，实际都已化成了一片废墟。

那究竟是什么使我死而复生，获得了第二次生命，还能从生命的废墟上重新站了起来呢？

我觉得我能有今天，除了我在本书中一而再、再而三所反复强调的"习惯"两字之外，还有一个字——

那就是一个"爱"字！

因为我万万没想到在我的生命跌入了简直是万劫不复的最低谷时，我竟得到了那么多来自人间的"爱"！

我永远难忘在我生命最脆弱时，我的主治医生齐国英大夫在我耳畔"小周，小周"的一声声亲切呼唤。记得当时昏死过去的我脑海出现的，全是一幕幕人们要调查我、批斗我，说我是"自绝于党，自绝于人民"的幻觉。但我从齐大夫那里听到的来自人间的第一句话竟是："小周，我们大家都说你很坚强。"我当时听了，感到特别纳闷。因此朋友，让我最真实地告诉你吧，那个时代是荒唐的，但我们的人民是善良的，我出了这样的事，可当时我耳畔听到的，全是这样的一句句温暖和鼓励声。可以说如果没有那么多温暖和鼓励，我是无论如何也不可能有勇气去开始我第二次全新的生命。

我永远难忘经过多少天抢救、点滴、喂流质后，我第一次刚能吃一点软质食物时的情景。那天，负责送饭的胖乎乎的徐大姐特地为我做了一碗细细的挂面，还打上了两个鸡蛋。朋友，你知道吗？在那个年代，鸡蛋、挂面都是特别珍贵的，而我出了这种事，大家不仅不嫌弃我、还这样对待我，因此当我端起那碗热腾腾的鸡蛋挂面时，我真的是热泪盈眶，我仿佛感到徐大姐那慈爱的、满是微笑的脸庞至今犹在我的眼前。

我永远难忘不知多少天后我第一次解大便时的情形。由于长期不解，我那大便显然已经干结。记得当时我蹲在那里，一身身虚汗，可那干结的东西出又出不来、进又进不去，一时我真有说不出的狼狈。后来，是当时还年轻的毛节明大夫闻讯后过来，用手一点点抠出了我那干结的大便，帮我摆脱了这一次尴尬困境。

我永远难忘在我人生最困难的那段时期，我北师大自幼一起长大的同学赵惠中，第一个闻讯急急赶来；我三姐夫王旦生和我的弟弟周春园特地从上海赶到，日夜守护在我床前；我所在总装车间的师傅们，三班倒为我值班看护；我所在汽车厂日后的厂长白洪烈老师，不知多少次为我跑前跑后；而我清华一起留校的老同学聂孟喜、高晋占、梁青福、王家振、施祖麟、陈乃祥、张学学、密涌民、李仲奎、卢达容等，更是不知多少次前来探望，他们送到我心里的每一句话都是温暖、每一句话都是鼓励、每一句话都是抚慰，都使我感到人世还那么值得留恋。

　　我永远难忘我复旦大学的老同学沙似鹏闻讯后给我写来的长信，尤其难忘那信中的有一句话——"过去的就让它过去吧，但将来对你还是一张白纸，你可以画上最美的图画，写上最美的诗篇！"朋友，你听，这样的话，这样的真情，在当时那种情境下，对我是多么一种巨大的鼓励啊！

　　当然，我永远难忘的，还有我国几乎最负盛名的散文家朱自清先生的夫人陈竹隐，当她得知我的种种经历后，不仅给了我许多无微不至的关怀，还多次用孟子的话来鼓励我——"天将降大任于斯人也，

朱自清夫人赠给我的珍贵留影（右为朱自清先生）

必先苦其心志，劳其筋骨，饿其体肤，空乏其身……"使我在人生最低谷时受到了极大的激励。因此，后来当张海迪事迹出现后，尤其报上报道她也曾有过轻生的念头时，我满怀激情地给《中国青年报》写了一封长信，其中部分摘登在上面。我在谈到自身的经历后，无限感慨地说："即使在那个荒唐的时代，我们的人民还是善良的，他们千方百计伸出了温暖的手，要把清华刚毕业一年的25岁的年轻人，从死亡的边缘挽救过来……"

三

当然，我永远难忘的，更是我多少个月后回到上海宝山那个故乡小镇月浦时的情景了。

想当年，当我这个出身贫穷的年轻人不仅考上了大学，而且考上了我国最高学府清华，而且又留在了清华，我曾让我故乡月浦小镇上的父母感到多么骄傲、多么自豪啊！但没想到我竟出了那样让他们难以启齿的事，这给他们的心灵以多大打击啊，可以说这种打击是毁灭性的！

但万万没有想到，当火车到了上海，当公共汽车到了我故乡小镇，当我见到了我白发苍苍的、显然已经衰老了很多的父母，我父母没有一句怨言、一句责备，相反，他们默默地拿出了他们所能，拿出的所有的爱、所有的温暖，要尽力去煨热自己这个刚从远方归来的游子的那一颗已经冰冷的心、已经冰冻的心；而我的4个姐姐，她们虽然没有文化，但今天这一家拿来自己不舍得吃的一只鸡、明天那一家拿来自己不舍得吃的一只鸭；而我父母每天做一碗碗鸡汤、一碗碗鸭汤，自己不舍得哪怕喝一口，也要尽力去滋补这个儿子那已极度虚弱的身体；而我的两个弟弟、一个妹妹，还有我故乡的其他亲朋、其他好友，他们对我一句句关切的询问、一次次深情的探望，一席席暖人的叙谈，更使我备感亲切、备感温馨。

而谈到这儿，我当然更难以忘怀一位善良、可爱、秀美、脸颊总透着阵阵羞红的年轻回族姑娘，正是她的出现，给我以巨大的精神慰藉，她的名字叫刘雅冬。

自天而降的美妙姻缘

刘雅冬是我邻床病友刘宝忠的妹妹，当时她21岁，是我们清华园附近东升砂布厂医务室的一位赤脚医生。她们全家不断来探望她哥哥，一家人非常亲密融洽。在这过程中，我自然也得到了她和他们全家的很多照顾，因此我们也慢慢产生了一种微妙的情感。

但我不敢奢望能发展这种情感，因为我是一个有过那种以往的人。更何况我的身心已变得那样血迹斑斑、伤痕累累，今后的人生之路对我而言已成难题。当然，另一方面，她是回族姑娘，这怎么可能呢？

可我回家养病后，随着在家人悉心照料下身心的一点点康复，我对她的思念也与日俱强，她那善良、可爱、秀美的倩影仿佛总在我的脑海浮现。我多么憧憬这仿佛自天而降的美妙姻缘啊！

终于一天，我压抑不住自己的情感，根据临走时她给我留下的地址，向她诉说了我心中的一丝大胆奢望。

发出信后，我几乎天天盼望着邮递员在我家门口出现，但我又不敢相信这奇迹真会降临在我身上。

但没想到，终于有一天，邮递员在我家门口出现了，递给了我一封来自北京的信笺。我拆开一看，真令我喜出望外——那正是我日夜盼望的来自她的书笺！她信中不仅温暖如春，情意绵绵，而且根据我当时的希望，还随信寄来了她一张放大的四寸照片。照片上的她和她本人一样，是那样的善良、可爱、秀丽，翘翘的鼻子，带着几分羞涩；黑黑的眸子里，有着无限的柔情。你一定不知道，当我接到这封信时，我是多么兴奋啊！我像范进中举似地把照片给我父母看，给我姐姐们看，给我弟妹们看。朋友，请你设身处地想一想吧，经历了如此巨大人生磨难的我，在受到无数白衣天使和亲朋好友的巨大关爱之后，又增加了如此一种牧马人式的，董永、七仙女式的仿佛自天而降的爱，我那冰冻的心能不慢慢融化、我那撕裂的伤口能不渐渐愈合吗？我能不抬起头、挺起胸、直面人生，在一张白纸上重新开始描摹我那最美的图画、书写我那最美的诗歌吗？

因此，朋友，我要发自肺腑地真诚告诉你，如果没有人间的这么多暖人的爱，我绝不可能有今天。按照当时的情景，我本已悲观到了极点才走上这条路的。出事以后我的情况自然是更糟、更严重、更惨不忍睹了。因此在我内心深处，只要有机会我还会结束自己的。然而万没想到，在不计其数的善良人们的帮助、挽救、关爱下，居然不容我产生这样的念头，居然能使我一点点死而复生，居然使我获得了第二次生命，而且几十年后居然又使我能如此健硕、如此阳光、如此生机勃勃地重回了人间，朋友，你说，这能不是爱的奇迹、生命的奇葩、上天的恩赐吗？

因此，我要说，纵使天下有多少种感情，纵使这些感情如何不可或缺，但我起码可以用我的生命历程来说一句话：在这千千万万的感情中，"爱"无疑是一种人类最渴望、最美好、最温暖、最动人、最激励斗志、最催人奋进的情感！她深藏在我们每个人的内心，人人渴求她，人人需要她，她可以起死回生，她可以改天换地，她可以融化所有苦难，她可以创造一切奇迹，因为她曾那样真真切切地发生在我身旁、降临到了我身上！

而尊敬的朋友，也正因为此，我要把我前面所说的10卷羊皮卷中最令我激动的一卷——《我要用全身心的爱来迎接今天》——作为最珍贵的礼物献给你，也献给在我生命历程中曾给过我如此多温暖、抚慰、关爱、力量的白衣天使和亲朋好友们！

以下便是这一卷值得我们所有人一读再读的精美绝伦的羊皮卷——

我要用全身心的爱来迎接今天

我要用全身心的爱来迎接今天。

因为，这是一切成功的最大秘密。强力能够劈开一块盾牌，甚至毁灭生命，但是只有爱才具有无与伦比的力量。使人们敞开心扉。在掌握了爱的艺术之前，我只算商场上的无名小卒。我要让爱成为我最大的武器，没有人能抵挡它的威力。

我的理论，他们也许反对；我的言谈，他们也许怀疑；我的穿着，他们也许不赞成；我的长相，他们也许不喜欢；甚至我廉价出售的商品，都可能使他们将信将疑。然而，我的爱心，一定能温暖他们，就像太阳的光芒能融化冰冷的冻土。

我要用全身心的爱来迎接今天。

我该怎样说呢？我赞赏对手，对手于是成为朋友；我鼓励朋友，朋友于是成为手足。我要常想理由赞美别人，绝不搬弄是非，道人长短。想要批评人时，咬住舌头；想要赞美人时，高声表达。

飞鸟、清风、海浪，自然界的万物不都在用美妙动听的歌声赞美造物主吗？我也要用同样的歌声赞美她的儿女。从今往后，我要记住这个秘密，它将改变我的生活。

我要用全身心的爱来迎接今天。

最主要的，我要爱自己。只有这样，我才会认真检查进入我身体、思想、精神、头脑、灵魂、心怀的一切东西。我绝不放纵肉体的需求，我要用清洁与节制来珍惜我的身体；我绝不让头脑受到邪恶与绝望的引诱，我要用智慧和知识使之升华；我绝不让灵魂陷入自满状态，我要用沉思和祈祷来滋润它；我绝不让心怀狭窄，我要与人分享，使它成长，温暖整个世界。

我要用全身心的爱来迎接今天。

从今往后，我要爱所有的人。仇恨将从我的血管中流走！我没有时间去恨，只有时间去爱。现在，我迈出成为一个优秀的人的第一步。有了爱，我将成为伟大的推销员，即使才疏智短，也能以爱心获得成功；相反地，如果没有爱，即使博学多识，也终将失败。

我要用全身心的爱来迎接今天。

《我所养成的168种习惯》

《我所养成的168种习惯》是我2011年发表在李开复先生所创办的开复学生网上的一篇博文。当时我是该网的顾问,我在那里陆续发表我的《习惯学》后,有一天有位网友好奇地问我,你究竟养成了哪些习惯?这一问,把我也给问懵了。于是我在笔记本上记下"我的习惯"四个字后,便开始在脑海搜索,并一一记下;而到了很多天我搜索到168个后,当时就再也想不起来,我就将其写成文字,发表在了随后的开复学生网上。

如今借《习惯学》发表之际,我将这篇博文修改后重新发表,意在助你在培养习惯时能打开思路,有所借鉴;但以下几点,请你务必注意——

一是习惯既有共性,更有个性,因此望你读了我以下文字后,一定要根据你自己的实际情况去设计相应习惯,千万不要照搬。

二是我这168个习惯是经近20年才逐步累积起来的,因此在习惯培养上,望你千万别操之过急,要循序渐进,一点点开始;而以我之见,作为个人而言,"每月培养一个小习惯"应是一种不错的选择。

三是看了我以下某些习惯,你也许会不以为然——"这怎么也算一个?"。但请你注意,这些习惯看似无足轻重,但经年累月,叠加起来,其价值不就大了吗?

四是当你看到我在健身方面竟养成了如此多习惯,请不必为怪,也不必学我。因为健康对于我这样当年的重病号,我是无论如何也不敢懈怠的!此外,倘若我因此而八十、九十、甚至一百岁还能站在讲台上(当然,倘若我明天就驾鹤西去,我也心无遗憾,因为我毕竟已是古稀之年),那对我的所有听众,岂不是一种莫大的激励和鼓舞?!因此如今在我心中,我天天游泳、天天打坐、天天练冰火浴……就是我事业的一个重要组成部分,你说对吗?

五是我以上所说的"天天",不是科学上的"天天",而是文学上的"天天";这诚如我前面早已说过的,实际我所有这些习惯,既是刚性的,又是有弹性的;既是天天坚持的,又是有灵活性的;既是有序的、极有规律的,又是洒脱的、自由自在的、特殊情况下随时可给自己请个假的,因此是不是很有意思、很有人情味?而之所以能这样的奥妙,就在于我不仅在理论上认为"我们是习惯的主人,而非它的奴隶",而且在实践上我也是完全这样做的。

好,絮叨至此,下面我就公布《我所养成的168种习惯》,以供你参阅。这168种习惯的编排、分类,我基本上还是沿用了当年的格式,因此若有不妥之处,请你见谅。

创新、抓住灵光一闪类习惯

1. 记脑海随时闪出的灵感

"好记性不如烂笔头",我把脑海随时闪出的各种灵感随时记下来,这也早已成了我的习惯。如今"创新"是一个热词,而从我们《习惯学》的角度,"创新"也要成习惯;而要使创新成为习惯,养成"抓住灵感"的习惯至关重要。我希望你也能如此——把你所有关注的、感兴趣的问题分门别类记在你的笔记本或电脑文件夹上,一旦脑海闪出相应灵感,不管是在吃饭时、聊天时、甚至刷牙洗脸时,立即用寥寥几个字去记上,这对你的人生一定大有裨益。

2. 记下好书名

我把脑海随时闪出的特别好的、适合我写的书名也会随时记下来,这也早已成了我的习惯。到目前为止我已记了81个这样的好书名。你看,光就这一个习惯,我这辈子写书是不是写到一百岁都写不了?

3. 记有关《习惯学》的闪光点

我从2008年12月18日开始,对脑海突然闪出的有关《习惯学》的闪光点会立即记下,没想到至今已记下了1880个这样的闪光点!我深信,像我这样如此钟情于"习惯"两字,如此专注于"习惯"两字,如此兴致勃勃、乐此不疲于"习惯"两字的人,恐怕全世界都难找!但一旦这成了习惯,实行起来又易如反掌!

4. 记龙虎榜

我从1997年住进我们小区后,我意识到我们小区藏龙卧虎,各式人物都有,于是我在我的笔记本上又开辟了一个新栏目《龙虎榜》——随时记下一些相关信息,以便开拓人际,增进邻里关系。如今我那《龙虎榜》上密密麻麻,不知记了多少东西;你说,"远亲不如近邻",有了这《龙虎榜》,我要办什么事,多方便啊。望你也能如此,做一个生活的有心人!

5. "好记性不如烂笔记头"

"好记性不如烂笔记头",这是我们中华的一句名谚,也应成为我们的一个好习惯。我特别希望你从此也能养成这一习惯,随时拿起你的笔、你的鼠标在笔记本上、在电脑上记下各种信息、感悟、灵感,这一定对你人生有极大帮助。

6. 记"一分钟傻瓜日记"

我这记"一分钟傻瓜日记"的习惯,实际就是"好脑子不如烂笔头"这一习惯的具体体现。我现在已记了有17年之久，而且乐此不疲。而我这里给你展示的168种习惯，绝大部分都是借助于了这一"秘密武器"而养成的。因此我希望你一定不要让这"秘密武器"与你失之交臂，从今天起就起而行动！

7. 记养生随感

有了这个习惯，我自然总在思考养生的种种奥秘，我的健康状态自然就会不断长进。我建议你也能养成此类习惯，有了这类习惯，你的大脑就会总在思考、总在琢磨、总在归纳，这样可使你的学习、工作、生活自然而然变成一种钻研性的学习、钻研性的工作、钻研性的生活，由此你在不断提高、不断长进的同时，会感到人生真是其乐无穷！

8. 记日记

我大概从二十年前就开始恢复了我青少年时代记日记的习惯，有话则长，无话则短，天天如此，至今不辍。

9. 记"航向——"

我每天日记的第二行最前面，必记"航向——"；我每天记到这里，必想一下自己这艘航船的"航向"今天要注意什么，用一二个字表示即可。这习惯是十多年前我们院内一位人所熟知的大影星"亿万富姐"出事后我要求自己养成的，它可以使我们人生的这艘航船永远不偏离正确的航道，也可以使曾子的"每日三省吾身"落到实处！

10. 记从头到脚的各种健身习惯

实际我们从头到脚，都有各种如"提肛"等极为有效的健身习惯。因此我一旦看报、看书、看电视等知道了，会立即随手记下。而有了这样的积累，将来我如果写一本题为《从头到脚话习惯》的书，你想买吗？是不是一定畅销？

11. 记"学员联络网"

我至今已在全国各地演讲一千四百多场。而我每次演讲完，必会在我笔记本之《学员联络网》上记下那场演讲组织者的联系方式等各种信息;你看,我如今是不是典型的"桃李遍天下"?我走到全国各地,岂不都有我的各种铁杆粉丝、钢杆粉丝,这多有意思啊!

12. 记各种巧合

不知怎的,我的人生中曾碰到无数次巧合,后来我干脆一遇到就记下,一遇到就记下,没想到至今已累计记下了145个,很有些不可思议。如十多年前我与我爱人到我们小区会馆健身,我随意要了一个专用衣柜,给我的是88号;没想到我爱人随意要了一个,也是88号,你看,这有多巧啊?!而如今我俩天天到那里健身,天天都是双双"88"的幸运数;我真怀疑,是不是冥冥中造物主也在天天为我们祈福?!

2 善待事业类习惯

13. 善于聚焦

拿破仑说:"战略的全部奥妙在于'集中'。"这近二十年来我把我的事业聚焦、集中在"习惯"两字上,结果就有了我如今所谓的"中国习惯研究第一人""中国习惯践行第一人"和如今在你眼前的《习惯学》,可见"聚焦"对于你事业威力之巨大。因此我切望你把"聚焦"也化为你在事业的一大习惯,使自己在某一个方面,能出彩、能有所建树,这样,你的人生一定会过得更有滋味。

14. 喜好探索

喜好探索,一定是我的一大习惯。一件事来了,我不太会轻易肯定,也不太会轻易否定;我喜欢研究和琢磨,喜欢刨根究底,喜欢提出一个又一个问题,喜欢从方方面面去考证其真伪。比如对习惯的整个研究就是如此,当我从《世界上最伟大的推销员》一书中发现了

"习惯"这个秘密后,我既好奇又疑惑,于是就开始了研究和实践,没想到我像一个在大山深处独自游玩的少年,起初捡到了一块很有些奇特的山石;进一步发现,这竟是一块宝石;继而发现,这竟是一颗名贵的钻石;再一步发现,那里竟埋藏着一个巨大的钻石矿;而最后发现在这巨大钻石矿最中央,竟还隐藏着一盏能使我们几乎所有人要什么、有什么的奇妙神灯。而实际我对《习惯学》整个的研究探索过程就是如此的。

15. 1442份提纲

演讲是我的事业、也是我弘扬我之《习惯学》的主战场,因此我在演讲方面就养成了许多相应习惯。你看,我每次演讲虽然都是脱稿的,但口袋里必揣有一页演讲提纲,以使自己整场的演讲思路极为清晰,这是我的一大习惯。我至今演讲了1442场,我家书柜里就存有1442份这样的提纲。由于你对于口才和演讲能力的提升可能很感兴趣,我以下一系列相应习惯,可供你借鉴。

16. 脱稿演讲

要提高演讲能力,脱稿演讲应是你下决心培养的一个习惯。我这一千多场演讲,场场都是脱稿的,这对提升演讲能力、尤其是提升演讲的感染力能起极大的作用;因此你若有志于发挥你对我们这世界更大的影响力,就应在演讲能力上下大功夫;而为此,脱稿演讲的习惯请你务必养成。当然脱稿、不脱稿也要分场合,不能一概而论。

17. 守时、准时

我1442场演讲主要在世界闻名的"首堵"北京,但总共才迟到了两次,一次十分钟左右,一次二十分钟左右,你说,这是不是个很不错的记录?要知道,"守时""准时"在我脑海,是个极重要的做人、做事原则,当然也应成为习惯。

18. 让人放心

做事要让人放心,这是我为人的一个原则。我们清华继续教育学院当年负责约课的一位老师曾对我说:"周老师,请你讲课,我们最放心";而这也许就是我们如今职场上常听到的一句箴言——"承诺你所能做到的,并尽力超越你所承诺的!"我深信,如果此话你不仅能背出来,而且还能化为你的习惯,那你在职场上就很容易如鱼得水!

19、精益求精

我每次演讲回家,必会在我上面提到的那份演讲提纲上记下这场演讲的优缺点,哪怕是一个极微小的瑕疵我也不会放过。因此我至今演讲了1442场,就等于将我的演讲精心雕琢了1442次、精益求精了1442次、不断升级了1442次,而实际这只是一个小小的、我乐此不疲的习惯而已。

20. 只计耕耘,不计收获

"只计耕耘,不计收获"这也是我养成多年的习惯——兴致勃勃于播种、耕耘、钻研、探究、千锤百炼、精益求精,这是我的乐趣所在;至于收获多少,并不去计较。这样的结果,收获也许更大。而相反,如果你"只计收获,不计耕耘",那问题一定极大,甚至很可能在我们这世界上举步维艰;因为世界上谁会喜欢那种工作不努力,但对报酬却斤斤计较的人呢?因此关于我讲课的酬劳等,我这许多年来从未与人计较过;我相信,这一定也符合老子《道德经》结束语所言——"圣人之道,为而不争!"

21. 朗诵演讲

我演讲的习惯、风格之一,常会激情满怀地朗诵相应的诗文,以使自己的演讲能波澜起伏,高潮迭起。这当然有赖于我以下会说到的"天天念经"的习惯。因为那些诗文我天天念,不知念了几百遍、几千遍,因此当我一出口,听众自然会听得如痴如醉、热血沸腾。

22. 真、善、美

把"真、善、美"作为自己准备每一场演讲的准则——这样讲真吗?善吗?美吗?很真吗?很善吗?很美吗?要力争使这次演讲十二分真、十二分善、十二分美!

23. 掰着手指重复数30遍

对于重要的开场白或本场演讲生僻的内容,我会掰着手指头要求自己一遍遍重复;而重复到30遍是我最常做的。这实际是一件十分有趣的事,那段话你第一次说的时候一定是疙疙瘩瘩的;但随着一遍遍掰着手指推进,你渐渐记下来了,连贯了,熟了,而且越来越熟,以至最后变得滚瓜烂熟了。因此有人说"天才是重复次数最多的人,所有成功人士都是重复出来的。"这句话一点不假,望你切记。

24. 心诚

心诚,一定是我为人处世的一大习惯,也是我演讲之所以能深受欢迎的核心要素之一。我每次演讲,都恨不能把自己的心都掏出来,与听众推心置腹地交谈,希望能给大家以最大的帮助;如此一颗诚心,当然谁都乐于接受!

25. "4S法则"

有人问我,你的演讲为什么会有那么强的感染力,我总结了一个"4S法则"——第一,我一定讲自己"深信不疑"的东西;第二,当我"深信不疑"后,我一定会"身体力行";第三,"身体力行"后,如果我"深受其益";第四,那我一讲出来,自然会"声情并茂"。你看,这"深信不疑""身体力行""深受其益""声情并茂"第一个打头的字母不都是"S"吗?因此我将其归纳为"4S法则",是不是这内在的逻辑性还很强?

26. 与人分享

当你知道了一件颇有意思、甚至颇为经典的故事后,为了增加自己平日的谈资和锻炼你的口才和演讲能力,你不妨养成"与人分享"的习惯——即立刻有意识地把这个经典故事告诉给你爱人、你父母、你小姨子、你大姑子等。你不断讲,到处讲,这个经典故事你岂不就很容易记住,而且还会越讲越熟、越讲越溜、越讲越出彩。实际许多口才极佳的人，常常是惯用了这一妙法的人，你相信吗？

27. 编筐编篓，重在收口

俗话说"编筐编篓，重在收口"，演讲也完全一样，要注重结尾时的"收口"，我对此当然十二分注重；这也是我的演讲恩师李燕杰教授在他的《演讲艺术》一书中特别提到的。

28. "三有"——"有理、"有据、有实"

这是我阐明各种论点的惯用方法。所谓"有理"，就是你这个观点在理论上是不是讲得通、讲得圆、能站住脚、没什么漏洞？所谓"有据"，就是你谈的这个观点是不是被许多伟人、许多经典所曾强调？所谓"有实"，就是你谈的这个观点是不是被古今中外的大量实例所验证的，尤其是不是被你自己的亲身实践所验证的？！我认为讲一个观点，一旦具备了这"三有"，说服力往往会极强。

29. 认真

认真当然是我身上的一个几乎最主要的特质，也是我的一大习惯。我相信我之所以能养成168种习惯，之所以能因"习惯"而使自己发生了如此匪夷所思的变化，"认真"两字一定功勋卓著！

30. 天天清晨四点起床写作

我从2000年11月8日起，养成了天天清晨起床写作的习惯；而从五六年前，已变成了准时四点起床（用一种振动式闹钟提醒）。此习惯对我的事业价值巨大，可以说是我事业上一个几乎最为关键的习惯；而正因为有此习惯，才保证了我如许年龄还会有一本本专著不断奉献给你。对于此习惯，我已在书中详尽向你介绍。

31. 一日一文

我从2000年11月8日起要求自己养成每天清晨写一篇随笔的习惯；成了习惯后从2000年11月8日到2003年8月8日，我没有一天中断，居然整整坚持了一千零一个清晨，写出了一千零一篇随笔，为此将来我要出一本书，将其取名为《一千零一盏心灯》。以上实践再一次证明了一个朴素的真理——任何好的、有价值的行为，一旦成了习惯，那你等于就拥有了一种水滴石穿、无坚不摧、铁杵也能磨成针的神奇力量！切望你也能如此。

32. 每一二个星期发表一篇博文

我从2007年3月5日起，在李开复先生所创办的开复学生网上每一二个星期写一篇博文，我《习惯学》的第一稿就是从2009年6月25日开始在该网陆续发表的。这一"阶段性习惯"我大约持续了有六七年之久，对我《习惯学》的开创可以说起到了极重要的推动作用。这种"阶段性的习惯"对我们人生也极有价值——在一个特定时间段内，养成一种习惯，或三五个月，或三五年；一旦此类习惯养成，你一定能坚持，就一定能达成相应目标。我希望你也能将这种"阶段性的习惯"广泛应用在你的生活、学习和工作中。而这种"阶段性的习惯"从某种意义讲，就是我们通常讲的"措施"两字。有了它，各种措施就很容易落实；没有它，各种措施就很容易落空，你说对吗？

33. 有感而发

写作一定要有感而发，而不能无病呻吟，这也是我的习惯。以写诗为例，我至今只写了三首朗诵诗，由于遵循了以上原则，因此我这三首诗——《永恒的一刹那》《从今天起，我要拥有阳光心态》《武汉江滩畅想曲》都广受好评。前者获得了"奥运朗诵诗歌比赛"全国第二名；后者发表在了武汉《长江日报》上；我还在"武汉江滩十周年庆典广场晚会"上亲自朗诵，反响不俗。

34. 不厌其烦地修改、润色

不厌其烦地修改、润色，也是我的一大习惯。对一些重要的文章、书稿，我会一遍又一遍、十遍二十遍地修改、润色，这不仅是我的习惯，更是我的巨大乐趣所在；因为我发现，文章一定是越改越好、越改越美、越改越令自己满意的。

35. "随身宝"

我从1998年4月起自己设计了一张既可摊开又可折叠的"随身宝"———摊开,一月的安排尽收眼底;一折上,放在口袋里又极为便捷。一月末了,我又复印一份新的。我月月如此,累计已200多张,存于柜内。这"随身宝"背后空白处,我会随时记下所看到、所想到的各种闪光的思想、经典的案例等,坐车时、休憩间随时掏出来看看,对我帮助极大。

36. 每天记六件要事

十多年前我从书上看到,每晚记六件第二天应做的要事,是提高工作效率的重要方法,此习惯我一直延续至今。这六件事我就记在我那"随身宝"每天的那一小格中,每件只用寥寥数字即可。

37. 百分之百地把自己推销给自己

世界营销大师菲利普·科斯勒说:"什么是成功的买卖呢?销售世界上第一号的产品——不是汽车,而是你自己!在你成功地把自己推销给别人之前,你必须百分之百地把自己推销给自己!"我觉得我这些年来正是这样做的!如果说我如今之《习惯学》对你确有帮助的话,那我写作最大的动力也许就在于此——我已将其百分之百地推销给了自己!

3 善待学习类习惯

38. 每天粗读二三页经典

从几年前开始,我要求自己争取在几年内粗读《论语》《道德经》《圣经》《古兰经》《金刚经》等,以便对我们人类文化史上那些最具代表性的经典有一个全面的、概括性的了解。而为了达成这一学习目标,像总计一千多页的《圣经》,我要求自己养成每天只粗读二三页的习惯。现在这些经典我已大致粗读了一遍,因此倘若有人说起来,我也不至于是个"经"盲,一无所知,你说对吗?而实际我这是借助了习惯的力量,因为一旦成了习惯,这种滴水穿石的事就会变得极为简单、极为自然,我的许多事就是这样做成的。

39. 天天诵读

天天诵读经过我精心挑选的、最打动我的各种名言、警句、诗歌、散文是我的又一大习惯。这习惯我是从十五六年前开始的,我几乎天天会借快走、游泳等健身之际,百遍、千遍地、不厌其烦地依次默诵,可以说对我益处极大、益处巨大!此习惯我要竭诚向你推荐,因为它可以一举多得——

一是它可以使你天天健身、坐车、上班、上学路上没有任何枯燥感,甚至会变得兴味盎然;二是它可以使你天天都在充电、天天都在提升正能量;三是它可以使你天天都沉浸在美的熏陶之中;四是它可以使你的文学素养不断与时俱进;五是它可以使你的气质一天比一天变得更优雅,真正变成"腹有诗书气自华";六是当这些你所精选的名言、警句、诗歌、散文在你脑海已变得滚瓜烂熟,你恰到好处地将其运用在你的谈吐中、讲课中、报告中、演讲中,你可以想象,日久天长、年复一年,你的谈吐、讲话、报告、演讲将是何模样、是何状态?

但这里需注意,一是这些名言警句必须要精选;二是一旦选中,就要依次默诵,天天如此、月月如此,年年如此(当然也排斥适当地灵活)。

40. 天天看《百家讲坛》

我在十多年前养成了天天看《百家讲坛》的习惯,这对增强我的人文素养、国学功底起了很大作用。由于种种原因,后来中断了一段时间，现在又恢复了；《百家讲坛》故事性、知识性极强，因此使我如今每天好像都有一种盼望、一种期待；我天天是在电脑上看，这样时间就很机动，可随时看。

41. 天天看《环球视线》

天天看央视新闻频道的《环球视线》，这也是我如今乐此不疲、兴味盎然的一个学习习惯，它可以使你的脑子始终能跟上瞬息万变的时代风云，而不至落伍。但对于这个习惯和以上看《百家讲坛》的习惯，我又将其看作是"软性习惯"；也就是如果你那天确实很忙，就不必非看不过。这样的结果，对你极有好处，它可以使你每天既有一种热切的盼望，因为这是你的兴趣所在；但又不给自己增添任何压力，因为你完全可以不去实行。你看，如能这样，你的日子将过得多舒坦、多滋润啊！因此我希望你生活中也能有许多此类的"软性习惯"。

42. 天天学英语口语

我从2013年1月31日开始向我的英语老师赵英莉学英语口语，现已近四年了，至今兴趣依然巨大。目前《英语九百句》我已基本学完，正开始学《走遍美国》。我跟英莉老师学《英语九百句》，是每天三句；一开始是晚上8点到8点10分，我打电话给她，在电话中学10分钟，白天我用各种空闲的时间复习；后来改为每晚7点到7点10分学，每晚还是10分钟；我们相互有事，随时相互请假，极为机动。现在学《走遍美国》，我们改为每周一次，为星期一晚7点到7点40分。

43. 每周看《世纪大讲堂》

凤凰卫视的《世纪大讲堂》每周一次，所讲的都是国内国际最新社会热点，正好与《百家讲坛》所讲的中华文化、中华历史相得益彰。我这样天天看、每周看的习惯，也使我的终生学习有了一种"制度化"的保障。而这种看，从某种意义讲，就是在看书、就是在读书，而且是在读更形象、更生动、更容易看进去的书，你说对吗？

44. 重要的书精读，并在书上划出重点

对于自己特别感兴趣的、重要的书我会精读；精读时我还会用笔划出重点，以便自己可以一读再读，加强印象，这也是我的习惯。千万别以为这样书就不整洁了，须知，书是为我们服务的，而不是我们为它服务的。我有一次见到有读者拿出我当年写的《终生的财富》，我一看黄黄的、皱巴巴的，还像古装书似地用线重新装订了一番，我见了大为感动。因为那读者告诉我说，这书在许多人手里传，传来传去，竟传成了这样，你说我听后能不感动吗？

45. 随时查询各种疑惑

随时在百度上查询、在网上查询，这已是我多年的又一学习习惯。这一习惯极大满足了我的强烈求知欲，对我方方面面益处巨大，而且我仿佛对此还充满了乐趣，几乎天天都会在网上寻这问那。此学习习惯我也竭诚向你推荐、向所有的读者朋友推荐！当然这里有一点需特别注意——对于那些重要的问题、信息，你务必多方查证，还务必多动脑子，尤其对于那些天上掉馅饼、掉特大馅饼的事，你一定要慎之又慎，并多问一连串"为什么"。否则，一着不慎，你的人生也许会"全盘皆输"！

4 善待他人类习惯

46. 感恩

常怀感恩之心是我的一大习惯，因为细想起来，我当年能死而复生，如今能发出《人生可以美得如此意外》的感慨，确确实实来自无数白衣天使、无数亲朋好友对我的厚爱，对此我当然会终生铭记。

47. 量大

这"量大"也可以说渐渐成了我一大习惯。因为"量大福大造化大"是我父母、也是我四个姐姐们常挂在嘴边的一句口头禅。因此熟悉我的人都知道，我的气量、肚量总体说还是可以的，因为我极少与人争这争那，也极少与人发生什么冲突。这样的好处之一，是你可以专心做你感兴趣的事，而很少受到种种不必要的干扰。

48. 主动

"积极主动"是全球风靡的七大习惯中置于首位的第一个大习惯，我多年来也是这样做的。以每年春节为例，我主动打出的拜年电话一定比我接到的要多得多。

49. 综合平衡

我认为名和利永远是个无底洞，但让自己人生的各方面尽量做得平衡些、和谐些，这是看得见、摸得着的。因此如今每逢过年，我都会用这"综合平衡"来检查自己，看自己是否疏漏了什么？我如今的"短极"是什么？我应如何去尽快弥补它？……也许正因为此，我似乎觉得我如今人生的方方面面总体说还算比较均衡。

50. 体谅别人"不容易"

见到的每个人、哪怕是一个清洁工，首先想想他的"不容易"，你立刻会心生敬意。而我正是常常这样想的。实际细想起来，我们每个人都"不容易"——我们当百姓的容易吗？我们给别人打工容易吗？我们远离家乡孤身在外打拼容易吗？我们的交警天天风雨无阻在雾霾中、在烈日下为保障交通顺畅容易吗？我们的老板们月月要盘算如何给大家照发工资、甚至还能长点工资容易吗？我们的官员年年有那么多难题、那么多矛盾、那么多冲突要解决容易吗……因此多想别人的"不容易"，你真的会对他人常心生敬意，这对你与人相处会益处多多。

51. 平等待人

我对家中的阿姨、小区的门卫、路上的清洁工都会热情招呼、平等相待。其原因之一，是因为我父母、兄弟姐妹不全是这样的普通人？更何况自己当年是一个方方面面都败得如此之惨的人，那如今取得了一些小小的成绩，有什么值得骄傲、值得去傲视旁人的呢？

52. 行有不得反求诸己

碰到各种不顺利，不把责任推给对方，主要从自己身上找原因，找解决方案，这也是我如今的习惯。

53. 温柔地坚持

最近听朋友说，对于自己正确的主张，要学会"温柔地坚持"我认为这非常好，正在变成我的习惯。在这方面实际有许多选项，一是一味地放弃，一是激烈地坚持，一是温柔地坚持，这三者相比，对于事关重大的正确主张，这"温柔地坚持"应该是上策。

54. 主动征求他人意见

他人的意见、建议，对自己的成长，尤其是把一件事做好、做精是极为重要的。因为在许多时候确实是"旁观者清，当局者迷"，因此对他人的意见我会很重视，还会主动去征询。比如在本专著的修改过程中，我就把稿子邮给了许多亲朋好友，请他们提宝贵意见，现在看来这些意见都极为忠恳、极为珍贵，在此请允许我向各位致以我深深的谢意！

55. 尽量记住别人的姓名

一见面就能叫出别人的姓名，并亲切地称呼对方，对增进人际关系很有用；如果姓名一时难于记住，先尽量记住姓，再多问几句，心里多默默重复几遍，这姓就很容易记住了。这习惯很实用，很容易拉近人与人之间的关系；否则，下次见面岂不尴尬？

56. 尽量不和人争论

这习惯我是从戴尔·卡耐基那儿学来的，使我受益良多，我已在本书详细谈及。当然不争论并不是总当和事老，而是应更智慧、更理智地去解决各种不同意见和分歧；有些一时难以解决的问题，先暂时搁置起来，也是一种不错的方法。就像邓小平对待钓鱼岛问题，他说我们这一代如果解决不了，可以留给下一代；要相信我们的后人一定更有智慧！看，这种思维模式、思维习惯多妙啊！

57、"您好""谢谢""对不起""没关系"

这是特别受用的文明礼仪习惯，我早已养成。我希望我们每人都养成这习惯，我们的孩子从小就养成这习惯，变成一个"你好！谢谢！对不起！没关系"不离口的人，这不仅有利于整个社会文明水平的提升，也会大大有益于我们自己。就以我开车为例，我开了近二十年车，从未与谁怄过气，这也许与此有关，是不是还可以？

58. 训练我家小狗

我们家欢欢是只小银狐，长得虽可爱，但见人就叫，很让我跌份。后来经我耐心调教，现在已变成我们小区一景——见了生人，它既不叫、也不吠，还会跟在人家后面套近乎，是不是很好意思？从我的实践看，小狗的智商相当于二三岁的幼儿，这是没有错的；因此对小狗也要从小养成成各种好习惯。

59. 待人热情有加

我们家小欢欢待人也热情有加，一旦有客人来，还有极强表现欲，我爱人自然也会兴致勃勃地让它作各种表演，其高潮是数数和五以内的加法，弄得满堂喝彩。而我自知，这本质也是"习惯"，是无数次重复训练的结果，是由易而难、循序渐进训练的结果。

60. 不耻下问

我与人交流，大量是问，是向人请教，这是我的一大习惯。好问的人实际占了大便宜，人家也许花了一辈子心血找到的捷径，给你三问两问就问出来了；此外，好问也使你与他人相处时相对低调，这比你高调通常会更受欢迎。

61. 每年老同学聚会

生命对于我们每一个人只有一次,因此我们一定要善待生命,使自己的生命充实、丰富、姹紫嫣红、色彩斑斓,当然这也是我们善待自己的一个重要方面。在这方面我也有许多不错的习惯,比如我们清华当年一起留校的几位老同学,每年大年初三都会在我家欢聚,这就是其中的一个习惯。你知道吗?每年大年初三,是我们一年中最热闹、最快乐、最盼望的一天,这已经近二十年了,年年如此,应该说不容易吧?当然这也是习惯的力量所致。

62. 每年除夕全家在外吃年夜饭团聚

我93岁高龄的岳母和97岁高龄的岳父走了以后,十多年来年年除夕,我在北京的大家族一定会早早预订一个清真餐厅,在那里吃年夜饭团聚。这也是我们这个团结、温馨的大家庭年年盼望的。

63. 每年回老家一次

我和我爱人现在年纪大了,经济上也还可以,因此每年秋高气爽的金秋我们几乎都会回我上海老家一次,与那里的亲友们一起团聚;而屈指数来,我们这习惯也已有快二十年了,你说这多有意思!

64. "嫁鸡随鸡,嫁狗随狗"

我与我爱人婚后,进入了一个伊斯兰家庭,因此随我爱人,我如今已早就不吃大肉了。实际这诚如普希金所言"上帝没给我们什么,唯一的恩赐便是习惯"。因此有了"习惯"这两字,我们人就能适应任何生活、任何环境,你说对吗?

65. 每年都使这个家更温馨

我们家奉行"量入为出""有多少水和多少泥"的原则——今年会把电视换大一点,明年会把洗手间改造一下,后年会再加一二组暖气……这也成了我家的习惯。试想,你是住在一个一成不变,而且越来越破旧、越来越杂乱的家中感到温馨呢?还是生活在一个年年有变化、年年有新意的家中更温馨呢？而这样做，不也是典型的"苟日新，日日新，又日新"吗？

5 善待心灵类习惯

66. 多肯定自己，少否定自己

多鼓励、肯定自己，少打击、否定自己，这是我的又一个大习惯。你看，我以上给你罗列了自己那么多优点，不就是一种典型的自我肯定、自我鼓励吗？而细想起来，我们活在这世上多不易啊，既然如此，为何还总要去否定、打击自己呢？因此我如今渐渐学会了总在给自己打气、总在给自己加油、总在给自己加分，而不是相反！

67. 欣赏盛开在自己窗口的玫瑰

卡耐基说"人性中最大的悲哀，是我们几乎所有人都拖延着不去生活；我们总梦想着天边那一座奇妙的玫瑰园，而不去欣赏今天就盛开在自己窗口的玫瑰"。而我如今可以说早已学会了既"梦想着天边那一座奇妙的玫瑰园"、又时时在"欣赏今天就盛开在自己窗口的玫瑰。"因此，朋友，欣赏你自己、你爱人、你孩子、你父母、你同学、你同事吧！欣赏你出生的家乡、你生活的城市、你所在的祖国吧！要说有问题，试想，世界上谁没有问题、哪儿没有问题呢？除非是上帝和天堂，你说对吗？

68. 一颗红心、两种准备

人生一定要勇于去迎接各种挑战，但挑战的结果一定有各种可能；因此在任何挑战面前养成"一颗红心、两种准备"的心理习惯极为重要；而许多人精神之所以垮、崩溃，包括年轻时的我，问题往往就出在这里！因此如今的我，面对任何事情都会告诫自己要"一颗红心、两种准备"。比如说对健康，我就预想到可能出现的种种问题，甚至把一些最严重的问题都预些到；预想到后，就作各作预案。我想，这样的结果一定比你没有任何准备或盲目乐观为强！

69. 选择阳光

不论发生什么事，要选择阳光，而不去选择阴霾；选择积极，而不去选择消极。我一个朋友得了癌症，我不在百度上去找得了癌症短寿的，而是去找得了癌症依然高寿的。没想到如此一找，发现著名演员秦怡1965年得了肠癌，但至今健在；宋美龄活到106岁，实际她88岁得了乳腺癌；于是根据以上线索，我发表了论文《癌症也能高寿》，有好几个杂志转载（可上网查询），这是不是典型的"选择阳光"？

70. 办法总比难题多

我的人生曾碰到许多难题，在解决这些难题过程中，我慢慢养成了这一思维习惯——"办法总比难题多"。这样，一旦碰到难题，内心会特别冷静、理智，于是解决的办法自然而然也会慢慢找到；这种情形仿佛屡试不爽。这也就是我们带说的"车到山前必有路""船到桥头自然直"。

71. 直面"短板"

对于"木桶效应"告诉我们的"短板"，我这许多年是勇于去"补"、敢于去"补"、敢于"直面"的，结果许多"短板"给我攻克了，这极大地增强了我的自信心。因此现在对于"短板"，我早已不再惧怕了。而对付这"短板"最有效的武器，就是我书中所谈的"习惯配方"，你可以详读。

72. "有勇气改变可以改变的事情，有胸怀接受不能改变的事情，有智慧判断两者的不同"

这句箴言源于《圣经》，对我们人生极为重要，我也将其变为了自己的一种思维习惯。这箴言告诉我们，碰到一个人生大难题，我们首先应从宏观上大致地去判断，这难题自己究竟能不能解决；如果能够解决，那就应"有勇气"去改变；如果无法解决，那就应"有胸怀"去接受。当然，这里的"有智慧判断"极为关键，有些时候你最好还要去请教一些高人。

73. 善用"习惯配方"

这也早成了我的一大习惯，请详见本书第五章——《威力无穷的"习惯配方"》。

74. 毅力

从以上所有习惯看，至今的我能说没有毅力吗？一定有，而且极强！顺便说，我之所以把"毅力"等也视为"习惯"，因为从"广义习惯"的角度看，我们完全可以把"习惯"分为两大类，一类是外在的，看得见、摸得着的；一类是内在的，看不见、摸不着的；而"毅力"等显然属于后者。而就"毅力"这样的心理特质而言，一类人是习惯性有毅力的，一类人是习惯性没有毅力的，那这不是习惯又是什么？

75. 勤奋

从以上所有习惯看，如今的我能说不勤奋吗？一定是勤奋的人，而且是极勤奋的人。因此我敢说，养成了很多好习惯的人，通常应该是个勤奋的人。

76. 创新

一个在习惯上不断下功夫的人，一定是个在不断创新的人。因为每一个习惯的养成，实际就是一种创新，而且是一种比制度化更有价值的创新！为什么？因为制度化的创新很可能只在嘴上、只在纸上、只在墙上；但成了习惯的创新却是已落实在你手上、脚上、所有细胞里和所有骨髓里的创新！

77. 好学

要善待自己，好学当然是一大习惯。而你看，我这168种习惯不都是我一点点学来的吗？我这整部《习惯学》不也都是我近二十年一点点学来的吗？

78. 多思

我脑海总有那么多问题，总在百度上寻这、问那；关于《习惯学》我居然已记下了一千七百多个闪光点，你说我是不是一个"多思"的人。因此我估计，像我这样的人，将来得脑痴呆的概率一定不会很大。

79. 乐观

从以上种种看，如今的我究竟是个乐观的人、还是个悲观的人呢？不用问，一定是个乐观的人，你说对吗？

80. 节制

在习惯上下大功夫的人，一定是自控力相对较强的人，也是"情商"相对较高的人。因为所谓"情商"，本质是对自己情绪、行为的控制与驾驭能力。而一个在习惯上下功夫、下大功夫的人，他时时在管理着自己、时时在驾驭着自己，那他对自己情绪、行为的控制与驾驭的能力自然就相对较强；而一个不在习惯上下功夫、处处放纵自己的人，他对自己情绪、行为的控制与驾驭的能力自然相对较弱。

81. 正能量

处处散发出正能量，一定又是我的又一大习惯。因为那么多人给了我爱，使我有了今天，我心中自然贮存了无穷的感激之情、感恩之情；而习惯的伟力又使我如今变得如此快乐、如此健康，因此我如今自然处处仿佛都焕发着正能量，而非负能量。

82. 自尊、自爱、自信、自律

由以上种种看，目前的我一定是个自尊、自爱、自信又很自律的人，而不是一个相反的人。而谈到这自律，我认为对我们每个人都极端重要；因为如果你不自律、放纵，那你在这世界上一定会处处碰壁、甚至会出大问题。那如何能做到这自律呢？我认为就应在习惯上下大功夫；如若离开了习惯，所谓自律、所谓自我管理便只是一句空话。因此我如下一句话很想奉献给你——"人之习,犹如家之规、国之法、天之道。"这是什么意思呢?这是说天有天道、国有国法、家有家规、人有人习。如果一个国家是靠逐步建立起一整套法律体系来管理的,那我们人就应逐步建立起一整套习惯体系来管理自己,你说对吗?

6 善待健康类习惯

83. 最好的医生是自己

要善待自己,善待自己的健康实在是太重要、太重要了!而我在这方面是摔过大跟斗、吃过大亏的人,因此这几十年来我在健康方面是下足了功夫,养成了太多的健康习惯。而这些习惯有些是理念上的,更多的当然是行动上的。而关于健康理念,洪昭光教授提出四个"最"——"最好的医生是自己,最好的药物是时间,最好的心情是宁静,最好的运动是步行"尤为重要;而其中"最好的医生是自己"我体会尤为深刻,这也可以说是我之所以能有今日之健康的核心养生习惯。而年轻时的我不谙此理,把自己的健康完全交给了医生,交给了医院,使自己完全丧失了掌控自己健康的主动权。

84. "三分治、七分养、十分护"

这是我所提出的最新健康理念,而且早已化为了我的健康习惯;我竭诚希望也能将此理念化为你的习惯,这对你的健康一定大有裨益。之于其道理,我在本书《习惯决定健康》一章已作详尽论述。

85. "健康'习惯配方'"

这也是我的一大健康习惯——为自己的每一种顽疾,以"三分治、七分养、十分护"的理念为指导，精心设计出一个可随时适当调整的"习惯配方"，全力以赴、百折不回地去向那顽疾发动日复一日、月复一月、年复一年的攻击；而我的好几种极顽固的、困扰了我几十年的慢性病，就是在这威力如原子弹一般的"健康'习惯配方'"攻击下，才最终向我缴械投降的，对此在本书第五章我也已详加阐述。

86. 临睡前想五件一天中愉快的、值得感恩的小事

此习惯已多年了，它能使你天天在愉悦中渐渐进入梦乡。这五件事基本当然都是小事，如爱人今天包的饺子馅味道不错，也可作一件。

87. 临睡前祈祷

我虽然不是基督徒，但自从看了《潜意识的力量》这本书后，便每晚临睡前祈祷，是在想完每天五件愉快的小事之后。我每晚的祈祷词仅一两分钟左右，很虔诚、很认真，内容暂且向你保密，但核心与健康有关、与我之《习惯学》有关，当然内容都是阳光的、具有正能量的；我坚信潜意识那巨大的力量！

88. 每天午睡

这是我从18岁考上清华时就养成的习惯，一直至今，对我的健康一定有助。

89. 天天午睡后双盘腿打坐

这是从2007年，我听了114岁而鹤发童颜的长江大侠吕紫剑寿仙的课后开始的；现在每天半小时，对我整体的健康帮助已越来越明显了。我这双盘腿是花了一年左右时间才循序渐进一点点练成的；因此如果你要练，不能操之过急，也要循序渐进。我双盘腿后，用数数的方法，一呼一吸为一，注意着小腹处呼吸的起伏。但这种意守不要过分认真，要"似守非守"；呼吸要渐渐调得细一些、深一些、长一些、听不到声音。但这种调的过程也要力求自然，不必过于认真。

90. 绝不赖床

这习惯可使你躺在床上的时间不是过多、而是稍有欠缺；稍有欠缺，当然一上床就想睡；这就像你吃饭顿顿过饱，肯定食欲较差；但你顿顿稍欠，肯定相对食欲较旺盛。

91. 未雨绸缪

对自己未来所有可能碰到的可怕的事都未雨绸缪，作好最充分的准备，这自然就容易天天睡好觉、做好梦。而我如今正是这样做的。

92. 每天认真梳头

我前面书中谈到，我每天认真梳头，已是我多年的习惯，还曾产生过奇妙的现象。梳头的好处当然不言而喻，既健脑、又运动手臂、又给头皮"松土"，一定有利于美发等。我当年清华如此一个重病号，如今年已古稀，头发既未秃、又未全白、还比较黑，一定与此习惯大有关系。梳头要给自己规定一日几次（比如三次），每次多少下（比如八八六十四下，或十六个八，一百二十八下等），因为一有数你就会很认真，好像要完成任务似的；如果你边看电视边梳头，当然可以一举两得；我现在用牛角梳，感觉还很不错。

93. 每天吃核桃

这习惯已小二十年了，开始每天三个，现在改为两个，对我头发和整体健康也一定有益。由于这核桃单吃有些苦涩，我学生黄泰山告诉我一妙法——将其与葡萄干和枸杞等同吃，口感会很好，近十年我正是这么吃的，口感确极佳。顺便说，我们的习惯能量化应尽可能量化，但也不必勉强；因为不少思维类习惯就很难量化；此外，这量还要随时变化，以是否"合适"、是否"适宜"为标准。

94. 每天吃一个大枣

这习惯也有小二十年了，开始吃十个德州小枣，现在改为每天吃一个新疆特大枣；我是煮好后吃的，这样更可口。

95. 每天两个煮鸡蛋

鸡蛋营养丰富,我姐夫王洋吃煮鸡蛋已几十年,如今八十五岁了,头发既密又好,在他竭力推荐下我这习惯也已十多年了。蛋黄中胆固醇虽较高,但大部分是有益人体的;而我每年体检胆固醇都很正常,因此此习惯对我有益无害。

96. "一日一苹果,医生远离我"

据我国著名营养学专家范志红博士介绍,这句西方名谚讲得是很有道理的——其一,苹果的营养价值丰富,对健康确有益;其二,苹果体量较大,这也十分重要;其三,苹果一年四季都可吃到,这也十分关键;而按我自己的体会,其四,苹果的口感还非常好,这就使此习惯很容长期坚持。我和我爱人现在基本如此,一日一苹果,对我们的健康一定起着很好作用。此外,据西方有关专家研究,每天何时吃苹果也有讲究——"早晨吃的苹果,是金苹果;中午吃的苹果,是好苹果;晚上吃的苹果,是烂苹果"。顺便说,对于中西方文化,要互相借鉴,取长补短。我国前辈著名社会学大师费孝通先生的一首小诗写得特别好,在此赠送给你——"各美其美,美人之美,美美与共,天下大同。"

97. 每天吃十几颗枸杞

这习惯养成已多年,对护眼、护肝也一定有益。

99. 适当揉压眼球,每天十五下

这是我2010年青光眼手术后,我的主刀大夫——北京大学第三部附属医院的吴玲玲教授教给我的,对青光眼术后恢复很有好处;我坚持至今,已成习惯。而以上诸习惯也就是这许多年护眼的"习惯配方",从目前看,效果应是极为显著的。

100. 决不过劳

许多健康问题,往往是过劳引起的,因此"决不过劳"是我的又一大健康习惯。从以上种种习惯看,我的睡眠时间是充分的,这就是

"决不过劳"；我每天清晨写作间歇必休息和保护眼睛，这就是"决不过劳"；我决不把自己的讲课和日程安排得极为紧张，这也是"决不过劳"。

101. 凡事适度

我学习佛教，发现佛教的一大精髓是反对凡事过分，而应适度。比如佛教之"戒贪"，其本质反对的就是一种过分；"不邪淫"，其本质反对的也是一种过分。而反对过分，当然就要凡事适度，这犹如我们做饭，火过了会糊，火不够会生；也如握一只小鸟，握松了会飞掉，握紧了会捏死。我每天清晨写作平均两小时左右，这就是我的一种"适度"。因为如果时间过长，会有疲劳感；短了，会感到不过瘾。我写作间歇时练"自发动"腰髋晃动200下左右，也是一种"适度"。因此凡事适度，无论对整个人生还是对我们的各种健康习惯，都极为重要。

102. 不讳疾忌医

我前面所说"三分治，七分养，十分护"，放在最前面的是"治"。为什么？因为"治"是救火车、是灭火机；试想，着了火，第一时间当然应拨打"119"！这也是我对付疾病的重要习惯之一——不讳疾忌医，有病应尽可能借助医学的伟大力量。

103. 每年体检

这非常重要，可以全面了解自己最实际的健康情况，及时发现问题，并采取有力措施；我年年会如此。

104. 最好的药物是时间

这也是我国著名健康教育专家洪昭光教给我们的重要健康习惯，我目前也是这样做的。许多病都是拖出来的，一旦成了慢性病，对付起来比急性病难度要大百倍、千倍，因此看病应在得病的第一时间，尤其对各种心脑血管疾病，更应如此！而对此有两种截然不同的态度——一种认为现在问题不大，不去理会；结果一拖再拖，拖到问题大了，就难以逆转，往往就会对自己悔恨不已。而另一种是立即去对付，因为开始时只是一点小火苗，你只要一盆水，就足以将其彻底浇灭，你说对吗？

当然，关于"最好的药物是时间"还有以下两点请注意——

一是对许多慢性病，方法对了，措施对了，你要有足够的耐性，因为时间往往就是治疗各种慢性病最好的良药，这也就是"功到自然成"。

二是对于各种精神创伤，情形也非常类似——"时间是治疗各种精神创伤的最好良药"。而我的不少经历也证明了这一点。

105. 每天按摩脸八八六十四下

这习惯已有许多年了，双手由下而上，轻柔按摩，在中午打坐后做。顺便说，习惯培养应尽可能定时、定点、定量，这样容易记住，很有规律，自然就很容易融入你的生活，这也就是所谓的"生活方式"。

106. 每天按摩鼻双侧

这习惯也已许多年了。用双手大拇指按摩鼻子双侧，也是八八六十四下，在中午打坐后做。

107. 每天按摩脖子四八三十二下

用双手向斜上方交错按摩脖子，也在中午打坐后做。

108. 练"股四头肌"以消除膝盖疼痛

膝盖以上，双腿共有四块"股四头肌"，这对保护膝关节极为重要。我原本右膝关节稍有疼痛，不严重，但我知道这正是预防保护的最佳时机，因为肌体已向你开始报警，于是我开始天天习练。习练的方法是膝关节绷直，用脚关节向里勾八拍，再向外瓣八拍，用力，使"股四头肌"有明显感觉。我这样练了半年左右，那右膝关节就不再疼痛了，效果很显著；我现在天天习练，也是八八六十四下。

109. 倾听肌体发出的各种报警信息

如果你养过宠物，你就知道小狗"护食"，会向你发出各种由弱而强的信息。比如你手里拿了根肉骨头，在它嘴边晃，它认为这是属于你的，不敢对你怎么样；但如果你一旦往地上一扔，那就属它的了，你再问它要，它就要"护食"了。它这"护食"很有意思——你在稍远处盯着骨头，它就会向你发出"呜呜"声，但这声音很轻；但若你靠近一步，这"呜呜"声就大了；如若你再接近，它就会变得龇牙咧嘴，样子很凶狠；而如果你再紧逼一步，当然就极其危险了。我认为造物主在设计我们人类这肌体时，一定也有类似报警系统，因此望你务必要随时倾听肌体向你发生的各种报警信号，千万不要麻痹。

110. 饭后漱口

这习惯已许多年了，以保护口腔卫生。

111. 每天清晨饮一杯温水

这习惯已近二十年，开始是一杯冷水，现已换为温水。

112. 每天用"牙缝刷"剔除牙缝杂物

我牙缝较宽，因此每顿饭后我都会用"牙缝刷"剔牙，已七八年了；否则，会很不舒服，里面会塞满东西。

113. 每半年到"刘红牙科诊所"检查一次

这习惯已七八年了，可以随时发现自己牙的问题，随时修补，这样能使自己永远有一副还过得去的好牙。而把以上几个习惯综合起来，也就是我保护牙齿的一个"习惯配方"。

114. 练"巫"

用"巫"的声音，轻声哼唱如《莫斯科郊外的晚上》这样优美舒缓的旋律，以征服我过去嗓子一讲就哑、一讲就哑的"短板"。想当年我为此苦恼不已，但自从我从我的恩师赵世民那儿获知这一诀窍后，我立即将其化为习惯，天天苦练，如今这一"短板"终于被我攻克了。因此我要深深感谢我的这位恩师赵世民——中央音乐学院最受学生欢迎的人文教师！有关赵老师的详情，你可在网上查询；更可在网上观看他《艺术的医疗功能》等视频。

115. 演讲前喝足一杯水

教师、演讲者、演唱者的嗓子问题，不能仅从嗓子局部来看；你全身水分是否充足，当然关系重大。这是我从我的朋友、八一制片厂的演员危玲老师那儿知道的。她说她儿子常宽当年上台演唱，上台前就要喝足一杯水。知道了以上道理后，我就养成了这一习惯；此后我发现，这对嗓子确实很有好处。

116. 演讲时喝温水

这也是保护我嗓子的重要一环。因为演讲时你会全身心地投入，此时嗓子像烧红的炭似的，如果你喝刚从冰箱里拿出的矿泉水，也许就这一下，就足以把你的嗓子毁坏。

117. 尽量用轻声

演讲者演讲通常会慷慨激昂，这对嗓子当然是极大的考验，更何况像我这样一讲就是半天、甚至一天。因此我曾千百次地提醒自己能轻声时一定要尽量轻声，以保护自己的嗓子，现在这一习惯已基本养成。从这一习惯的培养过程使我深知，有的习惯养成是极难的，有的习惯养成是极易的，因此所谓"二十一天养成习惯"，只是一个大概的平均数。

118. 节制演讲安排

这也是保护我嗓子的极重要一环。因为嗓子再好，毕竟是肉做的；因此对每月演讲的场次安排，我都有自己的严格要求；而对于每次演讲时间，除非特殊情况，我通常只安排半天；而细想我们的许多健康问题，往往就出在"过劳"两字。

119. 绝不"要风度不要温度"

据报道说，京剧大师梅兰芳为保护嗓子，几十年中只是到莫斯科访问时感冒了一次，我听后极为感慨。知道后这许多年来我对自己穿衣保暖可以说也十二分谨慎，以至如今许多年了，我几乎没有感冒发烧过；因此"绝不'要风度不要温度'"这也早已成了我多年的习惯，对保护我的嗓子自然也功不可没。而以上诸项，可以看作是我征服嗓子难题的"习惯配方"，供全国无其数辛勤耕耘在教书育人第一线的老师们、同行们参考。

120. 以头为笔，柔和地写繁体字"鶴"

这习惯我是从1997开始的。因为当时我脖子酸疼，去医院一检查，发现颈椎增生，于是我便养成了这一习惯；现在近二十年过去了，我脖子早已不再酸疼。此习惯我强烈推荐给所有"低头族"朋友，对预防你们的颈椎病一定大有益处。你可以规定自己在每天吃晚饭前做，每写一笔为一，数到八八六十四下即可；做时柔和些，不要用力过猛，从今天起就开始；千万不要到颈椎出大问题了再去做，那就悔之已晚！

121. 背飞

腹部卧床，头带着脖、胸尽可能往上抬；双手在后背相握，尽可能向上举；小腿和大腿成一线，也尽可能向上。如此慢速默念至10，旋即全身放松趴在床上；稍息后共做五次，这是我每天必做的功课，对颈椎、双肩、尤其是腰肌是一种极好的锻炼，也是许多骨科大夫所竭诚推荐的。因为久练此"背飞"，你后背直到脚跟的大筋会变得极其强健，可预防腰椎间盘突出等许多腰部疾患。

此外，久练该功对嗓子也有极好的保护价值。因为在你如此用力练习的同时，也大大锻炼了提起你上颚的肌群，使这部分肌群变得强而有力；这样的结果，你讲课、演唱时，就很容易做到字正"腔圆"。而这"腔圆"的结果，一是使你声音有了个极好的共鸣腔；二是你发声的用点力会转移，从嗓子转移到头顶提起上颚处，这样，你用嗓时就会变得轻松自然而又富有弹性。以上功效是我在练背飞时无意中发现的，谨供参考。

当然有关这"背飞"的训练，也包括我这里所讲的其他健康习惯，你最好能得到正规医生的指导，这样会更科学、更安全，也更有效,望你切记。

122. 劈叉

从十多年前,我开始练劈叉。这是我在电视上看到有古稀老人劈叉后萌生的想法。因为那时我已发现了习惯最重要的特质,它仿佛就是"坚持""毅力"的代名词。于是从有一天晚上开始,我抚着我们家沙发,快速默数八八六十四下,天天如此,开始了训练。由于我极为认真,当然很快成了习惯;而成了习惯后,我自然就会日复一日、月复一月、年复一年地坚持,到一年多后,就基本劈得有些模样了。

此习惯我也要竭诚推荐给所有青少年和有条件练的朋友,因为其益处极多、且可操作性又极强——一是每天费时半分钟都不到,人人都可做;只要你不急于求成,会很安全;三是它看得见、摸得着,很容易引起你的兴趣;四是一旦一年后你真能劈下去,你对"习惯"养成的规律和其对人生的价值就会了解得一清二楚,你就会坚信习惯那神奇而又伟大的力量,并由此走上这条人生的康庄大道。

123. 双脚叉开,两手握住脚后跟,渐渐让头顶触地

这是近二十年前我四姐教给我的一种功,我一直坚持至今,现在头顶早就触地了;不信,我有机会可以当面给你表演,就像我表演劈叉一样。

124. 双脚并拢,弯腰低头,渐渐使手掌触地

"筋长一寸,寿增十年",这是某健身操中的最典型的一节,我已习练近二十年,其对拉开我们后背那条大筋也非常有益,也有助于整个后背气血的畅通;但练时一定要循序渐进,决不能勉强。

125. 游泳

这习惯已十多年了,我每年游200次左右,如果没有特殊情况我一定会去的,在我们小区会馆。从这200次左右你能看到,习惯所说的"天天",并非说真的一天都不能拉,这样习惯岂不变成了一种教条和捆绑?须知,我们是习惯的主人,而非它的奴隶,你说对吗?

126. 桑拿

我游泳后就去蒸桑拿，这习惯也已十多年了，对我健康极为有益。

127. 冰火浴

这习惯也十多年了，我已在前面书中第十一章——《习惯决定形象、气质》的第七节已详细介绍，它对我能有如今的健康可以说贡献极大。

128. 每次半天演讲，必换两身内衣

我每次演讲，内衣常常湿透，这与我几十年的"腰、髋、肩、背筋膜炎"引起了尖锐的冲突；因为这内衣湿透，腰背就一片冰冷，时间一长，我那老病就极易复发。为此，我每半天演讲养成了必带两身内衣换掉的习惯；一身在课间休息时换，一身在最后结束时换。自从养成了这一习惯，上述冲突就得到了妥善解决。

129. 家庭医生、家庭按摩

此习惯我已在书中第五章——"威力无穷的'习惯配方'"中详细谈及。为了征服我那几十年的"腰、髋、肩、背慢性多发性筋膜炎"，我已请杨社华大夫上门按摩了差不多十年。我现在真难设想，如果我没这习惯，我整个"腰、髋、肩、背"目前将是何模样！

130. 提肛

此习惯我也已在"威力无穷的'习惯配方'"那一章中详细谈及，到目前已二十多年，估计此习惯我会坚持到我生命的最后时光。

131. 尽量用自然疗法，尽量靠自己

现代病绝大部分已转为慢性病。慢性病来得慢，去得自然也慢，所谓"病去如抽丝"就是这个意思。因此要征服各种慢性病，就要靠耐心、靠极强的毅力。而习惯恰恰给了我们这种神奇的力量。因此我得了慢性病首先当然会求医、求药，但同时我通常会去买一本相应的书，并在网上查询，看有没有什么相应的自然疗法——如可练什么相应的功、可吃什么相应的保健品、要特别注意哪几点等，并把这些

——化为习惯；这样的结果，就把征服各种慢性病的责任和重心放在了自己身上，而非放在了别人身上。

132. "跑断腿，不如管住嘴"

这是我在《健康时报》看到的一个醒目标题，我认为很值得所有减肥者参考。而我这几十年来所采用的，也是以"管住嘴"为主的方式。因为两者相比，显然"管住嘴"远比"跑断腿"对减肥更有效、更方便、更安全。

133. 十个网球一二三四

世界卫生组织针对严重影响人们健康的不良行为与生活方式，提出了健康四大基石的概念，并指出，做到这四点，便可解决70%的健康行为问题，使平均寿命延长10年以上。这"四大基石"是——合理膳食、适当运动、戒烟限酒、心理平衡；这其中的第一大基石是"合理膳食"。那如何"合理膳食"呢？中华预防医学会会长王陇德院士提出的"十个网球一二三四"模型我觉得既形象又科学还很容易记。这"十个网球一二三四"是指我们每天的饮食量为十个网球左右，其中——肉类应少于一个网球；主食应差不多两个网球；水果应保证三个网球；蔬菜应不少于四个网球；这一二三四加起来总计为十个网球。当然以上十个网球应是平均数，因为人的状况千差万别。我们家现在的饮食习惯基本如此。

134. 每天吃两顿

从五六年前开始，我家已养成每天吃两顿饭的习惯。原因很简单，如今的时代，是营养过剩的时代，而正是这营养过剩，给我们全社会带来了一系列诸如肥胖、高血压、高血脂、高血糖等严重健康问题。那既然如此，我们为什么还非要拘泥于一日三餐、而不能一日两餐呢？如果一日两餐，我们不仅节省了三分之一的相应时间，岂不还可以去进行各种有益的活动吗？而据美国加利福尼亚大学病理学教授沃尔福特氏所做的一次试验，在同样环境下，自由饱食组实验小鼠的平均寿命是27.2个月；只吃六成饱的实验小鼠的平均寿命为32.8个月。朋友，既然如此，我们应学自由饱食的小鼠、还是应学节制饮食的小鼠呢？

135．"吃饭少一口，活到九十九"

此话我是听我们《习而成冠》的总策划张馨怡九十五岁高龄的姥姥讲的，我觉得此话讲得极有道理。而这五六年来，我在每天吃两顿饭的同时，实际也是这样做的。这习惯以后还要强化，每顿只吃七八成饱，千万不能过量！

136．少吃主食、多食果蔬

少吃主食、多食果蔬，对减肥、对健康十分重要，现在也是我们家的习惯。就减肥而言，主食过多进入体内，最后也会转为脂肪，因此主食你一定要控制，尤其是甜食和油炸食物。此外，你主食少吃，自然相应副食也会少吃，这对减肥就十分有利。顺便说，我们家外甥王泽芒花甲之年，但他头上几乎一根白头发都没有；不仅如此，他一米八的个子至今身材保持得完好，神采奕奕，不是明星胜似明星。他的诀窍之一，便是多少年来主食每天平均只二三两左右。此外，天天运动，每天两个鸡蛋，也是他几十年的习惯。当然，不可否认，他的遗传基因也极好，因为他父母、奶奶、外公、外婆都是高寿之人，这你我就只有羡慕的份了。

137. 天天称体重

天天清晨上完洗手间后称体重，已是我多年的习惯；这样可随时监督自己体重变化，以使自己的体重始终保持在一个较为标准的范围内；而一旦超越，立即采取措施，体重很快就可恢复。

138. 双脚搭桌上，闭目养神

这习惯当然上不是在公共场合，而是在我家中。因为我有轻度下肢静脉曲张，从医学上讲，这样对缓解静脉曲张有益。

139. 不吸烟

这是我从小就养成的习惯。我家兄妹八个,家境贫困,父亲无经济能力吸烟,我们自然就很容易养成了这一习惯。

140. 不饮酒

这习惯也是从小养成的,原因与上面一样。

141. 不用手机

在如今这样的时代,这怎么可能呢?你一定难以理解。但让我告诉你吧,这却是千真万确的。其原因,一是这手机尽管有千般方便,但就我如此重视的健康而言,它对我一定是个负数;而想当年我病得多惨、这教训多沉痛啊?既然如此,我明知其对自己的健康弊多利少,那我为何还偏要去用呢?二是没有了手机,我也并非寸步难行,因为手机上的绝大部分功能电脑上基本都有。三是我外出演讲等万一飞机误点,对方的手机号我一定带着,我可随时借手机解决问题。四是最后一点,当然也是极为关键的一点,尽管我没有手机,但我爱人还是有的;而夫妻共用一部手机,既可以使手机的利用率发挥到极致,又可以最大限度地减少夫妻间某些猜疑,更可以进一步增进双方感情,那我何乐而不为呢?朋友,如此一来,我岂不以守为攻,反倒变成了主动向你推介这一习惯、这一妙招了?!

善待人生和善待生命类习惯

142. 简单

把复杂事情简单化,而不是把简单事情复杂化,这是我的一大习惯。因此能了断的事,一定尽快了断;能退让的事,一定立刻退让;

能私了的事，一定马上私了，这样就为自己节省了大量最可宝贵的时间和精力。

143. 整齐

整齐是我的又一大习惯。我讨厌杂乱，喜欢整齐，即使在家中，我的头发也会梳得尽可能一丝不乱。我觉得这是对他人的尊重，也是对自己的尊重。

144. 写字台一尘不染、片页不留

我一离开书房，写字台上一定是一尘不染、片页不留的；这绝不是为了别人，而是为了让自己始终生活在一个爽心悦目的环境中。

145. 转椅与写字台平行

由于以上原因，我一离开自己那把转椅，我必使其与写字台平行；我这还是为了自己，举手之劳让自己爽心悦目。

146. 电话横平竖直

因为以上原因，我电脑桌上的两部电话，也一定横平竖直，放得整整齐齐；一旦歪了，我一定会随手摆正。我想，一个在生活中追求整齐的人，他的思维也往往是整齐的，他的语言也往往是整齐的，他的文章也往往是整齐的，他所有的一切也往往是很整齐；而相反呢？你当然就可想而知。

147. 物归原处

也因为以上原因，什么东西放在什么地方，用完了物归原处，这也是我的一个习惯。许多人一生中曾耗费大量时间在翻箱倒柜地寻找东西，我却极少有此情况。因此切莫以为在习惯上下功夫会浪费时间；相反，它是最节省时间的，时间利用率是最高的，你说对吗？

148. 有钱难买回头看

离开一个地方，一定养成习惯，检查一下自己是否落下了什么。如今这已成了我的口头禅，因此我很少有丢三落四的现象。因此我希望你把这句话也背出来，每离开一个地方，就一定来一句"有钱难买

回头看"；这样，你那丢三落四的老毛病也很容易断根。

149. 不用名片

我这几十年可以说基本不用名片，这道理与上面不用手机的道理几乎完全相同。

150. 勇于说"不"

许多能谢绝的邀请、宴请，要勇于说"不"。这样的益处，既保护了健康，又避免了许多不必要的应酬，又便于自己把精力集中在刀刃上，还能把人生的主动权牢牢掌握在自己手中。因此别看我养成了如此多习惯，也做了不少事，但我总的生活状态是属于优哉游哉型的，而非疲于奔命型的。

151. 上网玩游戏，每次20分钟左右

这是我多年前给自己定下的规矩，为的是让自己既有适当的娱乐，又不致失控。我玩的主要是年轻时喜欢玩的"拖拉机"；定下这规矩后，我很少失控；即使有，似乎也极少有超过一小时的。而这近五六年来，由于我又养成了其他许多有益身心的习惯，如我兴致勃勃地在学《英语口语九百句》、又开始兴味盎然地攻《走遍美国》，因此即使这20分钟的网上游戏，我也无暇顾及而早已成了我的过去时了。

152. 不该上的网，坚决不上

对于电脑上许多地方，千万不能随便进，这也是我的一个重要习惯；这就如吸毒，一旦你尝了第一口，也许就会永远陷进去，甚至还会毁了你一生！也许正因为此，《圣经》上说"不叫我们遇见试探，救我们脱离凶恶"。顺便说，这句话也是我天天祈祷中的一句。

153. "有多少水，和多少泥"

量入为出，"有多少水，和多少泥"，早已是我家的习惯；因此我和我爱人婚后从未举债，日子一直过得还算舒坦。

154. 养小狗

我们家养小狗的习惯已有十多年了，是两只小银狐，极为可爱，给我们生活带来了无穷乐趣；而我对习惯的不少研究、不少心得，就是从小狗身上得到来的。

155. 一举多得

尽可能一举两得、一举多得，也是我的一种生活习惯。如我前面所说的训练赵世民恩师所教我的"巫"音，我就是借每天遛我们家小狗时练的；而我午休后双盘腿打坐时和打坐前后，更同时在一举多得地做着许多事，在重复着许多好习惯。这样的结果，岂不可大大节省时间，大大提高我们的做事效率？

156. 每次一定在我校甲所餐厅用餐

我现在讲课，主要在我们清华；对象主要是前来我校进修的干部和企业高管，从2000年开始一直至今。我每次讲课，如果上课是8：30，我一定6：30左右就自己开车出发（实际车程只需25分钟左右），为的是错过北京拥堵高峰；而到了学校，我一定会到我校甲所餐厅用餐，这已成了定例和习惯。因为那里是我们清华几十个餐厅中最好的餐厅——环境最幽雅、卫生条件最可靠、价值也很合理，而且还是自助餐，十分对我胃口。

157. 如何最得体

在一个公共场合如何说话、举止最得体，这也是我渐渐养成的习惯。

158. 如何最高效

生活中处处皆学问。比如爬山，每座山一定有一条最短、最佳的路线；生活中也是一样，做任何事一定有一种最高效的方法。要让自己的人生既快乐，又有意义，还富有效率，"如何最高效"也一定是我常常的思维定式。

159. 最佳照相术

如果你用各种方法试，"西瓜甜不甜"式的照相法，一定是所有方法中至今最好、最妙、最令人满意的。既然是这样，生活中这妙法自然早已成了我巩固得不能再巩固的习惯。

160. "旅游出差备忘录"

我专门设计了一份"旅游出差备忘录"，上面有旅游出差备忘的几十个条款，每次临走复印一份，对照着一一打勾，十分实用，已十多年了。

161. 每年都安排国内外旅游

"读万卷书，不如行万里路"。为了丰富自己的生活，开阔自己的眼界和视野，到目前为止，国内我只是西藏还没有去过；国外我和我爱人已去了欧、美、澳、亚等洲的二十多个国家和地区。因为我们每年都会有旅游观光安排，这早已成了我们的习惯。因此千方不要以为习惯都是艰辛的、乏味的、枯燥的，实际习惯是我们人生快乐、人生充实、人生丰富、人生幸福的最好伴侣！

162. 谨慎

我认识一位某兵团总部的老政委，身体极好，八十多岁了，三九天也一身单衣。但没想到一次在自己大院骑车，居然不小心给自己大院的战士开车撞死了，这多可惜啊！因此谨慎是我这些年养成的又一大习惯。

163. 系安全带

这是我拿到驾照第一天起，就严格要求自己养成的习惯。现在已近二十年了，不管是自己驾驶还是坐别人的车，也不管是坐前排还是坐后排，我必会习惯性地系上安全带；不系，心里会觉得很不自在，也许这就是习惯的力量！

164. 保持安全距离

我开车一定与前车保持一个安全距离；如果不这样，一是你很容易追尾；二是你后面的车很容易追你的尾。为什么？因为你离前车过近，遇到紧急情况突然刹车，那你后面的车岂不很容易追你的尾？而想一想吧，全世界的车祸，绝大多数是不是几乎都是因追尾造成的？因此这一习惯应成为所有司机的驾驶习惯，你赞成吗？

165. 绝对不说我的安全开车记录

这是我坚持了十多年的习惯。因为一旦你说了，就很容易因麻痹而放松警惕；而对于我们自己如此宝贵的生命，我们当然无论如何也不能作儿戏。

166. 向内求，而不是向外求

我们的人生要成功、要快乐、要幸福，最主要应向内求，而不是向外求。向内求，就是不断自我超越、自我突破，这是潜力无限的地方，这也是你最容易做到的。而正因为此，在如今竞争如此激烈的大环境中，我很奇怪，我几乎从未感到有什么竞争的压力。因此"向内求，而不是向外求"，也早已成了我乐此不疲的习惯。

167. 修身不止，永不停步

由于习惯给自己带来如此巨大的益处，因此我至今虽年已古稀，但还在不断培养好习惯，还在不断修身，且对此兴趣无穷，乐此不疲。因此我认为，习惯绝不是青少年的专利，也是老年人晚年幸福的一大诀窍！

168. 充满信心，绝不惧怕

我如今对未来充满信心，绝不惧怕。就以健康为例，仿佛来什么病、再重的病都不可怕。为什么？因为万一来了，我早就有充分准备，而且这种准备完全有章可循——一是决不拖延，在第一时间出击；二是充满必胜信心，战略上藐视它；三是战术上重视它，依照"三分治，七分养，十分护"的理念，立即设计出一个极有针对性的"习惯配方"，然后调动一切能调动的力量，打一场不达目的、誓不收兵的持久战；四是"一颗红心，两种准备"，即使最后敌强我弱、寡不敌众，那我也一定会牺牲得很英勇、很壮烈，问心无愧、此生无憾；更何况我毕竟已是古稀之年，当年如此一个我能有如此，人生足矣，你说是吗？

朋友，以上便是我这近二十年来所养成的168种习惯，这其中还不包括每天刷牙、洗脸，不随地吐痰、不乱丢纸屑、不在公共场所大声喧哗之类。当你看了我这168种习惯，你一定会发现，实际你自己就有大量的好习惯，只是从未认真梳理过而已。

而实际细细想来，人除了稍有差异的先天因素外，最主要是由"一大堆"后天所形成的习惯所组成的。因此这"一大堆"习惯的数量和质量，一定是决定你我命运好坏、优劣的最根本因素。而从我这近二十年的实践证明，你我这"一大堆"习惯的数量和质量是完全可以不断优化的；这个优化的过程，就是我们人生不断自我修炼、自我突破、自我超越、自我完善、自我实现的过程，也是一个人对自己的满意度越来越高的过程。我坚信这也是世界上所有宗教修炼的最根本目的和宗旨。而如今我在这方面尝到了甜头、而且是如此多甜头，那我当然就要与你尽情地、毫无保留地分享，你说对吗？

亲友、弟子发自肺腑的由衷见证

习惯也是我们老年人的福音

中国友谊促进会　蔡淑琴

我是周士渊老师的近邻，今年已八十了。我老伴郭恒友原是中国政法大学副校长，本想辛苦了一辈子，离休后我能陪他一起去各处旅游观光，过一个幸福的晚年；没想到祸从天降，他刚离休没几年就丢下我独自走了。那是在2001年5月，我的天塌了！

在亲朋好友不知多少日子的安慰、关怀下，我才从这巨大的悲痛中走出来。但转眼间，我形单影只，家中只剩我一人；我虽然有三个女儿，但都已成家，那我今后的路该怎么走、今后的日子又该怎么过呢？

而正巧周老师的爱人刘雅冬是中国政法大学校医院的大夫，又是我近邻，因此我老伴走后，他们俩对我就格外关照，把我看成了他们自家的大姐。

周老师这些年一直在清华讲课，核心钻研的是习惯；他自己更是身体力行，养成了很多好习惯，这在我们小区是有目共睹的。他写的每一本书都会送给我——《终生的财富》《知道，更要做到！》《人生可以美得如此意外》。这些书中心所谈的都是"习惯"两字；记得十多年前他还在我们小区专门为大伙讲了一课,反响很大。

根据我这十多年的亲身体会,我认为习惯可以使我们老年人的晚年生活越过越有滋味,而我现在就是这样。

习惯对于我们老年人,千条万条,随时调整好自己的心态,这是几乎最重要习惯。因为心态一好,你等于就天天生活在阳光里;而心态不好,你等于就天天生活在雾霾中。

八十高龄精神矍铄的蔡大姐

知道了这个道理后,我就把一次在电视上听到的"快乐也是一天,不快乐也是一天"这句话背了出来。背出来后我就天天把它挂在嘴上,见人便说、逢人便讲,结果真成了我的习惯。而有了这个习惯,我的晚年生活就好像有了一个明确的大目标——要争取让自己天天快乐、让别人天天快乐、让周围的人天天快乐。

习惯对我们老年人还有一大好处,就是可以把我们的生活每天都安排丰富多彩,因为我现在就是这样。你看——

在学习方面,天天一早,我就要看微信上每天3分钟的《新闻早餐》;周二到周五上午10:15—10:50,我就要看凤凰台的《鲁豫有约》;中午12:30—13:00,13:00—13:27,我又要看《有报天天读》和窦文涛的《锵锵三人行》;而到了晚上,21:00—21:50,我又必看《时事直通车》……

在运动方面,由于我双膝有严重问题无法散步,因此我每天在我们小区骑一小时自行车;此外,每周一、三、五,我会去我们小区会馆的温水池泡我的膝盖,一边泡还一边兜圈——每次兜20圈，每圈25步，共500步；而每周二、四、六上午8：30—9：30，按摩大夫杨社华就会准时到我家给我按摩。我和周老师一样，请杨大夫每周三次上门按摩的习惯已坚持了有十多年了。

而在饮食方面，我和上面讲的一样，也都尽量有个数。比如每天晨起，我必喝一杯温开水；应时季节，我每天必吃一个玉米棒；饭后二小时，我必吃一点水果。而与此同时，在食用果蔬方面，我必注重"五色俱全"——"赤、青、黄、白、黑"；在整个饮食上，我必注意"六字搭配"——"鲜、淡、粗、苦、酸、茶"……

就这样，有了"习惯"两字，我这个独居老人好像没有了孤独感，反而觉得每天的生活都过得很充实、很丰富、很有规律，甚至还常感到时间不够用。因此我要感谢这"习惯"两字，它绝不是青少年的专利，也是我们老年人的福音，我们老年人完全可以借助它的神奇力量，使自己的晚年生活过得很幸福！

习 惯

沃尔沃建筑设备全球人力资源高级副总裁　牛艳娜

拜了年，我问妈妈最近在看什么书，老人家说："家里的书看遍了，又找出周士渊老师的书，再看一遍。"

妈妈对周老师心存敬意。每次谈起，都是以老师称呼。周老师从人生的巨大困境中走出来，成为感召千百万人的习惯学大师，妈妈认为周老师是一个被命运磨练出的有着顽强生命力的人，一个追求"过日少、德日进"的高品质的人，一个由良好习惯串起生命之线的爱生活的人。

我不记得妈妈看书的习惯是从何时养成的。哥哥姐姐和我小的时候，因为爸爸在城里上班，地里的活儿、家里的事儿和儿女的养育妈妈都一一肩负了起来，其忙碌程度可想而知，哪里还有时间看书。从我上小学起，印象中，有妈妈在煤油灯下，闻着书墨香，全神贯注看书的情景。妈妈今年八十八，看书仍是她的爱好，学而不厌，经常废寝忘食。爸爸幽默地对我说："你妈妈这是准备考研究生了，每天看好几个钟头。"

一个由好习惯贯穿生命的人，一定是一个爱生活的人，妈妈就是我身边的典范。

爱生活的人，即使物质贫乏，也能把生活过得绚烂多姿。六七十年代，尽管日子过得不富裕，妈妈却把我们的居室打理得充满生机。我的裤子一个膝盖磨破了，妈妈会把两个膝盖用一模一样的布缝补，其醒目的效果就像今天的时装一样，只是当年不知道妈妈引领了未来时装的走向。大年初一，二姐和我穿上妈妈剪裁的花色和样式一样的衣裤走街串巷给邻居拜年，老奶奶夸我俩"俊得像一对儿布鸽儿"。炕上的被褥叠得像新婚时一样，花花绿绿，层层叠叠；照壁前，妈妈种上两棵月季，每到开花的季节，枝头上那娇艳欲滴的粉红，和窗台上的四季海棠争奇斗艳，把整个院子映衬得生机勃勃。

爱生活的人，手脚勤快，好学上进，日久天长就成了成心灵手巧的人。小时候，妈妈的绣花撑下是我的被窝，妈妈在上面飞针走线，我在下面看着妈妈一手在上一手在下，一针一线灵巧地绣出绒嘟嘟的花朵，童年的安全和幸福感无以言表。妈妈的绣花功底一直保持到现在，她做的鞋垫儿，自己画花样自己绣，喜鹊登梅、鸳鸯戏水、鲜花盛开，无所不能，无所不会。随着我的朋友圈的扩大，妈妈的鞋垫儿，已经走进了世界各地朋友们的家。妈妈做的面食，大枣饽饽蒸得开怀大笑，小动物做得栩栩如生，面条切得细长匀称。每一个传统的节日，都有相应的食物和习惯，妈妈从不怠慢，我们也潜移默化把这些美好的传统继承了下来。如今，寒来暑往，我在布鲁塞尔已生活了三年，我们春节包饺子，用面蒸带来好运和财富的小刺猬；端午节煮米包粽子；七月初七"烙花儿吃"，像小时候一样，把烙好的面果儿用线穿起来，挂在脖子上，为牛郎织女搭桥，让他们相见，祝福他们在天愿作比翼鸟，在地愿为连理枝。

爱生活的人，不仅注重生活习惯的培养，更关注内在意念和精神层面习惯的养成、发展和坚持。我佩服妈妈的包容和接纳，无论是我们小时候的淘气和不懂事，还是长大后的我行我素和不完美，妈妈的心总像大海一样，海纳百川，宽容以待。妈妈允许我们发表不同意见甚至抱怨和批评，鼓励我们待人以诚、待人以善，兼听则明、偏信则暗。我发现妈妈经常会调整自己为人处事的行为，通过她的修正了的言行对我们有意或者无意间对她提出的改进意见给与认同。我经常反思，如果是我的话，是否也能像妈妈一样，有心胸接纳晚辈的意见，内在消化并付诸行动，因为我知道行为上的改变一定是经过思想上的千锤百炼才能得以显现……

合抱之木生于毫末，九层之台起于累土，每一个习惯的培养都是从第一个意念和行为开始，经过日积月累、反反复复、不断修正而形成。如果一生的时光都是良好思维和行为习惯的呈现，我们的人生会更加圆满。

习惯，是教育之纲！

内蒙古阿荣旗玉成学校校长　　陈玉成

习惯是教育之纲，也要成为统领我们玉成学校所有教育环节之纲！自从去年和今年我两度聆听了周士渊老师的演讲后，这一教育理念在我心中已变得越来越坚定了！

那我为何要把习惯与教育的关系上升到这样的高度呢？

首先，这是由教育的本质所决定的。

爱因斯坦曾说："如果人们已经忘记了他们在学校所学的一切，那么所留下的就是教育。"

那忘了所学的一切，所留下的究竟是什么呢？

所留下的一定是习惯，而且是非习惯莫属！试想，一种教育如果没成习惯，那怎么能留得下来呢？——好的道德留不下，好的品格留不下，好的精神留不下，好的学习态度留不下，好的学习方法留不下，甚至连好的知识、好的技能都留不下。因为如果这知识、这技能没有熟悉到成为下意识的习惯，那它怎么能留下来呢？

因此教育的纲、教育的本质、教育的核心应是养成各种良好的习惯，这诚如我国现代著名教育家叶圣陶所言："教育是什么？往简单方面说只需一句话——教育就是培养良好的习惯！"

此外，我把习惯看得如此重要，还有我个人的原因，因为我本人就是习惯养成最典型的践行者和受益者。

我小时候村里水质不好，很多人都得了大骨节病，我自然也在劫难逃，腿是弯的，怎么也站不直溜。当了校长后应酬太多，一度大腹便便，体重直奔180斤。

2008年底我决定改造自己的身体，我的办法是坚持三项习惯：一是每天压腿100下，二是每天仰卧起坐100个，三是每天快走40分钟，走到出汗为止。坚持一年后，奇迹发生了，我的腿居然压直了，大肚子也不见了，体重降到160斤左右。现在好多人都夸我体型好，直溜，瘦溜。

我以前还有一个毛病，脚臭；自从我养成两个习惯后，脚不臭了。哪两个习惯呢？每天泡脚20分钟，每天洗袜子，就这么简单，坚持住了就有效果。

我们这世界上最伟大的力量是什么？是坚持。NBA的顶级运动员拉里·伯德之所以成为出色的罚球手，是因为他每天早上上学前都要投500个球。古希腊的德摩斯梯尼之所以成为伟大的演说家，是因为他尽管口吃，仍坚持口含石子朗诵诗词，面对波涛澎湃的大海练习演讲。教育家魏书生生活很有规律，很少出去应酬，每天晚上坚持读书记日记。

那怎么才能坚持下来成为习惯呢？

周士渊老师教给我们一个很简单且实用的办法——记一分钟傻瓜日记，每天一分钟，提醒自己，反思自己，这是他养成168个习惯的最重要的秘方。我也有一个办法很管用，那就是把习惯纳入生活流程。刚开始做仰卧起坐和压腿的时候，经常会忘记。后来我把它纳入生活流程，一定要在早饭前完成。当我拿起饭碗，或者吃着饭突然想起来还有功课没有完成，我就强迫自己放下饭碗，做完仰卧起坐和压腿再吃饭。当你把习惯纳入生活流程，习惯就成了你的一部分。当你养成一系列好习惯后，你也可以创造一个又一个生命奇迹。

我有一个梦想，就是玉成学校的学生人人都有绝活，人人都能出彩。出彩的人生一定要从养成良好习惯做起。我们从容易的做起，从小事情做起，逐步养成各种良好的健身习惯、学习习惯、生活习惯、卫生习惯和礼仪习惯。我深信，如果这些习惯他们一个个真养成了，那他们一定能坚持终生；而坚持终生、终生坚持的结果，那我们玉成学校的孩子们未来的人生怎么能不成功、不幸福、不光芒四射、不流光溢彩呢？！

而以上，也就是我心中的一个坚定信念——

"习惯，是教育之纲"！

习惯决定命运

全国家风与好习惯课题组组长 李世杰

  1970年毕业于清华大学并留校任教的周士渊老师，不仅仅是我国著名的《习惯学》创始人，同时也是好习惯的践行者和受益者；他几十年来所养成的168个好习惯，使他的人生发生了匪夷所思的巨大变化，这就是"习惯决定命运"这一理念的最好明证。而从我30多年学习、研究和实践中所结出的丰硕成果，也印证了这一重要理念。

  我是两位中国普通农民的儿子——爸爸、妈妈都是农民，两个世界一流大学留学生的爸爸。

  1983年，我从乡村初中以超过省级重点高中录取分数线上百分的优秀成绩考上师范学校，结束我们村上百人的本家族几百年来从没有一个人考出来"吃皇粮"的历史。

  2005年，我的孩子李雷从县城一中考出超过北京大学录取分数线的优秀成绩，上大学不到两个月，考上教育部全额奖学金项目，到新加坡国立大学留学，结束我们村从没有一个人出国留学的历史。

  我参加工作两个月把一个平均50多分的班教到平均90多分，工作一年半做教导主任工作，工作三年主持学校全面工作，工作三年多一点儿在中国教育报上发表论文，在北京师范大学出版社出版第一本书。毕业30年来，我从河北山村学校讲到中央人民广播电台、中国教育电视台、中央电视台，北京师范大学、北京大学、清华大学，教育部，我创作的图书和主讲的光盘在北京大学出版社和清华大学出版社等出版发行，多次应邀为高考状元报告会做点评，研究成果多次获得全国课题研究成果一等奖和特等奖。

  我指导一家四个出生在河北农村的孩子考进五个国家八所一流

大学——自己的两个孩子李雷、李长和哥哥的两个孩子李震、李远考进新加坡国立大学、波士顿大学、普渡大学、哈佛大学、华威大学等等，指导一批批的学生品学兼优，考进国内国外一流大学。

我从自己、自己的孩子和指导的学生中发现，对一个人发展起决定作用的不是智商，而是习惯。

人的差别在于习惯。养成什么样的习惯，就会成为什么样的人。我们离成功有多远？只有三步——知道，做到，习惯。学习，学习，学习惯。

所以为人父母、为人之师，最重要的不是跟孩子、学生说了什么，而是自己做了什么、怎么做的。

经过30多年的研究和实践，我认为，要想不断进步、不断成长，不断成为更优秀、更杰出的人，我们就一定要——

养成哪好到哪去、谁好跟谁学的好习惯；

养成摒弃了为所欲为、不劳而获、无所作为、以自我为中心、给别人带来各种伤害的好习惯；

养成不谈理想不说话、不谈目标不说话、不谈计划不说话、不谈收获不说话、不谈优点不说话的好习惯；

养成视野开阔、心态阳光、追求高尚、目标具体、方法科学、毅力顽强、说到做到、做就做好、善于创新、乐于分享、严格守时、提前超额的好习惯；

养成不比家长比成长、不比关系比自强、不比智商比品位、不比年龄比境界、不比知道比创新、不比得到比奉献、不比学历比能力、不比文凭比水平、不比分数比分享、不比知识比智慧、不比吃喝比成绩、不比穿戴比进步、不比过去比现在、不比现在比未来的好习惯；

养成天天有进步、天天有收获、天天有新发现、天天有新主意、天天有新感悟、天天帮助别人、天天为大家服务、天天给别人带来幸福、天天让爸爸、妈妈、老师、同学更高兴、天天超过家长、超过老师、超过书本，天天上学时成为100分的一流学生、工作时成为100分的一流人才的好习惯！

培养好习惯就像到银行储蓄，储蓄越多，利息越多，一生受益也一定越多！

习惯，是企业成长发展之根

智新超越教育机构总裁　耿　军

"习惯，是企业成长发展之根"！我们智新超越的成长发展，可以说充分说明了这一点。

我们智新超越是一个专注教育的公司，经过多年探索，我们最后决定把我们的培训目标锁定在"好习惯"这三个字上；因为我发现习惯才是教育之根，只有在"习惯"上下功夫，清华、北大那些状元、学霸们种种学习方法、记忆诀窍才能真正落实到我们所培训的每一个孩子身上。

而随着我们培训效果的节节攀升，我进一步发现，"习惯"不仅是教育之根，也是企业成长发展之根。因为企业和教育一样，你的制度、价值观、企业文化等再好、再妙，如果没有化为习惯，它们依然只是别人的、是悬在半空的；而只有将这些化为了习惯，才是你本企业的、才真正落到了实处！

知晓了这一点后，我就在我们智新超越的管理实践中去应用，没想到应用的结果，我们的管理水平也节节攀升，于是就产生出以下一个完全可以堪称经典的真实案例。

事情是这样，我们智新超越曾规定："每人每天要做一件不知名的好事"，其目的，当然是为了培养员工们在公司里做好事而不求回报的好习惯。而由于我明白这最终的目的是为了养成习惯，因此我对此一直紧抓不放、从不懈怠。

没想到我这紧抓不放、从不懈怠的结果，这习惯果真在我们公司慢慢形成了；而其突出的表现之一是，我的同事们总会把从不同途径获知的杰出人才、甚至是一些著名专家主动、自觉地向我推荐，于是就出现了这极为奇妙的一天——

这是2014年4月一个极普通的日子，我像往常一样正在公司忙碌。

这时，我的手机铃响了；我一打开，听到的是我们公司文欢那熟悉而又兴奋的声音："耿总，有位著名习惯专家周士渊老师，您一定要了解一下，好像他就在清华讲课，已经许多年了。"

我听了既兴奋又好奇。没想到正在此时，我的手机铃又响了，手机上传来的是向东那同样熟悉和兴奋的声音，他也在电话中建议我，一定要想方设法找到这位习惯研究专家周士渊，听说他不仅研究习惯，而且在自己身上竟养成了168种习惯！

而更没想到的是也在这同一天，也在这没多久，我又接到了我们公司冯怡仿佛不约而同给我打来的电话，她同样急切地希望我，一定要找到这位就在清华园、就在我们近旁的习惯研究名家周士渊。

天哪，一天中三位同事，同时向我兴奋地举荐这位周士渊、这位周老师，这莫不是上帝的旨意、安排？

那这究竟是怎么回事呢？

原来那天他们三人同时在《超级演说家》的荧屏上见到了这位我国著名演说家，他演讲的主题居然也是我们所锁定的"习惯"，而他主讲的讲坛，恰巧也在我们清华园，你说，天下怎么竟有这般巧事，那这不是上帝的旨意、上帝的安排，又是什么？！

而这以后,经过我的努力,我终于找到了这位有着传奇经历的周士渊老师。

如今,每当我在我们智新超越隆重的开幕式上见到周老师,尤其见到周老师一上场那超强的气场和听到他那发自肺腑的、有关习惯、有关《习惯学》的铿锵之声,我的思绪仿佛总会被拉到两年前那普遍而又奇妙的一天,我自然也会再一次从内心深处发出深深的感慨——

习惯不仅是我们智新超越的教育之根,也是我们每个企业的成长之根、发展之根!

做"习惯闹钟"最忠实的粉丝

昌平回龙观龙城花园居委会主任　王　堃

十多年前,我就是周老师的粉丝;当年,他的一首长诗深深打动了我,我便在我们小区的春节联欢晚会上朗诵;没想到十多年后,我再一次成了他的粉丝——成了他所首创的最接地气的习惯培养法——"习惯闹钟"的粉丝。

这说起来是件很奇妙的事。

我真正结识周老师,是在去年金秋十月,他是为小区的一件事主动来找我的;初次见面,他精神矍铄、开朗健谈,给我留下了很深的印象。临别他希望我有空,能到清华去听他一次演讲,而我也真去了。

周老师所在的清华,当然是我国最高学府;但他所讲的主题,却是普通得不能再普通的"习惯"两字。没想到经过他一演绎,这两个字简直重要到了不能再重要的地步。而实际细想起来,真正决定我们每个人命运的,不就是我们身上各种大大小小、粗粗细细、里里外外的"习惯"吗?

那天听完课回家,按照"行胜于言"的清华精神,我就立刻开始了行动——我决定当晚就起用周老师的"习惯闹钟"来培养习惯,而决不能再像过去那样"明日复明日,明日何其多"。

那这"习惯闹钟"具体怎么操作呢?

周老师告诉我们,你先在手机上找到的"闹钟";找到后再找到"标签""闹钟名称"或"闹钟备注"等,并在那一栏里填上你所希望养成的习惯(对养成这种习惯的必要性和可行性必须先作认真的分析);填上后再选择每天提醒你的最佳、最合适时间;最佳时间设定好后,再找到"重复",即让这种闹钟从星期一到星期日,天天都重复提醒你,一天都不能落;以上几步完成后,再选择你最中意的铃声或音乐,并将其固定下来。

那我当晚是从哪个习惯开始的呢?

我决定先从"微笑"开始。因为"微笑"一定是一个人良好心态的外在展现;而对我们社区居委会这样最末梢一级政府机构而言,"微笑服务"一定是一道最受群众欢迎的靓丽风景线。于是在那天晚上,我在我的手机闹钟上输入了"今天我微笑了"这六个字;而最佳提醒时间我设定为每天一上班的九点。

第二天早晨,我像往常一样九点前就到了办公室;而由于一忙,昨晚的种种早就给忘到了九霄云外。但就在此后不久,我的手机突然响起了一阵清脆的闹钟铃声,我心中猛地一惊;而我周围的同事也都露出了惊讶的神色——此时怎么会响起闹钟声呢?!我赶快拿起手机一看,赫然映入我眼帘的,是屏幕上"今天我微笑了"这一行醒目的字体。

啊,我的内心突然感到一阵激动。为什么?因为我忘了,可这手机还惦记着,而且是一丝不苟、分秒不差地惦记着,这多奇妙啊!那从今往后,有了周老师这高科技、高智能的"习惯闹钟",有了它日复一日、月复一日极顽强、极坚韧的提醒、监督、检查,那我们还有什么好习惯不能养成、还有什么坏习惯不能征服呢?!

就这样,如今每当早晨九点,我那手机闹钟会像一个最敬业、最可靠的卫士一样,天天都在极忠诚地提醒我去养成各种习惯。而继"今天我微笑了"之后,我给自己要养成的每一个习惯都起了一个美妙动听的名字——提醒自己每天看书,我就用"我和书的约定";提醒自己每天给父亲打电话,我就用"好女儿";提醒自己每天使用珍珠粉,我就用"漂亮妈妈"。

从此,我的生活仿佛翻开了崭新的、充满了无限希望的一页;我似乎感到自己每天都在成长、每天都有进步;我惊叹周老师那"习惯闹钟",它竟可以如此简捷、如此高效、如此悄无声息地让我们去养成一个个好习惯,以提升我们的生活品质、美满我们的人生。因此我要永远做周老师"习惯闹钟"最忠实的粉丝,并让它终生伴随我。

习惯的神奇力量助我减肥六十多斤

康佰健康家居公司　　王　辉

人生的转折,往往是一次机缘。那是周老师上海的一位老友托我爱人许洁捎一些东西给他,而那一天正好周老师在清华有课,我便有幸当了他半天的清华学生。

这堂课的题目是《幸福人生的自我管理》,而周老师讲的核心是"习惯"两字;因为在他看来,离开了"习惯",所谓的自我管理就只是一句空话。周老师整堂课生动活泼,尤其讲到他亲身的各种实例,让我听了简直叹为观止。我没想到习惯这种天天挂在我们嘴边的、普通得不能再普通的东西，竟被周老师演绎得如此出神入化。

就这样，周老师这堂课在我心中埋下了一颗种子。但我像大部分人一样，"听着激动，听完冲动，回家却一动不动"。而我到真正开始起动，已是四年后的事了。

说到我的真正起动，就要谈到请我们给周老师捎东西的李秋平阿姨了。年近古稀的李阿姨实际是位坐在轮椅上的残疾人，但很奇怪，我每次在她面前，心里总有一种错觉，仿佛她是站着的，而我才是坐在轮椅上的。在上海，李阿姨一家给了我一个外地人原本不敢奢望的太多温暖。在她的启发下，我开始每天诵读佛经中的"般若波罗蜜多心经"；没想到就这样读着、读着，突然有一天，我觉得自己可以背诵整部心经了；而不料就在那时，我突然顿悟到了周老师当年在清华所讲的"习惯"两字。

我从小就是个胖子。胖人的体重都是保密的，你永远别指望从一个胖子的口中得知他的真实体重。我有个秘密一直没告诉过别人，甚至我爱人在此之前也不知道。我们结婚的时候我是218斤，其实那个秤好像只能称到218。我从10岁开始一直胖到35岁，这其中我用尽了各种减肥方法，但最后的结果都是恶性循环。因此在我顿悟那天以前，我一直认定自己就是个loser、天生的失败者，我只能靠拼命增强自己的专业技能，才能在社会寻求一些有限的赞美。你能懂得一个从10岁一直胖到35岁的大男人内心有多么自卑吗？而就在那年我去测身体素质，我的身体年龄竟已经达到了57岁。

曾经大腹便便的王辉

而从我顿悟那天开始,我决心在"习惯"两个字上下狠功夫;因为我深知,唯一能救自己的,就是周老师所说的"习惯"!我下了决心,按照周老师课中的要求,为自己的减肥目标设计了一个"习惯配方"——一是生活要有规律,否则很容易胡吃海喝;二是每顿再也不能像过去那样非要吃饱、甚至吃撑,只要吃到不饿就可;三是吃饭不再狼吞虎咽,而要细嚼慢咽;四是要像广东人那样,"先喝汤,再吃饭";五是过去家里剩下的汤汤水水全由我包圆,今后再也不做此等傻事了;六是碳酸饮料,坚决不沾;七是不再大鱼大肉,尽量吃得素些。

设计好了以上"习惯配方"后,我就极认真地坚持;而坚持了一段时间后,这一切很快就变成了习惯,也就是变成了常态。没想到,就这样,我用了一年左右时间,体重就从218斤降到了160斤以下,腰围从三尺二降到了二尺六!

记得减肥成功后的一天,我在上海特意去逛了一次商场。以前一到商场,我只能站在专卖店的门口低声问,有没有我能穿的;而那天,我在那商场各个专卖店一件又一件地试穿着各式时装,以尽情释放那压抑了我已有几十年之久的人人都应该有那么一丁点的虚荣心。

而现在的我,已开始变得越来越自信了。我坚信,我既然用周老师教给我们的"习惯""习惯配方"征服了我自小至今一个最大的人生难题,那对于以后的我,还有什么难题能挡得住我昂首前行的脚步呢?!

瘦身成功的王辉

8
因为做不到 所以要习惯

福建　王晓静

我原来读的是政教，可是我却喜欢画画，工作后我就利用业余时间学起了绘画。画画是件快乐的事，画画的时光如诗一般。但是当我想画得更好些的时候，就发现我每天的黄金时间都在机关打卡上班，可以用在绘画的学习和训练时间实在是太少了。这个问题困扰了我很久，尤其在我了解了"一万小时理论"后，我就更希望自己能有多一些的训练时间。

那向哪里去要这时间呢？

生活中的很多事情都是我无力改变的，我能做的就是进行时间管理，以此"挽救"出时间来画画。但当我着手进行时间管理时，我遇到了难点——我是九型人格中的四型，属于拖延症最严重的人群。

那怎么办呢？

于是我就在百度上搜索"拖延症""控制力""行动力"这几个关键词，当时的情形真的是病急乱投医。

这时，我很意外地发现了一本电子书。看了开头，我仿佛觉得这是一部武功秘籍；我如饥似渴地一口气把它读完，立刻觉得一阵轻松，困扰顿消；因为我相信，有此书指导，我只需每天坚持，持之以恒，自己的行动力必会极大提高，还何愁管不好自己的时间？

这本书名为《知道，更要做到！——打造超强行动力》，是我国习惯研究的先行者周士渊老师的早年著作；他将习惯喻为是上帝为我们人类大脑所设计、所匹配的最佳软件；根据他的研究和实践，任何好的东西一旦成了习惯，它就能自动地、恒永地、始终如一地运行，其所产生的力量将势不可挡。当然，习惯的养成绝非易事，而我从周老师的文字中了解了习惯养成的过程、规律、方法，于是我就立即行动了起来。

我先按周老师书中所教的妙法认真养成了两个习惯——一是不赖床，二是一有时间就去画画。而当有一天我这两个习惯真养成后，我简直无法描述我当时内心的狂喜。因为当我终于从小黑人那儿夺回了对自己的控制权、驾驭权，当我终于因自律而自由，我整个人的精神得以了解放，我仿佛获得了重生！

而随着我陆陆续续养成了其他一些习惯，我的自我管理能力渐渐变得越来越强了，心灵也变得越来越宁静了，由此我在绘画方面也陆续收获了一个又一个喜人的成绩——

2014年我的《荷塘月色》获得了福建省综合性绘画大展——"八闽丹青奖"首届福建省美术双年展的金奖；

2015年，我的《蓝色的风和明亮的你》获得了福建省中小学教师美术书法作品展一等奖；

而就在同一年，我的《鱼儿你慢慢游》又获得了全国第五届青年美术作品展优秀奖（最高奖）；

以上是一份专业也会满意的成绩单，我却是通过业余做到的；老师们把这些成绩归结为我的绘画天赋，但我自己却清楚，这是我这些年来自觉养成了许多好习惯的结果。这使明白了一个真理——我们常常做不到，是因为我们没有发现和运用习惯的伟大力量。而再重要、再难的事，只要我们将其化为了习惯，我们就一定会去做、一定会坚持去做而且一定会做到，那对于我们整个人生，还何难之有呢？！

而以上便是我有关习惯的点滴感悟——"因为做不到，所以要习惯"！不知我说得是否有理？谨供参考。

9. "发现教育"在我儿子身上显现的奇迹

北京　赵英莉

周士渊老师是我先生黄泰山的恩师。从2013年1月31日晚8：00开始，古稀之年的周老师与我相约，说他要养成一个习惯，每晚准时给我打电话，在电话中向我学十分钟左右英语口语。没想到如今一晃已近四年了，我们居然一直坚持到了今天，这使我无数次地惊叹习惯那神奇而又伟大的力量。而没想到这"习惯"不仅在他的英语学习中产生了奇迹，而且在我家儿子小菩提成长的过程中也产生了奇迹。

事情说来也使人难以相信，我家小菩提虽然看上去聪明伶俐，但到三周岁时，却只能说一些极简单的词汇；至于完整的句子，他竟连一句都不能说。对此，我们曾去医院检查，结论是属于语言发育迟缓。亲友多次劝我们送孩子到医院去进行矫正。但我们感到如果真这样，岂不等于承认"我们家孩子不正常"；此外，如果真要去矫正，收费也很贵，半年就要一万六。

那究竟该怎么办呢？

此时的周老师当然知道我们心中的困惑，就主动热情地提出了他的建议。因为周老师心中一直有一个"发现教育"的理念——要及早发现婴幼儿身上对其一生有益的优点；发现后，要尽力给这些萌芽以更多的阳光、空气、水份和营养。周老师认为，这实际是一种人格培养的最佳模式。

周老师教给我们的具体的方法是，一旦发现我们小菩提那些萌芽状、甚至是极不显眼的优点，就要及时地、甚至是不厌其烦地赞赏和鼓励，尤其是当着客人的面；而千万不要总在客人面前津津乐道他的一些短处。因为如果常常这样，很可能会反而强化、甚至固化他的这

些短处学我。因为健康对于我这样

而就在此时,我们小菩提三岁入幼儿园了。一入幼儿园,我们就发现,我们小菩提与其他小朋友相比,虽然他连一句话都没法说,但表达欲却极强,而且一点也不怯。发现这一萌芽后,周

多虔诚、多专注的爷仨

老师对我们说,干脆给他起个外号,叫"话唠";后来师母说这太难听,于是就把"话唠"改为了"小话唠";这一改,听起来就显得很可爱了。

而自从我们小菩提有了这个外号后,周老师每次见他,就夸他是"小话唠";我和泰山在家里,也总戏称他为"小话唠"。没想到这妙方真是太给力了,我们仿佛眼看着他的表达能力在节节攀升。我特别记得在他四岁多有一天,当他极清晰地说出"妈妈,你相信我,我是有用的小火车"时,说真的,我当时听了简直要掉出眼泪;不仅如此,还让他爸泰山激动了好几天。

如今我们的小菩提已六岁多了,很奇妙,他的语言表达能力不仅一点不差,而且仿佛已成了他的强项。他说起话来,吐字清晰,声音响亮,表情丰富,还充满了热情,就像他爸泰山。

而更让人欣喜的是,在周老师这种"发现教育"的指导下,我们小菩提各方面变得越来越惹人喜爱了。请看他以下种种越来越肯定的结果——

1、他见了客人一定能大声、热情、极有礼貌地问候;

2、他脸上总带着极可爱的微笑;

3、他每天7点左右准时起床,还帮着叠所有人的被子;

4、当大人喊"一二三",到"三"时,他立即会停止他的不良行为;

5、他每天学5分钟英语，已掌握了几百个英语单词；

6、他每周踢两小时足球，球艺不赖；

7、他可以当众背整部《弟子规》；

8、他可以当众表演劈横叉和双盘腿；

9、他可以当众有模有样地打一套跆拳道；

10、他可以当众一口气表演50个颇标准的俯卧撑；

……

而以上就是我们小菩提目前的状态，绝无半点夸张之处；不仅如此，他的这些优点似乎越来越多、越来越肯定、越来越巩固，使他仿佛始终在温暖的阳光中幸福地成长着。

因此我深信我们家两代人的恩师周老师！更深信他所创立的"习惯学"和他那神奇而又充满了智慧的"发现教育"！我相信，如果我们每个家庭都能如此，这一定会有益于我们所有孩童的茁壮成长，也将功德无量！

10

朋友，也开启你的习惯之旅吧！

青州—北京　张馨怡

今天是2016年5月20日，520——我爱你，是一个温馨并充满了爱意的日子。在秀恩爱的刷屏里，由周士渊老师所开辟、由我这半年多来天天为之尽力的微信公众号——"习而成冠"，依然在与天南海北的朋友分享着周老师的《习惯学》。"习而成冠"，一个多好听、多好记、多贴切的名字啊！这名字蕴含着的，是一位长者对年轻人健康成长、成功成才的美好期许。

众多门生之一

  我是张馨怡，是周老师的众多门生之一。我与周老师结缘是在2012年。那年，我在山东青州老家，有幸在当当网的图书畅销榜里看到了他的《人生可以美得如此意外》。这是我至今为止阅读过的最好的励志书。我用心把其中《坚持不懈》《阳光心态》《我要用全身心的爱来迎接今天》三篇极优美、极具正能量的诗文用粉色A4纸打印出来，贴在我房间的衣柜上，并且天天诵读；哪知这天天诵读经典的习惯竟让我对自己的未来生发出了无穷的信心、力量和希望。

  而就在这种信心、力量和希望的激励下，在2013年1月的MBA考试中，我竟取得了意想不到的理想成绩——我的总分176分，英语72分。而这个总分远超当年全国重点大学的硕士线。

  值得一提的是，我不是英语专业毕业，可我的英语却考了72分；据有教授说，本科学了四年英语专业的考生发挥得好，也不过考这个分数。此外还有一点是，我当时英语考试所花的时间，比规定时间提前了整整一小时！这听起来似乎有些不可思议，但却是完全真实的事实！

  2015年，我毅然辞掉了高校里一个令人羡慕的职位而去自主创业，这一举动让太多的人咋舌与惊讶。因为在许多人看来，我所从事的工作有着非常好的发展空间。可我脑子里却总有一种强烈的创业冲动；而就我内心而言，我怎么能明明拿着国家的粮饷、明明占着那个重要的位置，而去做自己热衷的事业呢？因此，在这鱼和熊掌不可兼得的情况下，我只能下决心选择了辞职。

还记得我那天请求辞职时，我所在单位领导脸上的神情，要知道他曾经对我是那样器重、那样关爱有加啊！因此我的辞职申请过了一个月，也迟迟没有通过。但最后我还是下决心辞别了，带着对学院无限的热爱和不舍，带着对家乡无限的深情和眷恋。

而在我这自主创业的日日夜夜里，有点赞，也有不解；有成功，也有失败；有欢笑，也有泪水。我要感谢"高德地图"，它让我这个在异乡奔波的女孩知晓了路的方向，我更要感谢我的恩师和他的夫人刘雅冬，是他们在陌生的京城给了我这个异乡游子一种家的温暖和温馨。

2016年5月15日，在我恩师的鼎力帮衬下，我用心创办的"天下家庭"终于在北京会议中心举办了首届中国家庭管理高峰论坛。卫生部首席健康教育专家洪昭光有关家庭健康的报告，我国率先提出"幸福力"的王薇华博士有关家庭幸福的演讲，尤其是我恩师周士渊最后有关习惯的压轴感言，都给我留下了深刻的印象。

而深知，对我这样的年轻人，敬业是一种习惯，优秀是一种习惯，责任心也是一种习惯！在偌大的北京，我真的很渺小。可我总在想，如果连我这么渺小的人都能从我做起，拥有认真、重诺、担当、主动、高效、和善、礼貌等各种优良习惯，那我如此深爱的祖国又怎么能不一天比一天更蒸蒸日上、更欣欣向荣、更繁荣昌盛呢？！

朋友，快合上此书，像我一样，也开启你的习惯之旅吧！如果你真能这样，你一定会发现我恩师向你献上的《习惯学》何止是一门普通的学问，这更是一盏能使你心想事成、梦想成真的世界上最奇妙的神灯！

我的深深谢意

一部《习惯学》，今天终于到了我要深深致谢的时刻。

我怎能忘记，二十年前，是超级畅销书《世界上最伟大的推销员》，引领我进入了"习惯"这一神圣而又恢宏的殿堂。因此，此刻的我，怎能不对该书的作者奥格·曼狄诺，致以我最衷心的谢意？！

我怎能忘记，八年前的2008年12月16日下午，我和我爱人正在我们家阳光房兴致勃勃地与许工、玉萍等几位挚友一起畅谈"习惯"，是我们中学贯古今的我国著名编审邢富源兄提议我，要大胆去创立一门《习惯学》。朋友，当我之《习惯学》如今终于要问世之际，我怎能不感念我的这位兄长富源？！

我怎能忘记，这其后，当我以惶恐的心情写出了我之《习惯学·自序》，是《开复学生网》率先收留了我那些最初的文字。因此我要衷心感谢李开复先生，还要感谢他当年在微软的秘书陈蕾，因为如果没有她的牵线，我怎么能与《开复学生网》结缘？！

我怎能忘记，这之后，我和我弟弟周春园的一次北京—上海隔空对话。当时我告诉他，我打算此后每一两年出一本书。没想到我话音刚落，电话那头就传来了他毫不留情责问声——"为什么非要一两年出一本？要出，就要出精品、出好书！"朋友，如今，当我的《习惯学》五易其稿、埋首八载、凝结了我1736个脑海的闪光点后，能有今天这般模样，我是不是也要感谢我的这位胞弟？！

我怎能忘记，四年前，我认识了我们清华出版社的资深编辑张立红。当时这《习惯学》已在网上发表，我表示要修改到我自己满意才脱稿。哪想到我这一修改，竟书生气十足地修改了整整四年。而令我感动的是在这四年中，她没有催促过我一次，没有给过我一点压力。这在事事处处都想一口吃成胖子的今天，是何等不易？！

我怎能忘记，两年前，天上突然掉下了一位年轻姑娘张馨怡。而正是经过这位年轻姑娘的推介，我的《习惯学》讲座去年能二度在山东教育电视台与全国观众谋面；也正是有了她，才有了如今人人手机上的"微信版《习惯学》"——《习而成冠》。朋友，如今，当我想到每天都有那么多朋友通过微信在收听、收看我的《习惯学》，我怎能不深深感谢这位天天都在我身后默默奉献的幕后英雄？！

我怎能忘记，从去年元旦起，我还有了一位八十高龄的铁杆粉丝，不，钢杆粉丝蔡淑琴大姐。正是从那天起，她就天天关注我的微信公众号《习而成冠》；没有想到天天关注的结果，她感到自己每天都充满了正能量，于是从去年初起，她竟以诗歌形式，天天与亲友分享自己的感言；而到如今，她这样的诗竟已写了四百多首。试想，我的《习惯学》能得到如此鼎力的支持和鼓励，我怎能不向我的蔡大姐致以深深的谢意和敬意？！

当然，在此时此刻，我还要特别感谢张龙宝、段志强、唐中琪、李树勤、施祖麟等一位位老友，要知道为了替我的《习惯学》最后把关，他们都曾逐字逐句通读了我的整部文稿；我还特别要感谢年近九旬的我们共和国演讲泰斗李燕杰教授，我本希望他为我的书写一二句勉励的话，没想到两天后他竟主动给我邮来了一篇热情洋溢、热情四射的序言；而此刻，我不由得又想起了我的妹妹周小妹，为了让我家乡更多的亲友能天天收听到我的"微信版《习惯学》——《习而成冠》"，她从今年元旦开始，就每天在她的微信上满怀激情地告诉大家——"小喇叭开始广播了"……

　　是的，朋友，此时此刻我要深深感谢的人真是太多了、太多了！当然，我最后要感谢的，自然是这几十年来与我相濡以沫的夫人刘雅冬。这几十年来，她在我们家默默承担了几乎所有家务；她又与我周围的所有亲朋好友处得极其融洽；她同时又兼顾了我的助手、司机等所有角色；而我是个没有手机的人，因此手机上所有与我相关的一切又平添在了她的身上。因此如果说我如今真能给我们这社会尽一点绵薄之力，那这一半的功劳确实应归功于她。

　　而以上，便是我此时此刻的深深谢意！而我深知，我的《习惯学》不仅仅属于我，也属于在我如此坎坷的一生中，曾关爱过我、温暖过我、抚慰过我的所有人；也属于天南海北、天涯海角我那么多可亲、可爱的读者和听众们，让我再次深深地感谢你们并深深地祝福你们！

们首先应从宏观上大致地去判断，这难题自己究竟能不能解决；如果能够解决，那就应"有勇气"去改变；如果无法解决，那就应"有胸怀"去接受。当然，这里的"有智慧判断"极为关键，有些时候你最好还要去请教一些高人。

73. 善用"习惯配方"

这也早成了我的一大习惯，请详见本书第五章——《威力无穷的"习惯配方"》。

74. 毅力

从以上所有习惯看，至今的我能说没有毅力吗？一定有，而且极强！

您是这样的人

逝者如斯乎，不舍昼夜，那些凝霜的年华似乎更有厚重悠远的回响。是的，在远行的长路上，倘若能邂逅一些温暖的人和事，真可谓是得到了幸运的眷顾啊！成长的路上遇到您，就是这样的一种幸事。叶叶舒卷，心存感恩，几十年来，静阅您的光阴故事，聆听您的谆谆教诲，追随您的四季足音，一如在无垠的林子里漫步，随时都可以看到溪流的清澈与秋林的旷远。花开花落几十载，值得抒写与铭记的章节很多，在此，只小语一页，是以感念——

您是这样的人，一生执著一件事，不言放弃、止于至善。

大约四十年前，记得在我念小学三年级的时候，一个春日的午后，在外公住院的病房里，我初次认识了大人们口中"清华才子"的您；而您在我妈妈的希冀下，居然也认了我，一个当时只有十一二岁的不谙世事的乡下小女孩。那时，您在病榻上还坚持读书写字，休养的间隙中您还在自学书法，写的是李白的"黄鹤楼送孟浩然之广陵"，一首洋溢深情而又意境开阔的小诗。后来听说您平时练书法只练这首诗，可见那时的您，也许就已领悟到了"学得少，习得多"的真谛，以至几十年后，您的墨宝竟出现在了一些名家的客厅里、书房里。当然，在我家的小书房里，多年来也静静地挂着您的"故人西辞黄鹤楼"，看到它，就会想到我从小受您的悉心指引和殷殷关爱的那些温暖情景。岁月悠悠，沧海人生，您将自己的生命密码都凝萃在了这小小的诗行里，折叠、延展出一个传统学者严谨的治学态度和宽广的生活理念，一首小诗，练习了几十年，在我眼中，这是多少年后神奇的《习惯学》在您的手中悠悠诞生的一页前言，您用几十年的不懈实践清晰诠释了"习惯成就人生"的道理，令我在成长的光阴里由衷地久久地敬仰、感叹与爱戴。

最值得我用心抒写与重温的是我在不惑之后，有幸又受到了您智慧与情怀的无尽恩泽，让我再一次领会了您生命的海阔天空。绵延的时光在您的笔下轻轻散落成美丽的文字，只因为"习惯"这两个普通的字眼，您数十年如一日地探索研究、躬身践行，书写淬炼出层叠交错的一页又一页且由此还演绎成了能引领无数心灵成长的《一千零一盏心灯》。

在您给予我的指导与引领中，"习惯"无疑是一个被重复再重复的关键词，您以您的爱心与耐心把这个神奇的词语渐渐渗透于我的生活中，最让我感佩的是您还将这种关爱延续到了对于我女儿絮儿的成长关顾中，帮助她在懵懂前行中学会自我管理、树立自信心，制定合理的作息时间表，养成了良好的学习、锻炼、为人处事的习惯。絮儿也将点滴收益都彰显于她美丽的青春纪念册中。在大学四年的学习中慢慢成长为一名品学兼优的学生党员，大学毕业后继续赴港读研，良好的学习习惯让她在人才济济的香港浸会大学文学研究院以第一名的优异成绩拿到了一等奖学金成为饱受称赞的学霸，相信这也是絮儿成长旅程中最值得记忆的精彩篇章。这一切，与您这样一位精神导师的关爱是分不开的。

真想知道啊，每日凌晨四点，当所有人都尚在梦乡，不知您执笔写作的缘由与热忱源自哪里，这也是我一直以来很愿意用心细究的一个的问题。您一定不是图什么衣食娱乐之快，您这么乐此不疲地写作、讲学、似乎与您的心中几十年藏匿着的简单而又深奥的一个念想有关。作为您的铁杆粉丝，在阅读您的著作、倾听您的演说、温习您的教导之时，我总会暗自叩问：在您的世界里，梦想何以能如此熠熠生辉；人生何以能如此美丽诗意；在循环往复的季节里，何以能有人如您，日复一日从容地、专注地书写、描摹着自己心中的图画？

　　据说，潮汐的起伏是因为月光，雁阵的迁徙是因为季节，那么，您的笔下千回百转的书写是否也能找到一个单一明白的缘由呢？一如在皎洁的秋夜漫步遇上了星月齐晖的夜空，谁还能抑制住一颗仰望的心呢？

　　您是这样的人，一生执著一件事，不言放弃、止于至善……

　　念念不忘，必有回响。度尽沧海桑田依然可以风轻云淡的生命才是最深厚的诗意人生，您的光阴在您的文字里已经慢慢镀上了金子的颜色，在您的世界里，书本睡了，句子还醒着；心儿睡了，梦想还醒着。时光有限，祝福无垠。纸短情长，是以为跋。

赵永青
2017.4.17于您的故乡上海宝山

《习惯学》与人工智能时代的人类自信

新时代提出了文化自信,为多年来无法破解的"钱学森之问""李约瑟之谜"指明了方向。天时地利,该轮到中国学者开宗立派,开创新学科了。相信很快会发现,我们中国人其实也有很多创新,只是需要发现的眼睛。

《习惯学》改变认知

人类历史上曾经很多次,因为一门学科的建立,从而改变了人们的认知和行为,进而推动了人类的进步。

例如,之前很少有人认为"幸福"是个值得研究的概念,后来它被马丁·塞利格曼用科学研究方法创建成了"积极心理学",从而使其从人民日常生活走进学术殿堂,再从学术殿堂返回人民生活,让人们的幸福指数得到了极大的提升。

积极心理学改变了人们对于幸福的认知,那么,《习惯学》,将会改变人们的什么认知呢?

改变认知一:困难真的需要毅力来克服吗?

二十多年前一次偶然的机缘,周老师发现了"习惯"这盏神灯,从此,走上了一条越来越有信心的道路。

周老师将之前自己想都不敢想的很多难事,化成了各种"习惯配方"后,不久就发现,他身上产生了连自己都吃惊的变化。

人们普遍认为,世间的事情,按照难度可以分为两类:容易的,人人能做到的；困难的，有毅力的人才能做到的。

周老师曾经是最没有毅力的人，但通过研究和践行他的《习惯学》，他养成了168种习惯，使尽管年逾古稀的他老当益壮、甚至还愈显阳光和帅气。因此再难的事情，有了习惯和"习惯配方"，就变成了容易的事；反之，有些看似很容易的事情，没有习惯和"习惯配方"，真的很难做到。这样，通过《习惯学》的研究和实验，旧认知中的难易，将改变成新认知中的——是否成了习惯？

改变认知二："知"和"行"的距离之大，远远超出我们的想象

人们的共识是：不知者不怪；不知者最容易获得谅解，而明知故犯的人，最让人怨怒难消。家长常常因此责难孩子，领导遇此更是必严惩员工……

因为人们总是习惯性地认为，一个人一旦"知"了，就理所应当去"行"，或者至少离"行"就不远了。你不去"行"就是不努力，甚至故意使坏。

《习惯学》告诉我们："知"和"行"的距离之大，远远超出我们的想象。明知故犯的人，很多发自内心想去"行"，却鬼使神差地真做不到。改变这种行为问题，是习惯学实验最初的目的。

作为曾经的、清华园败得最惨的人，周老师常常讲，他年过半百开始践行自己的《习惯学》，就能有这样的巨变，那如果年轻父母让自己孩子一出生就去践行《习惯学》，那这个孩子的将来一定会知行合一、前程似锦。因为当一个孩子，逐步学会将人生中的各种最重要的观念、态度、方法等化为一个个可行性极强的习惯去养成，那成了习惯，他一定会去"行"、一定会坚持去"行"，这样的结果，岂不自然就解决了我们知行分离、知行脱节的大难题？！而如果我们全社会也能因此而知行合一、行胜于言，也能因此而焕发出极强的行动力、持久力和执行力，那这对实现我们伟大的中国梦将具有多么巨大的推动作用啊？

水滴石穿，最温柔的力量产生最神奇的改变

先贤的智慧，有很多是我们至今没有真正领会的。例如，水滴石穿，为什么只能是水，为什么不是风，为什么不是树枝？柔情似水，水是世上最温柔的力量，而水滴又是柔中至柔。

周老师从2008年开始创作《习惯学》至今，已整整十年了。周老师创作《习惯学》的过程，可以说是典型的"十年磨一剑"、典型的"工匠精神"。五年前，当我最初接触到他的《习惯学》时，我是有些不屑的。但是，当我这五年来亲眼目睹它至柔，且石穿的力量。让我忍不住对它在生物意义上究竟可以将人类提升到什么程度产生了极大的期待。

感受力和想象力：突破生物人改变的极限

周老师的《习惯学》最让我感兴趣的还不是毅力和恒心，而是他的"习惯配方"中和感受力、想象力相关的研究和实验。因为我一直在关注和研究：人类如何才能超越人工智能？为此我发表过一些文章，我认为，研究和发展人类的想象力和感受力，可以作为其中的一项突破点。（参见，《想象力经济时代，人类如何超越人工智能》等文章）。

我注意到《习惯学》中，周老师将各种难以觉察的情绪感受，转化为"习惯配方"，他的感受力是惊人的……还有，他把制造惊喜，寻找不可思议的巧合，并将这种我们平时不太关注的点，也做成"习惯配方"，他的脑洞堪比科幻作家。每次见到周老师，我们都能明显感觉到古稀之年的他，有着惊人的进步，这样的进步程度，我们通常只会在小孩子身上看到。相对于一些好几年都没有多少进步的年轻人，六七十岁就开始不断退步的中老年人，周老师带给我们很大的压

力。每见一次，我都更加深信，过不了几年，他也许真的会从里到外都比我们还年轻。更不可思议的是，他的想象力和感受力的发展也是神速的！

周老师的《习惯学》在人类想象力和感受力的研究和实验，让我充满期待。不过，这本书只是一个开始，这方面的研究还需要伴随人工智能的成长，不断延续下去。

让人工智能变成人类进化的工具

千万年前，人类的祖先为了抵抗即将灭绝的危机，强行进化成了超越地球所有物种的我们。那样伟大的一次进化，我们无法见证，至今仍是猜想。

但是，很快我们也许就不再是地球上最高级的物种了。关于人工智能的报告和预测越来越可怕：它们打败世界围棋冠军了，它们弹琴堪比郎朗了，它们会写诗了，未来人体植入芯片后，从一岁到博士毕业的所有知识，四分钟就可以全部学会了……甚至有人列出详细的时间表，2049年，人工智能就能写出纽约时报畅销书了，然后就开始研究数学，2060年，人工智能将完成所有的人类行为，……甚至有科学家预测，未来人工智能将实现自行进化，它的智商将不是人类的十倍，而是万亿个万亿倍……

如何逃出生天，尽快实现真正生物意义上的进化？这是不远的将来，人类必须面对的！这是危机也是契机，如果真的能找到第二次进化的方法，这一次我们不再是猜想，而是见证。

但是从周老师的实验和他的《习惯学》中，却使我看到了我们人类的一缕曙光、甚至是足够的自信。

一直到现在，周老师从不使用手机，如果他不在家，那么和他几乎没有联系上的可能。可是，不久前，我看到周老师竟然有手机了，可是他却没有用手机进行通讯和微信，而是使用手机的一项功能，设计了他那独特的"习惯闹钟"。哈佛幸福课里提到，一般来说一个月养成一个习惯较为合适，但没想到周老师用他所设计的"习惯闹钟"，很轻松地实现了一个月内培养七八个习惯的实验成果。

那这一最新实验成果意味着什么呢？

我们知道，我们人类最难改变的是习惯。每一个好习惯的养成、每一个坏习惯的征服，都是对我们生命品质的一次优化和更新。而如今通过周老师的实验，发现他一个古稀之年的长者，竟能在一个月内养成七八个习惯，那岂不意味着我们的生命品质可以在一个月内优化七八次、更新七八次？

试想，当我们人类本身能如此高效地优化和更新，那我们对即将汹涌而来的人工智能时代还何足恐惧呢？更何况即使人工智能发展得再迅猛、再不可思议，也只是我们人类的一种工具而已。而纵观我们人类的发展史，从来都是一部人类驾驭工具、而不是工具驾驭人类的历史。

因此周老师的实验和他的《习惯学》从一个侧面使我深信，在人工智能时代，我们人类完全可以有足够的自信。也许在后人工智能时代，一个人类本身高效优化、极大优化、充分优化的时代将会来临！

最后致歉和致谢一直在期待《习惯学》出版的学校、机关、企业的领导们，感谢你们一年来无数次的致电询问和耐心等待。这本书作者精心计划了近十年，编辑团队以"匠心质造"为宗旨精心制作了两年多。希望在你们作为最好的礼物赠给自己的每一位部属和亲友的时候，能够感受这本书中凝聚的良苦用心和美好期望！

张立红

故人西辭黃鶴樓煙
花三月下揚州孤帆
遠影碧空盡惟見長
江天際流

丙申仲秋
周士淵書